SPANISH BASIC COURSE

Advanced Level Part B: Units 46-55

B. David Trease and Jack L. Ulsh

FOREIGN SERVICE INSTITUTE
DEPARTMENT OF STATE

Specially created to accompany this book are instructional audio CDs or cassettes. They are available from the publisher.

auDio·FoRum®

Madison, Connecticut

Spanish Basic Course Advanced Level Part B: Units 46-55

ISBN 0-88432-733-7   text

1-57970-152-3   text and audio CDs

0-88432-058-8   text and audio cassettes

This printing produced by
Audio-Forum
One Orchard Park Road
Madison CT 06443
Website www.audioforum.com

The present volume, which completes the Basic Spanish course of the Foreign Service Institute, differs in several respects from the previous volumes of the series, since experience with the text has shown that certain features which were useful in early units become unnecessary at a more advanced stage. Thus the "Aid to Listening" column consisting of a phonetic respelling has been dropped as no longer necessary for students whose basic pronunciation habits have become established. Similarly, the replacement and variation drills based on the basic sentences have been eliminated in favor of other types of exercises which seemed more useful to relatively advanced students. The format of the Conversation Stimulus sections has been changed so that instead of being limited to closely directed conversation the student is encouraged to express himself more freely on the basis of suggested situations.

Every member of the Spanish staff has made contributions to this text in one form or another; however, special credit should be given to the following persons:

David A. Griffin, former head of the Spanish section, was largely responsible for the production of Unit 46. Hugo Montero and Ismael Silva-Fuenzalida, former members of the staff, contributed in several units to the Basic Sentences and reading selections respectively.

Of the present staff, these persons have made specially valuable contributions: Vicente Arbeláez (Colombia), Américo Ciuffardi (Uruguay), Bolívar Cobos (Ecuador), Mario Parreaguirre (Costa Rica), Rosalinda Pineda (México), Beatriz Rourk (Nicaragua), and Roberto Whyte (Spain). The Index and Table of Contents were prepared by Marianne Lehr.

Except as above noted, the general format of the book is that established in the preceding three volumes, edited by Robert P. Stockwell, J. Donald Bowen, and Ismael Silva-Fuenzalida.

H. E. Sollenberger

H. E. Sollenberger
Dean, School of Languages
Foreign Service Institute

TABLE OF CONTENTS

46.1   BASIC SENTENCES.   Jose gets sick.

Jose Molina, who is sick in bed, is visited by a doctor.

ENGLISH SPELLING

SPANISH SPELLING

the doctor
to be

el doctor (1)
encontrarse

Jose:
Doctor, I don't know what's wrong with me. I'm
sick.

José:
Doctor, no sé lo que me pasa. Me encuentro
enfermo.

Doctor:
How long have you been feeling this way? (2)

Doctor:
¿Desde cuándo se siente así?

to remove itself

quitarse

Jose:
For three days I've had a headache that I can't
get rid of.

José:
Hace tres días que tengo un dolor de cabeza
que no se me quita.

the eye
to irritate

el ojo
irritar

Doctor:
Your eyes are red.

Doctor:
Tiene los ojos irritados. (3)

to pain, hurt
the throat

doler
la garganta

Does your throat hurt?

¿Le duele la garganta?

Jose:
Yes, a little.

　　the mouth

Doctor:
Open your mouth.

　　to inflame

Your throat is inflamed.

　　the fever

Jose:
I think I have a fever.

　　the thermometer
　　let's see
　　the pulse

Doctor:
Put the thermometer (in your mouth). Let's
check your pulse.

　　the cough

Jose:
Last night I couldn't sleep. I coughed a lot.

　　the chest

Doctor:
Does your chest hurt?

José:
Sí, un poco.

　　la boca

Doctor:
Abra la boca.

　　inflamar

La garganta está inflamada.

　　la fiebre

José:
Creo que tengo fiebre. (4)

　　el termómetro
　　a ver
　　el pulso

Doctor:
Póngase el termómetro. A ver el pulso.

　　la tos

José:
Anoche no pude dormir. Tuve mucha tos. (4)

　　el pecho

Doctor:
¿Le duele el pecho?

to take off
the undershirt
to examine

Take off your undershirt so I can examine you.

Jose:
What have I got, doctor? A cold?

the cold

Doctor:
the grippe, flu .

What you have is a severe case of flu. (5)
Stay in bed a couple of days.

the prescription
the medicine
the injection, shot

Jose:
And that prescription, what sort of medicine is it? Shots?

the tablet, lozenge

Doctor:
No. It's just some lozenges.

to get better
to remember

Well, hope you get better. And remember to get some rest.

---

quitarse
la camiseta
examinar

Quítese la camiseta para examinarlo.

José:
¿Qué tengo, doctor? ¿Un catarro?

el catarro

Doctor:
la gripe

Lo que tiene es una gripe fuerte. Quédese en cama un par de días.

la receta
la medicina
la inyección

José:
Y esa receta, ¿qué clase de medicina es? ¿Inyecciones?

la pastilla

Doctor:
No. Son solamente unas pastillas.

mejorarse (6)
acordarse

Bueno, que se mejore. Y acuérdese de descansar un poco.

46.10   Notes on the basic sentences

(1)   <u>Doctor</u> is often used for <u>médico</u> and is the only term used in direct address.

(2)   Note that Spanish says literally: 'Since when do you feel this way?'   But observe that
       Spanish <u>desde cuándo</u> does not have the sarcastic implication of English <u>since when</u> in
       'Since when do you drive like that?' This pattern will be fully discussed in Unit 52.

(3)   Note the definite article in a context which calls for a possessive adjective in English.
       It occurs frequently in the following sentences. Parts of the body and items of clothing
       characteristically take the possessive adjective in English but not in Spanish.

(4)   Note that <u>fiebre</u> and <u>tos</u> are here treated as mass nouns and, consequently, do not take the
       indefinite article. Mass nouns in English are, for example, <u>water</u>, <u>butter</u>, <u>bread</u>, <u>sand</u>,
       but not <u>fever</u>, <u>cough</u>.   You can say <u>He has a fever</u>, but not <u>He has a water</u>. Spanish and
       English do not always agree on which nouns are mass nouns and which are count nouns.

(5)   Observe that English <u>flu</u> is a mass noun, i.e., you do not say <u>a flu</u> but have to get around
       it with <u>a case of flu</u>.

(6)   Some speakers do not make <u>mejorar</u> reflexive in the sense of 'to get well'.

46.2   DRILLS AND GRAMMAR

46.21   Pattern drills

46.21.1 Comparison of identity and similarity

A.   Presentation of pattern

ILLUSTRATIONS

My problem is the same as yours (i.e.   1   Mi problema es <u>el mismo que</u> el tuyo.
it's the same problem).

His ideas are the same as mine (i.e.   2   Sus ideas son <u>las mismas que</u> las mías.
they are identical).

The problem I have is the same one you
have (i.e. it's the same problem).
John's ideas are the same ones I have
always had.

That suit is the same as (looks like) mine.
That certificate is the same as this one.
I don't think these are the same as those.
It seems to me that that suit is the same
as (looks like) the one I used to have.
The trouble is that the certificate they
·gave me is just like the one I have
already.
I don't think these houses here are the same
as (like) the ones we saw the other day.

When it comes to studying, you're just
like your older brother.
One might as well die of hunger as work
there (i.e. it all comes to the same
thing or would have the same effect).
Look, your shoes are in the same shape as
mine! (i.e. as for their condition, usefulness, etc., you can't tell the difference).
It is all the same to me whether I give or
receive.

We too had to pass through Buenos Aires,
just as you did.

3   El problema que yo tengo es <u>el mismo que</u>
    tienes tú.
4   Las ideas de Juan son <u>las mismas que</u> yo he
    tenido siempre.

5   Ese traje es <u>igual al</u> mío.
6   Aquel certificado es <u>igual a</u> éste.
7   No creo que éstas sean <u>iguales</u> a ésas.
8   Me parece que ese traje es <u>igual al</u> que
    tenía yo.
9   Lo que pasa es que el certificado que me
    dieron es <u>igual al</u> que ya tengo.

10 No creo que estas casas aquí sean <u>iguales a</u>
    las que vimos el otro día.

11 En eso de los estudios, tú eres <u>igual que</u>
    tu hermano mayor.
12 Trabajar ahí es <u>igual que</u> morirse de
    hambre.

13 ¡Fíjate, tus zapatos ya están <u>iguales que</u>
    los míos!

14 Me es <u>igual</u> dar <u>que</u> recibir.

15 Nosotros también tuvimos que pasar por
    Buenos Aires, <u>igual que</u> ustedes.

EXTRAPOLATION

	Spanish	English
Identity:	el mismo que	the same [one] as or that _____
Looking alike:	igual a	just like ____ _ _ _ _ _ _
Same degree of a quality:	igual que	the same as

Notes

a. When two terms are said to stand for the same thing(s), Spanish uses el (la, los, las) mismo (misma, mismos, mismas) que.

b. When objects are said to look alike, Spanish uses igual (iguales) a.

c. When things are said to have some feature or quality in the same degree, Spanish uses igual (iguales) que.

d. Igual que, meaning 'just as', is also used when a following verb is implied (Example 15, above). In this adverbial use, igual is invariable.

46.21.11 Translation drill

1 Why our candidate is the same as yours!

2 The problems your wife has are the same ones mine has.

3 His car is the same model as mine.

4 These things that happen to you are the same ones that happened to me.

5 Why that matter is the same one that we discussed the other day!

6 The apartment he has now, is it the same one he had last year?

7 The address they have now is the same one they had before.

8 The agent who rented me the house is the same one you know.

9 The sports here are the same ones that are practiced in the United States.

10 Your furniture is just like that which we saw the other day.

¡Sí nuestro candidato es el mismo que el de ustedes!

Los problemas que tiene su esposa son los mismos que tiene la mía.

Su coche es del mismo modelo, que el mío.

Estas cosas que le pasan a Ud. son las mismas que me pasaron a mí.

¡Si ese asunto es el mismo que discutimos el otro día!

El apartamento que tiene ahora, ¿es el mismo que tenía el año pasado?

La dirección que ellos tienen ahora es la misma que tenían antes.

El agente que me alquiló la casa es el mismo que tú conoces.

Los deportes de aquí son los mismos que se practican en los Estados Unidos.

Tus muebles son iguales a los que vimos el otro día.

11 What a coincidence! My tie is just like John's.

¡Qué coincidencia! Mi corbata es igual a la de Juan.

12 Your children are (look) very much like ours.

Sus niños son muy iguales a los nuestros.

13 Those shirts you bought are the same as some I used to have.

Esas camisas que compraste son iguales a unas que tenía yo.

14 Oh no, this one isn't the same as the other one. The buttons are different.

No, hombre, ésta no es igual a la otra. Los botones son diferentes.

15 The style of that house is just like mine (i.e., that house is the same style as mine).

El estilo de aquella casa es igual al de la mía.

16 Looking for a house here is (just like) wasting time (i.e., it's a waste of time to look for a house here).

Buscar casa aquí es igual que perder el tiempo.

17 Don't be ridiculous. You're getting to be just like your brother.

No seas ridículo. Ya te estás poniendo igual que tu hermano.

18 For many people, total ignorance is as good as the best training.

Para muchas personas, una ignorancia total es igual que la mejor preparación.

19 We have come to work, just as you have.

Hemos venido a trabajar, igual que ustedes.

20 He dismissed me without any explanation, just as he did you.

Me despidió sin ninguna explicación, igual que a ti.

21 I'm going to have to look for a house, just as you are.

Voy a tener que buscar casa, igual que usted.

B. Discussion of Pattern

When English the same as expresses the absolute identity of two terms, Spanish uses el mismo que. Thus, in the sentence Su dirección es la misma que la mía, the person speaking and the person spoken of live at the same address. Observe that frequently Spanish el mismo que with a following verb corresponds to English the same one that: Este abrigo es el mismo que tenía el año pasado 'This overcoat is the same one (that) I had last year'.

When the same as is used to mean that something looks just like something else, that is, when one thing is matched against another and seen to resemble it, igual a is used: Tus zapatos son iguales a los míos 'Your shoes are just like mine'. Notice that the comparison is strictly a matter of resemblance.

When objects are said to be alike with respect to some particular feature, that is, to have some quality or characteristic in the same degree, Spanish uses igual(es) que: Tú eres igual que tu hermano (not that you look alike, but in respect to your behavior, you're just like him); Para nuestros fines, este libro es igual que el otro (they may be different in some ways, but they will fill the need equally well): Me es igual trabajar que descansar (one will not affect me more than the other).

Occasionally the quality or characteristic referred to is found expressed by de + adj. in between the two parts of igual que: Tu hermanita es igual de traviesa que la mía 'Your little sister is just as mischievous as mine'.

Notice also that igual que may be used adverbially, meaning 'just as, in the same way as': Han sufrido igual que nosotros 'They suffered just as we did'; Han venido para robar igual que los otros 'They came to steal, just like the others'.

46.21.2 Word Order: subject and verb

A. Presentation of pattern

ILLUSTRATIONS

The girls are <u>waiting</u> for them.
The <u>girls</u> are waiting for them.

1 Las muchachas los están <u>esperando</u>.
   Los están esperando las <u>muchachas</u>.

The students don't <u>understand</u>.
The <u>students</u> don't understand
(perhaps the teacher does).

2 Los estudiantes no <u>entienden</u>.
   No entienden los <u>estudiantes</u>.

The history of Surlandia has not been
<u>written.</u>
The history of <u>Surlandia</u> has not been
written.

3 La historia de Surlandia no se ha <u>escrito</u>.
   No se ha escrito la historia de <u>Surlandia</u>.

Then the ambassador began to <u>read.</u>
Then the <u>ambassador</u> began to read.

4 Y entonces el embajador empezó a <u>leer.</u>
   Y entonces empezó a leer el <u>embajador</u>.

The trees were blooming in the garden.

5 Los árboles florecían en el jardín.
   Florecían los árboles en el jardín.

An animal like that has never been seen.

6 Un animal así no se ha visto nunca.
   No se ha visto nunca un animal así.

The boat got loose.

7 La barca se soltó.
Se soltó la barca.

Carpenters like that don't exist any more.

8 Carpinteros de ese tipo no existen ya.
No existen ya carpinteros de ese tipo.

They all used to work eight hours.

9 Todos trabajaban ocho horas.
Trabajaban todos ocho horas.

It isn't easy to sell a house like that.

10 Una casa así no se vende fácilmente.
No se vende fácilmente una casa así.

My mother called me.

11 Mi madre me llamó.
Me llamó mi madre.

The wound hurt him quite a lot.

12 Le dolía la herida bastante.
La herida le dolía bastante.

The milkman brings it to me.

13 Me la lleva el lechero.
El lechero me la lleva.

The placard fell on top of him.

14 Se le cayó encima el cartelón.
El cartelón se le cayó encima.

Who drove? Mrs. Pérez drove.

15 ¿Quién manejó? Manejó la señora Pérez.

What did Carlos do? Well, Carlos <u>wept</u>.   16 ¿Qué hizo Carlos? Pues, Carlos lloró.

What was Jose doing? Jose was <u>driving</u>.   17 ¿Qué hacía José? José manejaba.

Who was driving? <u>Jose</u> was driving.   18 ¿Quién manejaba? Manejaba José.

EXTRAPOLATION

	Basic Topic	New Information
Primary order	Subject	Verb
Inverted order	Verb	Subject

a. In English statements, the subject normally precedes the verb. In Spanish, both the order <u>subject-verb</u> and the order <u>verb-subject</u> are common.

b. In Spanish, new information (whether the idea is contained in the subject or in the verb) regularly comes in second place.

c. The strongest stress of a phrase always falls on new information.

d. As a result of <u>b</u> and <u>c</u> above, the normal position of the strongest stress in a phrase is at the end.

46.21.21 Translation drill (emphatic new information)

1 The owner arrived.   El dueño llegó.
   The owner arrived.   Llegó el dueño.

2 The motor failed.   El motor falló.
   The motor failed.   Falló el motor.

3 The racquet broke.   La raqueta se rompió.
   The racquet broke.   Se rompió la raqueta.

4 The waiter left.   El mozo salió.
   The waiter left.   Salió el mozo.

5 The revolution broke out.   La revolución estalló.
   The revolution broke out.   Estalló la revolución.

6 The students shouted.   Los estudiantes gritaron.
   The students shouted.   Gritaron los estudiantes.

7 Her aunt died.   Su tía se murió.
   Her aunt died.   Se murió su tía.

46.21.22 Response drill

MODEL PROBLEM:

(la Sra. de Pérez)   ¿Quién manejó?
                      ¿Qué hizo la Sra. de Pérez?

MODEL ANSWER:

Manejó la Sra. de Pérez.
La Sra. de Pérez manejó.

46.14

(Carlos)   1   ¿Quién subió?   Subió Carlos.

                 ¿Qué hizo Carlos?   Carlos subió.

(el Sr. Díaz)   2   ¿Quién enseñó?   Enseñó el Sr. Díaz.

                 ¿Qué hizo el Sr. Díaz?   El Sr. Díaz enseñó.

(el jefe)   3   ¿Quién pagó?   Pagó el jefe.

                 ¿Qué hizo el jefe?   El jefe pagó.

(Rosa)   4   ¿Quién cocinó?   Cocinó Rosa.

               ¿Qué hizo Rosa?   Rosa cocinó.

(los niños)   5   ¿Quiénes nadaron?   Nadaron los niños.

                   ¿Qué hicieron los niños?   Los niños nadaron.

(las señoras)   6   ¿Quiénes gastaron mucho?   Gastaron mucho las señoras.

                     ¿Qué hicieron las señoras?   Las señoras gastaron mucho.

(los señores)   7   ¿Quiénes pagaron?   Pagaron los señores.

¿Qué hicieron los señores?   Los señores pagaron.

46.21.23   Translation drill   (unemphatic new information)

1   The owner arrived.   a)   El dueño llegó.
                                   b)   Llegó el dueño.

2   The racquet broke.   a)   La raqueta se rompió.
                                   b)   Se rompió la raqueta.

3   The house was sold.   a)   La casa se vendió.
                                   b)   Se vendió la casa.

4   The boys played.   a)   Los muchachos jugaron.
                                   b)   Jugaron los muchachos.

5   The C-47 landed.   a)   El C-47 aterrizó.
                                   b)   Aterrizó el C-47.

B. Discussion of pattern

Whereas in English statements the subject normally precedes the verb, in Spanish both the order subject-verb and verb-subject are common. This has sometimes led to the conclusion that Spanish word order is relatively free. But actually, between such sentences as El caballo se cayó and Se cayó el caballo (when both are spoken with the normal intonation pattern /1211↓/, there is a difference, and it is significant. This means that, in a given case, the speaker will usually use one order or the other but not either indifferently. Since this is so, word order turns out to be, in a sense, part of the grammar and must be understood and used correctly.

Spanish word order organizes the elements of a sentence (subject, verb, verb modifiers) so as to show what part of the sentence is new information relative to other parts of the same sentence. New information tends to come toward the end of a phrase. Thus the unemphatic sentence The ambassador spoke may appear as either:

El embajador habló   or as   Habló el embajador,

neither form containing a high pitch level of emphasis on the final syllable. But the two Spanish sentences are different in what they imply and are not truly interchangeable. This is because Spanish begins a sentence with what is felt to be known or taken for granted in the context, whether this is the subject or the verb. This sets the scene or establishes the topic about which something will be specified. Thus, in

El embajador habló,

we begin by saying that we are going to talk about the ambassador, and then we specify what he did. In

Habló el embajador,

however, we begin by saying that someone spoke, and then we specify who it was. In the first sentence, it would seem that the ambassador was already being talked about, whereas in the second some context where speaking might be expected is suggested and then the narrowing, specifying information as to who spoke is added.

The introduction of specially emphatic new information may sometimes alter the above pattern, since unusual emphasis may be indicated in Spanish, as in English, merely by a high pitch level rather than by word order. However, this is a detail on which we need not dwell at this point.

46.21.3 Position of adverbial phrase modifiers.

A. Presentation of pattern

ILLUSTRATIONS

Later I'll introduce you to the commander of the base.

1 Después les presento al jefe de la base.
   Les presento después al jefe de la base.
   Les presento al jefe de la base después.

It is pretty cloudy now.

2 Ahora está bastante nublado.
   Está bastante nublado ahora.

First the meat.

3 Primero la carne.
   La carne primero.

The consul hasn't come yet.

4 Todavía no ha venido el cónsul.
   No ha venido todavía el cónsul.
   No ha venido el cónsul todavía.

Last night I couldn't sleep.

5 Anoche no pude dormir.
   No pude dormir anoche.

EXTRAPOLATION

	Basic Topic	New Information
First position	Verb modifier	Other sentence elements
Later position	Other sentence elements	Verb modifier

NOTES

a. A verb modifier whose meaning applies generally to the whole utterance rather than merely to the verb alone may be more freely placed in Spanish than in English.

b. The principles governing the placing of such verb modifiers are
   essentially the same as those controlling the order of subject
   and verb: topic vs. new or emphatic information.

c. Verb modifiers often occur in utterances in which there is no
   verb but only some other element.

46.21.31 Substitution drill - Construction substitution

PROBLEM:

    Aquí no se permite hacer eso.

ANSWER:

    No se permite hacer eso aquí.

1 Allí están los regalos.   Los regalos están allí.

2 Ya conozco a mis vecinos.   Conozco ya a mis vecinos.

3 Todavía no he comprado los muebles.   No he comprado los muebles todavía.

4 Entonces me mudé de casa.   Me mudé de casa entonces.

5 Antes practicaba mucho más.   Practicaba mucho más antes.

6 Después nos revisaron el maletín.   Nos revisaron el maletín después.

7   Pronto voy a hablar español.

    Voy a hablar español pronto.

8   Siempre llega temprano.

    Llega temprano siempre.

9   Ayer decidimos la fecha.

    Decidimos la fecha ayer.

10 Ahora nos damos cuenta de eso.

    Nos damos cuenta de eso ahora.

11 Anoche estuve en casa de José.

    Estuve en casa de José anoche.

12 Mañana vamos a conocer al capitán.

    Vamos a conocer al capitán mañana.

13 Abajo hay dos cuartos.

    Hay dos cuartos abajo.

14 Anoche hablamos de su país.

    Hablamos de su país anoche.

15 Apenas alcancé a verlo.

    Alcancé apenas a verlo.

16 A las cuatro te vengo a buscar.

    Te vengo a buscar a las cuatro.

17 Por eso dejé de hablar.

    Dejé de hablar por eso.

18 Nunca vamos a ese lugar.

    No vamos a ese lugar nunca.

B.   Discussion of pattern

A verb modifier, whether a single word or a short phrase, may qualify the verb alone or may apply to the whole utterance. In John paints beautifully, beautifully specifies how the act of painting is performed. In John painted yesterday, yesterday may be thought of as applying to the whole utterance John painted. Indeed, we could say Yesterday John painted, but this order could not be used in the first example.

Verb modifiers which apply to the whole utterance may occur with greater freedom of position in Spanish than in English. However, as in the case of subject and verb, the basic principle is still one of new or important information versus what is more or less given as the informational starting point. As always, Spanish sentences tend to be constructed in the order of increasing newness of information. The ranking of elements becomes rather complicated in detail, but the student will observe that, while in some sentences many orders are often possible, the principle is always as stated. As in the case of sub- ject-verb versus verb-subject, it is often not possible to reflect these differences in English, but you should make every effort to accept the variations that occur and to develop a sense for the possibilities. For further examples, see section 36.24.2.

46.22   Review drills

46.22.1   Lack of construction correlation

46.22.11   English verb + object: Spanish verb + relator + object

1   I left the house at one o'clock.   Salí de la casa a la una.

2   We entered the office.   Entramos en la oficina.

3   Our boss trusts us.   Nuestro jefe confía en nosotros.

4   We left there at twelve o'clock.   Salimos de allá a las doce.

5   I entered the stores.   Entré en las tiendas.

6   We don't trust that employee.   No confiamos en ese empleado.

46.22.12 English verb + object: Spanish reflexive verb + relator + object

1 I don't remember your parents.

Yo no me acuerdo de sus padres.

2 Finally Charles married Mary.

Por fin Carlos se casó con María.

3 I divorced Martha a year ago.

Yo me divorcié de Marta hace un año.

4 We always remember your jokes.

Siempre nos acordamos de sus chistes.

5 I married a girl from Chile.

Me casé con una chica de Chile.

46.22.2 Stem changing verbs in present tense

1 He has lunch here, but we have lunch
   in a restaurant.

El almuerza aquí, pero nosotros almorzamos
en un restorán.

2 He is returning now, but we are
   returning tomorrow.

El vuelve ahora, pero nosotros volvemos
mañana.

3 He is not able to come, but we can.

El no puede venir, pero nosotros sí podemos.

4 He remembers everything, but we do
   not remember anything.

El recuerda todo, pero nosotros no recordamos nada.

5 He doesn't find the check, and we
   don't find the bills.

El no encuentra el cheque, y nosotros no
encontramos los billetes.

6 He wants cake, but we want wine.   El quiere pastel, pero nosotros queremos vino.

7 He feels better, but we feel the   El se siente mejor, pero nosotros nos sentimos
   same as before.   igual que antes.

8 He intends to look for a house, but   El piensa buscar una casa, pero nosotros
   we intend to look for an apartment.   pensamos buscar un apartamento.

9 Will you go ahead, or shall we?   ¿Sigue usted, o seguimos nosotros?

46.22.3 Nominalization in comparisons

PROBLEM: El tiene más libros que yo.

ANSWER: El tiene más que yo.

1 Yo tengo más monedas que Ud.   Yo tengo más que Ud.

2 El tiene tanta hambre como Ud.   El tiene tanta como Ud.

3 Yo escribo más cartas que él.   Yo escribo más que él.

4 El maneja menos horas que yo.   El maneja menos que yo.

5 Aquí hay tantas mecanógrafas   Aquí hay tantas como allá.
   como allá.

6 Me imagino que va a hacer tanto   Me imagino que va a hacer tanto hoy como ayer.
   calor hoy como ayer.

7 El firma tantos documentos como   El firma tantos como yo.
   yo.

8 ¿Te parece bien que Ana tenga   ¿Te parece bien que Ana tenga más que Rosa?
   más juguetes que Rosa?

9 Pablo hizo menos hoyos que Juan.   Pablo hizo menos que Juan.

46.3   CONVERSATION STIMULUS

NARRATIVE 1

El Empleado del Banco

El Sr. Carlos Julio Jaramillo de esta ciudad desea viajar a los Estados Unidos lo más pronto posible. El Sr. Jaramillo está trabajando actualmente en el banco "La Previsora" como ayudante de contabilidad.

Como él se graduó de bachiller el año pasado, desea continuar sus estudios en la Universidad de Nueva York, por la noche, y trabajar en cualquier lugar durante el día. Su hermana, la señora Gloria María J. de Arboleda, que reside en Nueva York, le ha mandado la "garantía".

El ya tiene todos los otros requisitos como radiografías, certificados médicos, record policial, 12 fotografías tamaño pasaporte, etc.,etc.

El Sr. Jaramillo desea viajar tan pronto como reciba la visa. Mientras él encuentre trabajo, va a vivir con su hermana.

1. Ud. es el vice-cónsul de los EE.UU. en Las Palmas. Entreviste al Sr. Jaramillo.

2. Sr. Jaramillo, díganos toda la conversación que usted tuvo en la entrevista con el vice-cónsul.

NARRATIVE 2

Un Reclamo en el Almacen "El Globo"

Ayer usted se compró un suéter de lana azul, en el almacén "El Globo".

Hoy, al ir a ponérselo, se da cuenta de que el suéter tiene un agujero en la parte de atrás. Usted no lo notó al comprarlo. Felizmente usted no ha botado el comprobante de pago y se dirige inmediatamente a dicho almacén a hacer el reclamo.

1. Hable con el empleado que le vendió el swéter y pídale que se lo cambie o
   que le devuelva el dinero. El le va a pedir que hable con el gerente del
   almacén, por lo cual usted tiene que volver a explicar todo el asunto.

2. Ud. es el gerente del almacén "El Globo". Cuéntenos lo que pasó.

46.4   READINGS

46.41   Life in Surlandia

46.41.1 Reading selection

Una Convención de la Federación Interamericana de Comercio

--Propongo que las actas de esta reunión sean enviadas para la consideración del comité Nacional que patrocina la Primera Convención de la Federación Interamericana de Comercio-- terminó diciendo
el Secretario de la Cámara de Comercio de Surlandia.

--Secundo la moción-- se apresuró a decir Ralph Phillips, quien, desde hacía unos meses, era
miembro activo de este importante organismo.

--Ejem, ejem...-- carraspeó el Secretario --Perdone, Sr. Phillips, pero... ¿cómo decía Ud.?

Ralph se dio cuenta de que algo andaba mal, y tragando saliva, dijo: --Quise decir que segundo la moción del Sr. Secretario.

--Ah, muy bien... Este... ejem... Bueno, los que estén en contra que levanten la mano. ¿A ver?... Perfectamente. Queda aceptada la moción por unanimidad-- concluyó el Secretario, mirando de vez en cuando a Phillips con una expresión un tanto rara.

Todos se levantaron de sus asientos, formando pequeños grupos e iniciando animadas conversaciones.

Ralph se unió a un grupo que hacía planes para ir a tomar el aperitivo al Hotel Continental.

--Hola, Ralph-- dijo Don Rafael Angel Valenzuela --¿viene con nosotros?... ¿Sí?... Espléndido-- y terminó de contar algún cuento seguramente muy divertido porque todos soltaron grandes carcajadas.

El grupo volvió a reunirse en el Salón Marino. Mientras les traían la primera vuelta de martinis, Don Rafael, dirigiéndose a Ralph, le dijo:

--Estuvo muy interesante su charla, Phillips. Fue una idea excelente haberlo invitado a ser nuestro orador principal esta noche.

--Cuando Ud. habló de la organización de su planta-- intervino Don Manuel Gormaz, acentuando sus palabras, mientras se arrellanaba en el cómodo sillón de felpa azul y saboreaba un aromático habano --hubo una cosa que no creo haber entendido-- Haciendo una pausa efectista, continuó: --¿Quiso Ud. decir que nosotros los empresarios tenemos la responsabilidad de especializar a nuestros obreros?

--No, no, Don Manuel. No se trata de una responsabilidad; nosotros creemos que se trata de una ventaja--, respondió Ralph.

--Yo no veo qué ventajas puede traer eso-- replicó Gormaz, llevando al mismo tiempo su habano hacia un macizo cenicero dorado y soltando las gruesas cenizas con dos delicados golpecitos de su ensortijado dedo índice --¿Para qué gastar dinero en crear cursos para capataces, por ejemplo-- continuó, --si apenas aprenden algo, o quieren aumentos de salarios o se van a trabajar a otra parte?

--Tal vez tenga Ud. razón-- dijo Phillips --pero la experiencia en nuestra planta ha demostrado que los obreros que nosotros hemos especializado no sólo rinden más, sino que quieren seguir trabajando con nosotros.

--Eso lo pueden hacer Uds. los norteamericanos-- replicó Gormaz obstinadamente --Pero lo que es nosotros, no tenemos los capitales para esas cosas.

--En realidad, no es tanto cuestión de capital-- explicó Phillips --Eso sí, que si Ud. quiere mayor eficiencia, necesita remunerar mejor a los obreros especializados, pero los mayores gastos se compensan ampliamente con el mayor rendimiento y mejor calidad de la producción-- terminó de decir Ralph. Y agregó después de una corta pausa: --Por lo demás, recuerde Ud., Don Manuel, que yo no he tratado de decirles a Uds. que deben adoptar los métodos que empleamos en nuestra planta; sólo he querido darles una idea de lo que hacemos en la United Appliances... Y créame que en más de una ocasión, como lo expliqué en mi charla, hemos metido la pata hasta algo más arriba del codo.

--A propósito-- preguntó Valenzuela a Ralph, al quejarse uno de los que estaban allí de que la hora fijada para la reunión de cierto comité de la Cámara de Comercio para el día siguiente era dema siado temprano para él --¿qué diablos quiso decir Ud. con eso de "secundo la moción?"

Después de que Ralph explicó, preguntando a su vez que qué tenía de raro, Valenzuela le dijo que en Surlandia, cuando alguien presentaba una moción, especialmente cuando se trata de cosas de rutina, la proposición entra a votarse de inmediato. A veces, en cosas de mayor importancia, una vez presentada la moción, y antes de llegar a la votación, se ofrece la palabra y tanto los que están a favor como los que están en contra pueden levantarse a explicar sus razones.

--Nunca termina uno de aprender-- dijo Ralph con resignación. Y agregó con filosofía: --En boca cerrada no entran moscas.

--Ah, no se preocupe-- respondió uno, y otros dijeron cosas parecidas en tono alegre y festivo.

--¡Salud!-- brindó uno.

--¡Secundo la moción!-- respondió Gormaz, aprovechándose oportunamente del error de Phillips.

Una hora después, los amigos se encontraban en el comedor del hotel, tornándose nuevamente la conversación hacia el tema de la Convención de la Federación Interamericana de Comercio.

* * * * * * * * * * * * * * * *

Era esta Federación una organización que había sido creada por hombres de negocios de toda la América Latina y que celebraba su primera convención en Surlandia. Uno de los objetivos principales de esta asociación era el de promover la inversión de capitales privados, tanto nacionales como extranjeros, en concordancia con el desarrollo económico de cada país y con el del área en general. Sin duda, el tema principal de la convención iba a ser una discusión sobre las distintas opiniones que existían con respecto a las inversiones extranjeras, principalmente norteamericanas, como base para una acción común en el futuro. Hombres de negocios y representantes de empresas privadas de los Estados Unidos habían sido invitados a exponer sus puntos de vista con respecto a estos problemas.

La convención, que iba a durar tres días, fue precedida de gran publicidad. La sesión inaugural tuvo lugar el día lunes, 24 de Septiembre, en el Hemiciclo del Senado Nacional, donde los participantes en la convención fueron recibidos solemnemente por el Congreso reunido en sesión plenaria. Entre los numerosos asistentes, además de los delegados de cada país, se encontraban altas personalidades nacionales y extranjeras especialmente invitadas por la Federación Interamericana de Comercio (FIC): el ministro de relaciones exteriores, Excmo. Sr. Alejandro de los Ríos, el embajador de los Estados Unidos y demás embajadores latinoamericanos; y también podía verse al director de la AID en Surlandia, al agregado comercial norteamericano, Sr. Fred Robinson, a Ted Barber y a representantes de compañías extranjeras en Surlandia. Entre estos últimos estaban presentes personas tales como el representante de la United Appliances, Ralph Phillips, el Sr. Raoul Girard, representante de una compañía francesa de productos químicos, el gerente de una compañía italiana de automóviles, Sr. Enrico Russetti y el representante de la compañía alemana importadora de artículos varios, Sr. Hans von Mühlenbrock.

Después de los discursos inaugurales en que se daba la bienvenida a los distinguidos delegados y huéspedes, algunos muy largos y aburridos en los que se hacían interminables votos por el éxito de la convención, los delegados se trasladaron al local en que el Gobierno ofrecía un suntuoso almuerzo, el que transcurrió entre brindis y discursos y más discursos. No fue sino hasta las cuatro de la tarde cuando empezaron a tratarse formalmente los temas principales en los distintos comités que se habían formado de antemano. Cada uno de los delegados hacía uso de la palabra, exponiendo los puntos de vista de los hombres de negocios de su país, describiendo las condiciones político-económicas y las ventajas y desventajas de la inversión de capitales nacionales y extranjeros con relación a dichas condiciones. Después de cada discurso seguía un largo período de discusión, de manera que esta fase de la convención continuó a lo largo de toda esa tarde y del día siguiente. Gran parte del programa social que se había elaborado tuvo que cancelarse, ya que el miércoles, último día de la convención, tenía que ser dedicado a sesiones plenarias y a la discusión de asuntos internos de la FIC.

Sin embargo, no faltó oportunidad para que los delegados discutieran los temas de su interés, reuniéndose fuera de las salas recargadas de pesado e irrespirable humo, formando pequeños grupos para ir a tomar café o yendo a almorzar o a cenar a distintos lugares. El día martes, por ejemplo, Ralph Phillips había ofrecido un almuerzo a un grupo de delegados. Allí se conversó largamente y sin reservas sobre muchos de los puntos de divergencia que existían entre los países con respecto a las inversiones privadas. En suma, estas discusiones informales contribuyeron en mucho a la comprensión mutua de los problemas y a la búsqueda de soluciones satisfactorias por ambas partes.

Así fue que el ambiente de cordialidad, alcanzado muchas veces lejos de la presión inhibidora de las reuniones formales, se reflejó, en el último día de la convención, en el realismo expresado en las ponencias presentadas por los presidentes de comités. Sin embargo, la intervención más brillante fue el discurso pronunciado por el delegado de Surlandia, Licenciado Gastón Furnero, al ofrecer el Banquete de Honor y Baile de Gala a las delegaciones extranjeras, evento que puso un broche de oro a tan fructífero torneo interamericano.

El Lic. Don Gastón Furnero, cuya profesión de abogado había contribuído grandemente a su holgada fortuna, era hombre hábil y de gran visión. Su reconocida capacidad como persona ilustrada y como hombre de negocios lo había llevado a ocupar altos cargos públicos. Senador de la República en varias oportunidades, ministro de finanzas y ministro del trabajo en pasadas administraciones, se encontraba actualmente dedicado a su profesión y al desempeño de sus funciones como delegado de Surlandia ante la Federación Interamericana de Comercio, organismo del cual había sido él uno de sus más entusiastas fundadores. No era de extrañar, pues, que su discurso de ofrecimiento, que resumió con meridiana claridad expositiva el estado actual y las perspectivas futuras del comercio interamericano, fuera recibido con largos aplausos.

El banquete era magnífico. Por muchas semanas sería el comentario de todos, y las livianas columnas sociales de la prensa capitalina agotarían la infinita gama de oportunidades que presentaba tan abigarrada como distinguida concurrencia.

Una de las asistentes al banquete era Doña Gertrudis, esposa del Lic. Furnero, mujer de alcurnia, ya no muy joven, fundadora y presidenta de varias sociedades de beneficencia y para quien la comidilla social inspiraba en su exuberante figura indefinibles sentimientos de placer. En cierto momento, se volvió a su compañera de mesa, Catalina de Phillips, después del brindis que el Licenciado había ofrecido al terminar su discurso:

--¡Ay, linda!-- le dijo a Catalina --Ahí está esa pedante de Violeta del Villar. Es la que escribe esa ridícula columna social de La Prensa. Que ni se acerque por aquí.

--Parece ser muy simpática-- replicó con diplomacia la Sra. de Phillips.

--¿Simpática?-- espetó Doña Gertrudis, frunciendo los labios --Violeta es una cursi... No es que quiera hablar mal de ella, porque en el fondo somos muy buenas amigas... es de muy buena familia, Ud. sabe... Pero una no se puede descuidar con lo que una dice, porque después todo lo saca a relucir en su columna.

Y continuó sin detenerse:

--El otro día, por ejemplo, estaba yo en un té en el Hotel Grillón... ¿No ha ido Ud. nunca ahí?... Yo no la he visto, ¿sabe?... Es de lo más distinguido... Bueno, estaba yo ahí con un grupo de amigas... Rosarito Villegas... ¡Ay!, ¡qué chica más simpática! Se casó hace poco con ese joven tan buen mozo... ¿cómo es que se llama...? Ah, sí. Entonces, linda, les estaba contando

a mis amigas, confidencialmente, Ud. comprende... Yo no soñaría con decirlo en público... les estaba contando que Rosa Gormaz... es imperdonable, ¿sabe?... que ella, con un desparpajo increíble, me había copiado un modelo exclusivo de traje de noche que mi esposo me había traído de París. No hay derecho, ¿verdad?
Total, no me lo alcancé a poner ni una sola vez... Llego a llorar cuando me acuerdo....

Mientras la Sra. de Furnero se daba tiempo para respirar, Catalina quiso aprovechar para cambiar
la conversación. Había empezado a decir algo, pero no alcanzó a terminar porque Doña Gertrudis volvió
a la carga con más bríos que antes:

--Total-- continuó, --en eso estaba, contándoles a estas muchachas amigas mías, cuando de repente,
¿a quién veo?, nada menos que a Violeta del Villar... ¡Qué horror!...Se había colado en el grupo sin que
yo me diera cuenta... ¡Uy, casi me desmayo!... Y yo que tengo la presión tan alta... El doctor me ha dicho
tantas veces que yo debería evitar las emociones... Y claro, al otro día la muy insidiosa sacó en su columna todo el asunto.

Y haciendo como que leía el periódico, la Sra. de Furnero procedió, en un tono de remedo, a dar su
versión de lo que Violeta había escrito en su columna: --"¿Quién es esa señora tan conocida que ayer, a la
hora del té en el Grillón, decía a sus amigas que le habían copiado un modelo traído de París?"... ¡Qué
escándalo, Dios mío!-- terminó Doña Gertrudis, exhalando un hondo suspiro.

Afortunadamente para Catalina, para quien ésta había sido una verdadera experiencia lingüística,
en ese momento todos empezaron a levantarse y el banquete se dio por terminado. Ralph, que había observado desde su puesto en la mesa el difícil trance por el que pasaba su esposa, vino inmediatamente a su
rescate y, acercándose al grupo en que estaba Catalina, después de saludar y de cambiar unas cuantas
frases banales, y pidiendo excusas por tener que retirarse, tomó a su esposa por el brazo y se la llevó.
Mientras se alejaban, podían aún escuchar a la Sra. de Furnero, quien, con ojo clínico y sin perder un
momento, había encontrado prontamente a otra víctima....

46.41.2 Response drill

1 ¿Por qué creía Ralph que era una ventaja especializar a los obreros?

2 Según Ralph ¿qué era necesario para obtener mayor eficiencia en una fábrica?

3 ¿Por qué Ralph metió la pata cuando dijo "secundo la moción"?

4 Explique el refrán español "en boca cerrada no entran moscas".

5 ¿Cuál era uno de los objetivos principales de la Federación Interamericana de Comercio?

6 ¿Dónde y cuándo tuvo lugar la sesión inaugural?

7 ¿Qué entiende Ud. por sesión plenaria del Congreso?

8 ¿Cómo fueron los discursos inaugurales?

9 ¿Cuáles eran algunos de los temas que discutían los delegados cuando hacían uso de la palabra?

10 ¿Qué puesto había ocupado el Lic. Don Gastón Furnero en la vida pública?

11 Describa a Doña Gertrudis, la esposa del Lic. Furnero.

12 ¿Quién era Violeta del Villar?

13 ¿Por qué Doña Gertrudis estaba disgustada con Rosa Gormáz?

14 ¿Qué trató de hacer Catalina cuando la Sra. de Furnero se daba tiempo para respirar?

15 ¿Qué había observado Ralph desde su puesto en la mesa?

46.42   Features

46.42.1   Reading selection

<u>Inversiones Extranjeras en la América Latina:</u>

<u>Proceso Histórico y Factores Limitantes</u>

En una reseña de aquellos factores que tienden a limitar las inversiones de capital privado extranjero, especialmente norteamericano, en el área de la América Latina, corresponde, como medida preliminar describir, sumariamente al menos, las condiciones históricas que han determinado el curso del fenómeno económico en Latinoamérica y que, de un modo u otro, siguen actuando en la dinámica de este tipo de desarrollo. Como parte de este proceso histórico, dichas condiciones han determinado en gran medida el volumen y el uso de las inversiones privadas, habiendo el efecto cumulativo de los patrones resultantes dado lugar a la dramática necesidad actual de capitales en esta área.

Tal vez uno de los factores más decisivos que desde un comienzo imprimieron un sello característico a las economías latinoamericanas fue la política económica y comercial seguida por la corona española al consolidarse sus posesiones en el Nuevo Mundo: las colonias representaban para España una fuente inagotable de materias primas y, en consecuencia, los esfuerzos en este sentido estaban en gran parte dirigidos hacia la extracción y la exportación de algunas riquezas del suelo, antes que a fomentar un desarrollo económico interno dentro de las colonias. No sólo el comercio latinoamericano se vio canalizado hacia la exportación de uno o dos productos principales desde cada región, sino que España impuso estrictos controles que obligaban a cada colonia a importar los productos necesarios para su mantenimiento interno exclusivamente desde la Península. Esta política económica, como puede verse, inhibió desde temprano el crecimiento de un futuro mercado consumidor y obligó al concentramiento de la población en unos pocos centros cuyas líneas de comunicación los conectaban exclusivamente con los verdaderos centros comerciales, o sea, con los escasos puertos de la América Española.

No es difícil darse cuenta, entonces, que como resultado de lo anterior, la América Española se convirtiera, mucho antes de entrar a la vida independiente, en un conjunto abigarrado de zonas económicas dependientes y aisladas, operando bajo un sistema poco propicio a la formación de capitales y a la acumulación de ahorros que permitieran crecientes inversiones domésticas.

Otro factor de importancia, cuyas consecuencias serían de gran magnitud, lo constituían los niveles tecnológicos españoles de la época. España, por una compleja serie de accidentes históricos, había llegado a quedar al margen de los movimientos socio-económicos que dieron origen al mercantilismo, a la acumulación de capitales y, posteriormente, a la revolución industrial. En muchos sentidos, lo mismo puede decirse de Portugal. Lo anterior tuvo importantes consecuencias para Latinoamérica, ya que culturalmente esta vasta área careció del tipo de herencia tradicional de conocimientos y actitudes tecnológicas con las cuales poder, en el distante futuro, superar las dificultades extremas del medio físico. Además, la estructura socio-económica de la sociedad colonial, a través de la cual se manifestaban los fenómenos discutidos anteriormente, no se prestaba para la creación de un diversificado espíritu de empresa.

Al emerger las colonias españolas a la vida independiente, las líneas de su desarrollo económico estaban ya trazadas. En un sentido general, podemos decir que las bases formativas coloniales siguen aún operando en la actualidad. Como en un principio, Latinoamérica es todavía un simple conjunto de sectores económicos aislados y dependientes. Las condiciones imperantes no han favorecido la creación de capitales ni de ahorros domésticos que eleven el índice de productividad requerido para satisfacer las aspiraciones económicas básicas de una población que aumenta explosivamente. Frente a los grandes fenómenos socio-económicos mundiales de los últimos tiempos y a las nuevas presiones internas, los países latinoamericanos han reaccionado con medidas que van desde el nacionalismo extremo hasta la concepción de planes para dar formación a un mercado común. No es éste el lugar para analizar dichos fenómenos. Sea cual fuere la solución, es inescapable el hecho de que deben invertirse grandes capitales para dar un verdadero impulso al desarrollo económico latinoamericano. Dichos capitales no existen en el área y ellos deben venir del extranjero, tanto en la forma de inversiones a través de préstamos concedidos por organismos internacionales como a través del esfuerzo de la empresa privada.

Lo anterior presenta un complejo problema cuya solución se ha visto afectada por innumerables factores. Nos limitaremos aquí a resumir aquellas condiciones que tienden a limitar las inversiones de carácter privado en Latinoamérica. En forma esquemática, los diferentes tipos de impedimentos pueden describirse de la manera siguiente:

1. Las diferencias existentes en cuanto a las tradiciones políticas y los conceptos legales en los países latinoamericanos, comparados con aquellos de las naciones de habla inglesa, han impedido a veces las buenas relaciones y la comprensión mutua. La inestabilidad institucional, con sus frecuentes cambios de política, de personal y de leyes, tiende a crear un ambiente de incertidumbre y de inseguridad y a aumentar el costo de las operaciones. En realidad, el daño a la propiedad y las pérdidas de vidas han sido, excepto en unos pocos países, relativamente escasos. Sin embargo, los inversionistas extranjeros se han visto afectados, en algunas oportunidades, debido a que sus agentes o asociados han sufrido un tratamiento discriminatorio a manos de un nuevo régimen; históricamente, lo anterior ha sido causa importante de la tendencia evidenciada por algunos extranjeros de evitar una asociación muy estrecha con grupos locales.

2. La pequeñez territorial y los limitados recursos y población de algunos países restringen a un sector pequeño las oportunidades de invertir capital. Es así que algunos de los problemas relacionados con la inversión de capitales extranjeros surgen de lo conspicuo de una gran empresa foránea en un país pequeño. Tampoco es posible, por parte de los países pequeños, la absorción de grandes dosis de capital extranjero sin que éstos sufran fuertes presiones políticas y sociales de carácter interno. Aunque a largo plazo el crecimiento de la población y de la riqueza nacional llegue a crear nuevas necesidades y mayores oportunidades, la experiencia indica que, en el entretanto, sigue existiendo una tendencia a regimentar la entrada de capitales para dar a los intereses locales ventajas especiales. El hecho de que la mano de obra sea nacional y que la propiedad y administración sean foráneas crea una condición fácil de ser explotada políticamente.

3. Debido al proceso histórico y a ciertas características de algunos segmentos de la población (alto porcentaje de analfabetismo, ausencia de una tradición de auto-gobierno, persistencia de costumbres aborígenes, etc.), se ha desarrollado en Latinoamérica, y en mayor proporción que en los Estados Unidos, una tendencia hacia la intervención gubernamental en los asuntos políticos, sociales (incluyendo el aspecto de las relaciones entre patrones y obreros) y económicos. Durante las dos últimas décadas, esta tendencia se ha acentuado aún más en la esfera económica. Como ejemplo de lo anterior tenemos las corporaciones de fomento general y los "institutos" o "empresas" destinadas a regular el desarrollo de una industria determinada. Algunas de estas instituciones han sido creadas en forma _ad hoc_ con el objeto de hacerse cargo de las operaciones de compañías que anteriormente eran de propiedad extranjera. Otras instituciones, como aquéllas formadas con el propósito de desarrollar la energía eléctrica, han sido creadas

como núcleo de expansión para las actividades nacionales en cierto campo. Las tendencias que se evidencian para el futuro presentan manifiestas variaciones de acuerdo con el tipo de industria y con el país de que se trate. En algunos casos, la tendencia es hacia el total monopolio gubernamental. En otros, la intervención oficial, habiéndose limitado a un campo restringido de acción, ha dado y posiblemente siga dando amplias oportunidades a empresas privadas tanto nacionales como extranjeras. En todo caso, es prematuro dar por sentado que, debido al crecimiento de la influencia gubernamental en un tipo de actividad cualquiera, el gobierno va a seguir inexorablemente por el camino del control total. En efecto, la experiencia y la responsabilidad asumida por los gobiernos en el terreno industrial han tenido, en muchos casos, un efecto morigerador respecto a una política exagerada de intervención oficial.

4. En algunos países de Latinoamérica, no se permite a los extranjeros participar en cierto tipo de actividades. En otros casos, no se les permite un control mayoritario en las empresas. En general, esta clase de restricciones se aplica a actividades tales como empresas de publicaciones, líneas aéreas domésticas y servicios de utilidad pública. En ciertas zonas, la posesión de tierras o la participación en empresas mineras o forestales en regiones fronterizas, por ejemplo, requieren la obtención previa de permisos especiales. También, por lo general, aunque no existan leyes explícitas al efecto, el manejo y operación de líneas de autobuses están de hecho reservados para los nacionales. Además, la mayoría de los gobiernos intervienen de un modo u otro en el proceso de selección respecto a posibles inversiones, con vista a eliminar la competencia a firmas nacionales establecidas o con el propósito de estimular la creación de nuevas empresas nacionales. Sin embargo, en la práctica, este tipo de intervención estatal rara vez ha resultado en el cierre de una nueva actividad extranjera de importancia y, sólo en casos especiales, se ha insistido en la participación financiera o en el control de tales empresas por parte de nacionales. Con respecto a esta participación o control nacional, es necesario dejar en claro que en el caso de algunos países y de algunas industrias lo anterior es aconsejable en cierta medida; en el caso de otros países y de otros tipos de industrias, lo mismo no es aconsejable debido a la necesidad de mantener la calidad del producto y un alto standard en los servicios.

5. La amenaza de la expropiación o nacionalización sin una compensación rápida y adecuada sigue siendo un obstáculo para el crecimiento de las inversiones extranjeras en Latinoamérica. Este obstáculo es tanto más serio cuanto que existe poca disposición por parte de algunos gobiernos de esta área de admitir el derecho de un gobierno extranjero a efectuar representaciones en aquellos casos en que se alega

la administración discriminatoria de justicia por parte de las autoridades locales. Los temores de muchos inversionistas con respecto a la nacionalización o a la repentina expropiación de sus bienes han aumentado considerablemente con la adopción, por parte de las Naciones Unidas, en 1952, de una resolución sobre el "derecho de explotar libremente las riquezas y recursos naturales".

6. Para los grandes inversionistas, la "expropiación encubierta" ha constituido un problema mucho más serio que la expropiación inmediata. Como se ha indicado, algunos países han castigado a las empresas extranjeras con multas, impuestos y requisitos laborales discriminatorios. En otros casos se ha rehusado permitir a las empresas extranjeras de utilidad pública imponer tarifas lo suficientemente altas como para rendir ganancias adecuadas. Las compañías extranjeras también se han visto con frecuencia obligadas a competir con organizaciones nacionales que están exentas de impuestos u otras cargas, impuestos y cargas que sin embargo se aplican a dichas compañías foráneas. Por último, en algunos casos, se han aplicado a las empresas extranjeras tasas de cambio discriminatorias.

7. En lo que se refiere a la importación de maquinarias y materias primas, han existido y existen dificultades aduaneras, siendo a veces extremadamente complicado el problema de determinar la clasificación apropiada de las tarifas a aplicarse a uno u otro artículo que se desea importar. En algunos países latinoamericanos los funcionarios aduaneros reciben participación de las multas impuestas por violaciones técnicas de los reglamentos, teniendo por lo tanto un interés personal en descubrir errores que puedan haberse cometido. Es así que a veces se cobran fuertes multas por errores relativamente insignificantes, aún por los obviamente causados por deslices tipográficos. En los casos en que el importador puede demostrar buena fe, la multa puede ser reducida y en raras oportunidades hasta anulada por las autoridades superiores; sin embargo, el procedimiento para obtener una anulación es, cuando menos, sumamente engorroso y caro. Por otra parte, las tarifas aduaneras en algunos países pueden alterarse de improviso por decreto ejecutivo y aún, por el mismo medio, imponerse prohibiciones absolutas respecto a ciertas importaciones.

Si bien es cierto que en algunos de los países del área los gobiernos conceden a empresas extranjeras que van a instalar nuevas industrias liberación total o rebajas en los impuestos aduaneros, pueden surgir por otra parte problemas de difícil solución respecto a la inclusión de ciertos artículos a importarse dentro de las listas y clasificaciones aduaneras. Sin embargo, en algunos casos, es posible conseguir facilidades especiales que cubran dichos artículos de importación.

8. En un porcentaje no despreciable de casos, las dificultades son originadas por los mismos inversionistas. Por lo general, muchos de ellos no investigan a fondo las condiciones locales, como tampoco efectúan el trabajo preparatorio necesario antes de comprometer sus capitales. A menudo, la firma inversionista extranjera no toma en cuenta el hecho fundamental de que cada país tiene sus propias leyes, sus propias costumbres, moneda, lengua y puntos de vista, o bien, se deja llevar por comunicados oficiales de carácter general que dan la impresión de un clima favorable para las inversiones, encontrándose a la postre con que dicho clima es en realidad poco propicio al tipo de actividad que interesa al inversionista.

Conclusión.   Muchas de las barreras que se oponen a las inversiones extranjeras en la América Latina responden a una política nacional que persigue los siguientes objetivos: (a) proteger o favorecer a la industria y mano de obra nacional y (b) regular las actividades financieras con propósitos nacionales o sociales específicos.

El progreso latinoamericano en cuanto a la acumulación de capital nacional y a la adquisición de las capacidades técnicas y de administración han reducido un tanto la urgencia de obtener la ayuda exterior. Sin embargo, a través de la América Latina se reconoce claramente que este tipo de ayuda sigue siendo necesaria para continuar y acelerar el ritmo del desarrollo económico de la región. El problema, desde un punto de vista práctico, es por lo tanto cerrar la brecha que separa los intereses legítimos de los inversionistas extranjeros y las legítimas aspiraciones nacionales de los países beneficiarios. No cabe duda de que sería mucho más fácil llegar a un acuerdo en cuanto a la solución de este problema si fuera posible dejar por algún tiempo estos temas fuera del foco de la atención pública y poder entonces resolver las diferencias en forma realista y con pleno reconocimiento de los intereses comunes a ambas partes.

Personas versadas en asuntos latinoamericanos expresan la opinión de que, andando el tiempo, una parte substancial de las inversiones extranjeras tomarán la forma de capital en cartera, como ya ha ocurrido en otras áreas.   Un observador, el Dr. Henry C. Wallich, dice lo siguiente respecto de este problema: "La intervención activa de un elemento extranjero en una economía nacional, como en el caso de una inversión extranjera directa, constituye de por sí una fuente potencial de fricción... La inversión

extranjera directa es una etapa inicial tanto cuando las capacidades administrativas y técnicas son in-
gredientes importantes de tal inversión... Aunque es verdad que mucho de la política y tendencias que
han contribuído a ahuyentar al capital norteamericano podrían en realidad ser corregidas sin grandes
sacrificios por parte de los países beneficiarios, es sin embargo un hecho que existen aspiraciones
legítimas que deben ser reconocidas". El Dr. Wallich concluye diciendo que eventualmente "llegará a
ser considerado como algo deseable reducir el énfasis actual en la inversión de tipo directo e ir hacia
la inversión de valores en cartera, o sea, hacia la posesión de acciones por parte de residentes norte-
americanos individuales en empresas manejadas y controladas por latinoamericanos." Con respecto a esto
último, al menos por el momento, debe reconocerse que las prácticas comerciales y de contabilidad latinoamericanas actuales presentan serios obstáculos con respecto a un cambio en las tendencias inversionistas
norteamericanas en el área.

En conclusión, es necesario recalcar que la situación varía grandemente de país a país y de actividad en actividad y que para todos estos países la forma y volumen de las inversiones deben ajustarse
a las actitudes nacionales del momento. Por último, existe la necesidad de no perder de vista el hecho
de que los requerimientos y los deseos de obtener capitales constituye de por sí una base sobre la cual
pueden negociarse soluciones mutuamente satisfactorias.

46.42.2   Response drill

1   ¿Qué representaban para España sus colonias?

2   ¿Cuál fue la política económica y comercial de España con sus colonias?

3   ¿Cuáles fueron las desventajas tecnológicas y socioeconómicas que heredaron las colonias
    de España?

4   ¿En qué forma pueden invertir los países desarrollados capitales en Latinoamérica para dar
    un impulso al desarrollo económico latinoamericano?

5 Compare algunas de las diferencias en las tradiciones políticas y en los conceptos legales entre los países latinoamericanos y las naciones de habla inglesa.

6 ¿Cuáles son algunas de las desventajas de la inversión de capital extranjero en algunos de los países pequeños de Latinoamérica?

7 ¿Por qué se ha desarrollado en Latinoamérica, en mayor proporción que en los EE.UU., una tendencia hacia la intervención gubernamental en los asuntos políticos, sociales y económicos?

8 ¿Qué entiende Ud. por monopolio gubernamental? Mencione algunos ejemplos de este monopolio en los EE.UU. y en Latinoamérica.

9 ¿Qué clase de restricciones aplican los gobiernos de algunos países a los extranjeros?

10 ¿Por qué han aumentado los temores de muchos inversionistas con respecto a la nacionalización o a la repentina expropiación de sus bienes?

11 Explique la "expropiación encubierta" y mencione algunos ejemplos.

12 ¿Cuáles son algunos de los hechos fundamentales de cada país que debe investigar el inversionista?

13 ¿Qué dice el Dr. Henry C. Wallich de la intervención activa de un elemento extranjero en una economía nacional?

14 ¿Qué entiende Ud. por inversión de valores en cartera?

15 Según Ud., ¿cuáles son hoy día los países latinoamericanos que presentan serios obstáculos con respecto a un cambio en las tendencias inversionistas norteamericanas en el área? Explique por qué.

47.1   BASIC SENTENCES.   Juan and Jose discuss language.

ENGLISH SPELLING

Jose:
Hey, White, at last! I've been looking for
you for more than half an hour.

urgent

White:
Excuse me, Jose, but I had to rush out.

unexpected
[they call me to tell me to drop by]
they called me to tell me to drop by

They called me unexpectedly from the Embassy to
tell me to drop by right away.

the importance

Jose:
What was it? Some important matter?

the interpreter
to serve as interpreter
[they want me to serve]
they wanted me to serve

SPANISH SPELLING

José:
Hola, White, ¡por fin! Si hace más de
media hora que te ando buscando.

urgente

White:
Perdona, José, pero tuve que salir urgen-
temente.

inesperado
[me llaman para decirme que pase]*
me llamaron para decirme que pasara

Me llamaron inesperadamente de la embajada
para decirme que pasara por ahí en seguida.

la importancia

José:
¿Qué? ¿Algún asunto de importancia?

el intérprete
servir de intérprete
[quieren que sirva]
querían que sirviera

---

*   Limited structural buildups will be used in this unit to illustrate structure not yet formally
    presented. Constructions not actually occurring in the Basic Sentences are indented and en-
    closed in brackets.

White:
No, nothing much. They wanted me to serve
as interpreter for an engineer who had
just arrived.

the engineering

Jose:
But what do you know about engineering?

absolute
the difficulty
to chat
[it appears likely difficulties will
come up]
it appeared likely difficulties would
come up

White:
Nothing at all. That's why it appeared likely
that some difficulties would come up, but when
I arrived, there he was chatting with Jaime
Bustamante.

single

Jose:
But that guy doesn't speak a single word
of English!

the Spanish (language)

White:
Sure. But it turned out the gentleman spoke
Spanish much better than I do.

White:
No, poca cosa. Querían que le sirviera
de intérprete a un ingeniero que acababa
de llegar.

la ingeniería

José:
Pero ¿tú qué sabes de ingeniería?

absoluto
la dificultad
charlar
[parece probable que se me pre-
senten dificultades]
parecía probable que se me presentaran dificultades

White:
Absolutamente nada. Por eso parecía
probable que se me presentaran dificultades, pero cuando llegué, ahí estaba
charlando con Jaime Bustamante.

solo

José:
¡Pero ése no habla ni una sola palabra
de inglés!

el castellano

White:
Claro. Pero resultó que el señor hablaba
castellano mucho mejor que yo.

Jose:
   the language
   the perfection
   in regard to
   to make a criticism

José:
   el idioma
   la perfección
   en cuanto a
   poner un reparo

Jose: Gosh! You know the language perfectly. Only in regard to pronunciation can one sometimes make an occasional criticism.

José: ¡Hombre! Si tú conoces el idioma a la perfección. (1) Sólo en cuanto a la pronunciación se te puede poner a veces algún reparo.

White:
   to pester
   the wonder, the marvel

White:
   dar la lata
   la maravilla

White: Come on! Don't keep pestering me with that stuff about pronunciation. Yours isn't any bargain.

White: ¡Vaya! No sigas dándome la lata con eso de la pronunciación. La tuya no es ninguna maravilla.

Jose: How's that? How is it possible for me to speak my own language badly?

José: ¿Cómo es eso? ¿Cómo es posible que hable mal mi propio idioma?

Jose:
   to be offended
   the dialect

White:
   ofenderse
   el dialecto

White: All right, don't be offended. You know perfectly well that they speak a somewhat odd dialect here.

White: Bueno, no te ofendas. Tú bien sabes que aquí se habla un dialecto un poco raro.

Jose:
   first class

José:
   de primera

Jose: Absolutely not! We speak first-class Spanish here.

José: En absoluto. Aquí se habla un castellano de primera. (2)

White:
to confess, to admit
the correction

But don't you remember that yesterday you
admitted to me that people don't always
speak correctly in this country?

but rather
the difference
the Andalusian

Jose:
Well, it wasn't quite like that, but rather
I told you that here some things are different from the Spanish of Madrid. They
say American Spanish is more like Andalusian.

[when you have time]
when you had time

White:
Now I remember, but you promised that when
you had time you were going to explain it
to me.

the promise
[I hope I haven't made]
I wish I hadn't made

Jose:
I wish I hadn't made such a promise! Because
I'm no professor, you know.

White:
confesar
la corrección

Pero ¿no te acuerdas de que ayer me con-
fesaste que en este país no se habla
siempre con corrección? (3)

sino
la diferencia
el andaluz

José:
Pues no fue precisamente así, sino que te
dije que aquí hay ciertas diferencias con
el castellano de Madrid. Dicen que el
castellano de América se parece más bien
al andaluz.

[cuando tengas tiempo]
cuando tuvieras tiempo

White:
¡Ya! Ahora sí me acuerdo, pero me prometiste que cuando tuvieras tiempo me lo
ibas a explicar. (4)

la promesa
[ojalá no haya hecho]
ojalá no hubiera hecho

José:
¡Ojalá no hubiera hecho tal promesa! Porque
yo no soy ningún profesor, ¿sabes? (5)

the 'z'

White:
I know you don't pronounce z here like in Spain, but there are other things too, aren't there?

notable, prominent
the habit, custom
the 's'
weak
the consonant
the 'd'

José:
Yes, perhaps the main thing is our habit of dropping our s's and pronouncing some consonants very weakly, especially the d.

to understand
the humming
the sound
to catch
the half

White:
That's right. Because when I first met you I could hardly understand you. Everything was a sort of humming of sounds, so that I could catch only half of what you were saying to me.

la zeta

White:
Ya sé que aquí no se pronuncia la zeta como en España, pero hay otras cosas también, ¿no?

notable
la costumbre
la ese
débil
la consonante
la de

José:
Sí, quizá lo más notable sea nuestra costumbre de comernos las eses y pronunciar muy débilmente algunas consonantes, sobre todo la de. (6)

entender
el runrún
el sonido
captar
la mitad

White:
Eso es. Porque cuando te conocí por primera vez, apenas te entendía. Todo era como un runrún de sonidos, así que no podía captar sino la mitad de lo que me decías.

muddled, obscure

turbio

Jose:
Yes. I admit that for the foreigners it may
be that our way of speaking may be a little
muddy, but it's not that bad, my friend.

José:
Sí. Te confieso que para el extranjero
puede que nuestra manera de hablar sea
un poco turbia, pero no es para tanto,
amigo.

White:
Well, let's drop all that. Let's go out, do
you want to? Which is your hat?

White:
Bueno, dejémonos de todo eso. Vamos a la
calle, ¿quieres? ¿Cuál es tu sombrero? (7)

Jose:
_____

José:
E que tá etrá.

White:
What did you say?

White:
¿Cómo dices?

Jose:
The one behind.

José:
El que está detrás.

White:
Oh!

White:
¡Ah!

47.10   Notes on the basic sentences

(1) <u>A la perfección</u> = <u>perfectamente</u>. Spanish often uses a preposition plus a noun instead of
an adverb in -<u>mente</u> and often when English would use -<u>ly</u>.

(2) Certain set expressions are construed negatively even when no negative word appears. Thus
<u>en absoluto</u> means 'absolutely not'. Cf. <u>en mi vida</u> meaning 'never'. Like such negatives as <u>nada</u>, <u>nunca</u>,
etc., these expressions, when they follow a verb, require a negative before the verb.

(3) Con corrección = correctamente. See Note (1) above.

(4) <u>Ya</u> sometimes is used alone to mean 'now', 'enough' or as in this example 'oh sure', 'oh
yes'.

(5) The adjective <u>ningún(a)</u> makes the noun it modifies emphatic. Thus <u>no soy ningún profesor</u>
'I'm no professor' is more emphatic than <u>no soy profesor</u> 'I'm not a professor'.

(6) See Unit 2.24 for a note on weakening in some positions of [s]. The [d] is sometimes so
weakly pronounced that it disappears, a phenomenon reflected occasionally in writing by the spellings
<u>hablao</u>, <u>usté</u>, <u>salú</u>, etc., for <u>hablado</u>, <u>usted</u>, and <u>salud</u>. In certain dialects of Spanish /r/ and /l/ fall
together in syllable-final position before a consonant or a pause, and occasionally disappear altogether.

(7) <u>Dejar de</u>, when followed by a verb means 'to cease, stop' but it may occasionally be
followed by a noun or a demonstrative pronoun, in which case English requires a slightly different
translation.

47.2   DRILLS AND GRAMMAR

47.21   Pattern drills

47.21.1   The past subjunctive

   A.   Presentation of pattern

ILLUSTRATIONS

We were hoping there wouldn't be an inspection.

But he didn't allow them to keep on talking about it.

Didn't you tell me to tell you the truth?

I didn't let the girls go alone.

They suggested we speak to them in English.

She asked us to give her more time.

My husband was happy that the car had automatic shift.

1   Querían que le <u>sirviera</u> de intérprete.

2   Me llamaron para decirme que <u>pasara</u> por ahí en seguida.

3   Esperábamos que no <u>hubiera</u> inspección.

4   Pero no permitió que ellos <u>siguieran</u> discutiéndolo.

5   ¿No me dijo Ud. que le <u>dijera</u> la verdad?

6   No dejé que las chicas <u>fueran</u> solas.

7   Sugirieron que les <u>habláramos</u> en inglés.

8   Ella nos pidió que le <u>diéramos</u> más tiempo.

9   Mi marido se alegró de que el coche <u>tuviera</u> el cambio automático.

I was afraid the poor fellow wouldn't understand about the visa.

Nor was it certain they would come.

It was very important that nothing unexpected should happen.

It wasn't to be expected that they would guarantee such an old car.

It wasn't a good idea for us to stay longer.

I was looking for a secretary who spoke English.

There was nobody we could count on.

Rather it was a matter of selecting an officer who was well known in the country.

I had never bought anything that turned out to be so expensive.

10 Temía que el pobre no <u>entendiera</u> lo de la visa.

11 Parecía probable que se me <u>presentaran</u> dificultades.

12 Tampoco era seguro que <u>vinieran</u>.

13 Era muy importante que no <u>sucediera</u> nada inesperado.

14 No era de esperar que <u>garantizaran</u> un coche tan antiguo.

15 No convenía que nos <u>quedáramos</u> más tiempo.

16 Buscaba una secretaria que <u>hablara</u> inglés.

17 No había nadie con quien <u>pudiéramos</u> contar.

18 Más bien se trataba de escoger un oficial que <u>fuera</u> bien conocido en el país.

19 Nunca había comprado nada que me <u>resultara</u> tan caro.

SPOKEN SPANISH

He would do anything we might ask him.   20 Hacía cualquier cosa que le pidiéramos.

I was going to send you whichever one you   21 Iba a mandarte la que más te gustara.
liked most.

I was going to tell it to Gloria when I saw her.   22 Me prometiste que cuando tuvieras tiempo
                                                         me lo ibas a explicar.
_____
                                                     23 Yo se lo iba a decir a Gloria cuando la
                                                         viera.

We took them up to the balcony so they could   24 Los subimos al balcón para que vieran
see better.   mejor.

We decided not to promise them anything unless   25 Decidimos no prometerles nada a menos que
they agreed to help us.   se comprometieran a ayudarnos.

Apparently the boss didn't want to explain it   26 Por lo visto el jefe no quería explicármelo
to me until he knew the details better.   hasta que supiera mejor los detalles.

We had to go wherever they might send us.   27 Teníamos que ir a donde nos mandaran.

They were going to operate on him as soon as   28 Le iban a operar tan pronto como llegara
he arrived at the hospital.   al hospital.

They told me to get out of the water before   29 Me dijeron que saliera del agua antes de
I caught another cold.   que pescara otro resfriado.

It was impossible for them to build it without   30 Era imposible que lo construyeran sin que
our giving them a loan.   les hiciéramos un préstamo.

47.10   DIEZ

I wanted him to arrange it in such a way that everyone would be satisfied.

31 Quería que él lo <u>arreglara</u> de manera que todos <u>estuvieran</u> satisfechos.

It mattered little to him how we did it provided we notified him of our plans.

32 Le importaba poco como lo <u>hiciéramos</u> con tal de que le <u>avisáramos</u> de nuestros planes.

I doubted very much that they would finish the work before the boss asked them for it.

33 Dudaba mucho que ellos <u>terminaran</u> el trabajo antes de que se lo <u>pidiera</u> el jefe.

EXTRAPOLATION

Past I, 3 pl		Past Subjunctive	Alternate Endings
Regular Verb			
toma-			
comie-			
salie-	-ron		
Stem-vowel changing in Past I		sg 1 -ra -se	
		2 fam -ras -ses	
sintie-		3 -ra -se	
murie-			
pidie-		pl 1 ´-ramos ´-semos	
		2-3 -ran -sen	
Modified stem in Past I			
dije-			
pusie-			
fue-			

<u>NOTES</u>

a. The past subjunctive of all verbs is formed on the 3 pl of the Past I. There are no exceptions.

b. The past subjunctive endings are unstressed. The stress of the 3 pl Past I is retained on the same syllable of all Past Subjunctive forms, i.e., the syllable immediately preceding the ending. Note that this requires a written accent mark in the 1 pl form.

c. The <u>-ra</u> endings are used in both Latin America and Spain. The <u>-se</u> endings are frequently heard in Spain, but not in Latin America.

47.21.11 Substitution drill - Person-number substitution

1 Ana quería que _yo_ la llevara al centro.

    _____ el mayor _____.

    _____ el teniente y yo _____.

    _____ usted _____.

    _____ tú y José _____.

                    Ana quería que el mayor la llevara al centro.

                    Ana quería que el teniente y yo la lleváramos al centro.

                    Ana quería que usted la llevara al centro.

                    Ana quería que tú y José la llevaran al centro.

2 Yo no creía que _ella_ firmara el documento.

    _____ los oficiales _____.

    _____ usted _____.

    _____ Alicia y Rosa _____.

    _____ tú _____.

                    Yo no creía que los oficiales firmaran el documento.

                    Yo no creía que usted firmara el documento.

                    Yo no creía que Alicia y Rosa firmaran el documento.

                    Yo no creía que tú firmaras el documento.

3 Luisa esperaba que _Ud._ comiera algo.

    _____ yo _____.

    _____ el teniente _____.

    _____ el teniente y yo _____.

    _____ ellos _____.

                    Luisa esperaba que yo comiera algo.

                    Luisa esperaba que el teniente comiera algo.

                    Luisa esperaba que el teniente y yo comiéramos algo.

                    Luisa esperaba que ellos comieran algo.

4   Yo no dejé que <u>mis hijas</u> salieran con él.

_____ ellos _____.   Yo no dejé que ellos salieran con él.
_____ Luisa _____.   Yo no dejé que Luisa saliera con él.
_____ Luisa y Ana _____.   Yo no dejé que Luisa y Ana salieran con él.
_____ mi hijo _____.   Yo no dejé que mi hijo saliera con él.

5   Era posible que <u>yo</u> no pudiera ir.

_____ Gloria _____.   Era posible que Gloria no pudiera ir.
_____ tú _____.   Era posible que tú no pudieras ir.
_____ nosotros _____.   Era posible que nosotros no pudiéramos ir.
_____ ellos _____.   Era posible que ellos no pudieran ir.

6   Fue mejor que <u>yo</u> no durmiera tanto.

_____ Pepe _____.   Fue mejor que Pepe no durmiera tanto.
_____ nosotros _____.   Fue mejor que nosotros no durmiéramos tanto.
_____ ellos _____.   Fue mejor que ellos no durmieran tanto.
_____ tú _____.   Fue mejor que tú no durmieras tanto.

7   Yo lo sabía antes de que <u>Ud.</u> me lo dijera.

_____ Juan _____.   Yo lo sabía antes de que Juan me lo dijera.
_____ tú _____.   Yo lo sabía antes de que tú me lo dijeras.

Uds. _____.

Marta y Ana _____.

Yo lo sabía antes de que Uds. me lo dijeran.

Yo lo sabía antes de que Marta y Ana me lo dijeran.

8   Iba a quedarse hasta que viniera el jefe.

_____ Pablo y yo.   Iba a quedarse hasta qué viniéramos Pablo y yo.

_____ tú.   Iba a quedarse hasta que vinieras tú.

_____ Mario.   Iba a quedarse hasta que viniera Mario.

_____ Uds.   Iba a quedarse hasta que vinieran Uds.

47.21.12   Tense substitution

Problem:

     Luisa quiere que yo le ayude.

     Luisa quería _____.

Answer:

     Luisa quería que yo le ayudara.

1   Pablo duda que yo sea español.

    Pablo dudaba _____.   Pablo dudaba que yo fuera español.

2   El coronel ordena que Uds. vuelen ahora.

    El coronel ordenó _____.   El coronel ordenó que Uds. volaran ahora.

3   Yo espero que el mayor me dé permiso.
    Yo esperaba _____

Yo esperaba que el mayor me diera permiso.

4   Me alegro de que salgamos en seguida.
    Me alegré _____

Me alegré de que saliéramos en seguida.

5   Es muy importante que Ud. vea la lista.
    Fue muy importante _____

Fue muy importante que Ud. viera la lista.

6   Necesito hablar con una persona que sepa
    traducir.
    Necesitaba hablar _____

Necesitaba hablar con una persona que
supiera traducir.

7   Busco una casa que tenga dos pisos.
    Buscaba _____

Buscaba una casa que tuviera dos pisos.

8   Acepto el dinero, no importa la forma en
    que venga.
    Aceptaba _____

Aceptaba el dinero, no importaba la forma
en que viniera.

9   Podemos escoger el que nos guste.
    Podíamos escoger _____

Podíamos escoger el que nos gustara.

10 No hay nada que pueda servirte.
    No había nada _____

No había nada que pudiera servirte.

11 Sabe un poco de cualquier asunto que hables.
    Sabía _____

Sabía un poco de cualquier asunto que
hablaras.

12 No hay quien salga, por el frío que hace.
    No había _____.

    No había quien saliera, por el frío que
    hacía.

13 No pueden mudarse hasta que se mejoren los
    niños.
    No podían mudarse _____.

    No podían mudarse hasta que se mejoraran
    los niños.

14 No lo voy a creer, aunque sea verdad.
    No lo iba a creer, _____.

    No lo iba a creer, aunque fuera verdad.

15 Lo arreglo de modo que no tenga que preocu-
    parse.
    Lo arreglé _____.

    Lo arreglé de modo que no tuviera que preo-
    cuparse.

16 No va a haber fiesta, a menos que deje de
    llover.
    No iba a haber _____.

    No iba a haber fiesta, a menos que dejara
    de llover.

17 Quiero recordarle la fecha antes de que se
    le olvide.
    Quería recordarle _____.

    Quería recordarle la fecha antes de que se
    le olvidara.

18 Hay que pagarles bien para que sigan
    trabajando aquí.
    Hubo que pagarles bien _____.

    Hubo que pagarles bien para que siguieran
    trabajando aquí.

19 Espero que me lo dé antes de que me vaya.   Esperaba que me lo diera antes de que me
    Esperaba _____.   fuera.

20 No es posible que lleguen a tiempo, a menos   No era posible que llegaran a tiempo, a
    que tomen el tren de las ocho.   menos que tomaran el tren de las ocho.
    No era posible _____.

47.21.13 Patterned response drill

                    Instructor   _Students A and B_

    Example: ¿Entro?   A. Sí, entre.
              ¿Qué me dijo él?   B. Le dijo que entrara.

    Example: ¿Comemos ahora? (Pablo y yo)   A. Sí, coman.
              ¿Qué nos dijo él?   B. Les dijo que comieran.

        1   ¿Llamo al médico?   A. Sí, llámelo.
              ¿Qué me dijo él?   B. Le dijo que llamara al médico.

        2   ¿Busco las llaves?   A. Sí, búsquelas.
              ¿Qué me pidió él?   B. Le pidió que buscara las llaves.

        3   ¿Vamos solos? (Pablo y yo)   A. Sí, vayan solos.
              ¿Qué nos dijo él?   B. Les dijo que fueran solos.

4 ¿Pedimos más dinero? (Pablo y yo)

    A. Sí, pidan más.
    B. Les dijo que pidieran más dinero.

5 ¿Me levanto?

    ¿Qué me dijo él? (fam.)

    A. Sí, levántese.
    B. Te dijo que te levantaras.

6 ¿Traduzco la carta?

    ¿Qué me pidió él?

    A. Sí, tradúzcala.
    B. Le pidió que tradujera la carta.

7 ¿Venimos después? (Pablo y yo)

    ¿Qué nos pidió él?

    A. Sí, vengan después.
    B. Les pidió que vinieran después.

8 ¿Me pongo el abrigo?

    ¿Qué me dijo él? (fam.)

    A. Sí, póngaselo.
    B. Te dijo que te pusieras el abrigo.

9 ¿Oigo las noticias?

    ¿Qué me dijo él? (fam.)

    A. Sí, óyelas.
    B. Te dijo que oyeras las noticias.

10 ¿Salimos ahora? (Pablo y yo)

    ¿Qué nos dijo él?

    A. Sí, salgan ahora.
    B. Les dijo que salieran ahora.

11 ¿Le digo lo que pasó?

    ¿Qué me dijo él? (fam.)

    A. Sí, dígamelo.
    B. Te dijo que le dijeras lo que pasó.

12 ¿Nos despedimos de María? (Pablo y yo)

    ¿Qué nos dijo él?

    A. Sí, despídanse de ella.
    B. Les dijo que se despidieran de María.

<u>Instructor</u>

<u>Student</u>

Example: Venda el coche.

             ¿Qué le dije?

Me dijo que vendiera el coche.

Example : Suban después.   Nos dijo que subiéramos después.
          ¿Qué les dije?

13   Lleven a los niños.   Nos dijo que lleváramos a los niños.
          ¿Qué les dije?

14   Lea el periódico.   Me dijo que leyera el periódico.
          ¿Qué le dije?

15   Hagan el trabajo.   Nos dijo que hiciéramos el trabajo.
          ¿Qué les dije?

16   Esté aquí a las ocho.   Me dijo que estuviera aquí a las ocho.
          ¿Qué le dije?

17   Sean puntuales.   Nos dijo que fuéramos puntuales.
          ¿Qué les dije?

18   Vayan más tarde.   Nos dijo que fuéramos más tarde.
          ¿Qué les dije?

19   Sépalo para mañana.   Me dijo que lo supiera para mañana.
          ¿Qué le dije?

20   Vístase ahora.   Me dijo que me vistiera ahora.
          ¿Qué le dije?

21   Dénle una propina.   Nos dijo que le diéramos una propina.
          ¿Qué les dije?

22   Tráigame un sandwich.   Me dijo que le trajera un sandwich.
          ¿Qué le dije?

47.21.14 Patterned response drill

Example: Ellos vinieron temprano.
Eso es lo que Ud. quería, ¿no?

<u>Instructor</u>

<u>Student</u>

Sí, quería que vinieran temprano.

Note – Answer questions affirmatively unless a negative response is cued.

1 Los Robinson heredaron la casa.
¿Eso es lo que Ud. quería, ¿no?

Sí, quería que heredaran la casa.

2 Las chicas se diviertieron mucho.
Eso es lo que Ud. esperaba, ¿no?

Sí, esperaba que se divirtieran mucho.

3 Nosotros le mandamos a Mónica una
tarjeta de pésame.
Eso es lo que Pablo sugirió, ¿no?

Sí, Pablo sugirió que le mandáramos una
tarjeta de pésame.

4 Ellos fueron a discutirlo con el
agregado.
Eso es lo que Ud. les dijo, ¿no?

Sí, les dije que fueran a discutirlo con
el agregado.

5 Ellos no pudieron convencerla.
Era lo más probable, ¿no?

Sí, era probable que no pudieran convencerla.

6 Su esposa se puso nerviosa.
Eso es lo que Ud. temía, ¿no?

Sí, temía que se pusiera nerviosa.

7   Se les olvidó llenar las solicitudes.
    Ud. no creía eso, ¿verdad?

No, no creía que se les olvidara llenar
las solicitudes.

8   El nuevo jefe fue muy amable.
    De eso se alegraron Uds., ¿no?

Sí, nos alegramos de que fuera muy amable.

9   Le pedimos más tiempo para pagar el
    préstamo.
    Fue necesario hacerlo, ¿no?

Sí, fue necesario que le pidiéramos más
tiempo para pagar el préstamo.

10 El profesor se comprometió a ayudar a Juan.
    Eso es lo que Juan esperaba, ¿no?

Sí, Juan esperaba que el profesor se compro-
metiera a ayudarlo.

11 El muchacho hizo eso más tarde.
    Eso es lo que preferían sus padres, ¿no?

Sí, preferían que hiciera eso más tarde.

12 A él no le dijeron nada del accidente.
    Eso es lo que él pidió, ¿no?

Sí, pidió que no le dijeran nada del
accidente.

13 Dos personas murieron en el ataque.
    Eso fue lo malo, ¿no?

Sí, lo malo fue que murieran dos personas
en el ataque.

14 Duerme por lo menos ocho horas todas
    las noches.
    Eso es lo que mandó el médico, ¿no?

Sí, mandó que durmiera por lo menos ocho
horas todas las noches.

15 Ellos no vieron mas que el barrio
   residencial de la ciudad.
   Eso es lo que el gobierno había
   ordenado, ¿no?

Sí, el gobierno había ordenado que no
vieran más que el barrio residencial
de la ciudad.

16 El cónsul encontró a alguien que hablaba
   bien español.
   Eso es lo que él buscaba, ¿no?

Sí, buscaba a alguien que hablara bien
español.

* * * * * *

17 Consiguió a una secretaria que escribía
   bien a máquina.
   Eso es lo que él quería, ¿no?

Sí, quería conseguir una secretaria que
escribiera bien a máquina.

18 Ahora ellos tienen una criada que trabaja
   más de ocho horas al día.
   ¿No es eso lo que ellos necesitaban?

Sí, necesitaban una criada que trabajara
más de ocho horas al día.

19 Hay alguien en nuestra oficina que sabe
   traducir los documentos.
   ¿No había nadie así en tu oficina, verdad?

No, no había nadie en mi oficina que
supiera traducirlos.

20 Por fin tenemos a alguien que nos ayuda.
   Eso es lo que nos hacía falta, ¿no?

Sí, nos hacía falta alguien que nos ayudara.

21 Decidieron mandar a un oficial joven que
   acababa de entrar al servicio.
   Uds. necesitaban alguien así también, ¿no?

   Sí, necesitábamos un oficial joven que
   acabara de entrar al servicio.

22 Quiero un chofer que no maneje tan rápido, ¿no?
   Ellos querían uno así también, ¿no?

   Sí, querían un chofer que no manejara tan
   rápido.

23 Vamos a hacer lo que ellos nos manden.
   ¿No es eso lo que pensábamos hacer?

   Sí, pensábamos hacer lo que ellos nos
   mandaran.

24 Se lo van a dar al que gane.
   Eso es lo que decidieron, ¿no?

   Sí, decidieron dárselo al que ganara.

25 Pablo los llevó a un lugar que les gustó
   mucho.
   ¿Es eso lo que ellos esperaban?

   Sí, esperaban que Pablo los llevara a un
   lugar que les gustara mucho.

26 Compré un carro en el cual cabemos todos.
   ¿Es eso lo que Ud. quería?

   Sí, quería que Ud. comprara un carro en el
   cual cupiéramos todos.

27 Le pagan un sueldo que le permite vivir
   bien.
   Eso es lo que pidió, ¿no?

   Sí, pidió que le pagaran un sueldo que le
   permitiera vivir bien.

28 Tengo una tía que es muy rica.
   ¿Es eso lo que no podías creer?

   Sí, no podía creer que tuvieras una tía que
   fuera muy rica.

29 El médico le dio algo que le quitó el
   dolor de cabeza.
   Eso es lo que le pidió, ¿no?

   Sí, le pidió al médico que le diera algo
   que le quitara el dolor de cabeza.

30 Quiero presentarte a alguien que te lo
   puede explicar en inglés.
   ¿No es eso lo que tú querías?

   Sí, quería que me presentaras a alguien
   que me lo pudiera explicar en inglés.

B. Discussion of pattern

   We have already seen how the present subjunctive is used in noun clauses (Units 37 and 38),
in noun modifying clauses (Unit 40), and in verb modifying clauses (Units 41 and 42). In this Unit
the student should observe that the past subjunctive is regularly found in these same constructions
when the reference is to a past time. Note the following contrastive pairs:

Noun clause:

Present: Quieren que <u>sirva</u> de intérprete.   'They want me to serve as an interpreter'

Past: Querían que <u>sirviera</u> de intérprete.   'They wanted me to serve as an interpreter'

Noun modifying clause:

Present: No hay nadie que me <u>ayude</u>.   'There is nobody who will help me'

Past: No había nadie que me <u>ayudara</u>.   'There was nobody who would help me'

Verb modifying clause

Present: Me lo va a explicar cuando tenga tiempo.   'He's going to explain it to me when he
                                                            has time'

Past: Me dijo que me lo iba a explicar cuando   'He told me he was going to explain it to
          tuviera tiempo.   me when he had time'

         It will be observed that in these constructions there is usually a correspondence of tense
between the main and the dependent verb. If the main verb refers to present or future time (present
tense, future tense or periphrastic future, command form, present perfect), the dependent verb is most
commonly in the present subjunctive. If the main verb refers to past time, the dependent verb is
usually in the past subjunctive. This does not always hold true, however, since basically the tense of
the subjunctive verb is determined by the time to which the speaker is referring in that part of the
sentence. Thus such patterns as the following occur:

         Es posible que él llegara tarde.   'It's possible that he arrived late'
         Siento que no pudieran ir.   'I'm sorry they couldn't go'

Note also the following pair of sentences:

         El me pidió que hiciera el trabajo.
         El me pidió que haga el trabajo.

         Both sentences have the same translation into English. However, the second one clearly indi-
cates that the action of the dependent verb has not yet been accomplished, while the first leaves this
point in doubt.

47.21.2   The present perfect and past perfect subjunctives

A.   Presentation of pattern

ILLUSTRATIONS

I hope they have decided it already.   1   Ojalá lo hayan decidido ya.

We doubt that they have arrived.   2   Dudamos que hayan llegado.

It is possible that he has returned.   3   Es posible que haya vuelto.

We are looking for someone who has
traveled a lot.   4   Buscamos a alguien que haya viajado mucho.

When they have finished, let me know.   5   Cuando hayan terminado, avíseme.

In case John hasn't done it, you can do it.   6   En caso de que no lo haya hecho Juan, usted
                                                                 puede hacerlo.

He doubted that we had worked enough.   7   El dudaba que hubiéramos trabajado bastante.

I was sorry that he had left.   8   Sentí que hubiera salido.

There was no one there who had studied
enough.   9   No había nadie allí que hubiera estudiado
                                                                 bastante.

He had arrived without anyone's having
seen him.   10   Había llegado sin que nadie lo hubiera
                                                                 visto.

He told me I could do it provided no one
else had already done it.   11   Me dijo que yo podía hacerlo con tal que
                                                                 nadie lo hubiera hecho ya.

EXTRAPOLATION

Perfect Subjunctive		
Present subjunctive of <u>haber</u> or Past subjunctive of <u>haber</u>	+	<u>-do</u> form of main verb

47.21.21 Response drills

A. Problem: ¿Ha visto Juan el libro?

Answer: Ojalá que lo haya visto.

1 ¿Ha hecho el trabajo?   Ojalá que lo haya hecho.

2 ¿Le han pagado?   Ojalá que le hayan pagado.

3 ¿Hemos estudiado bastante?   Ojalá que hayamos estudiado bastante.

4 ¿Te han esperado?   Ojalá que me hayan esperado.

5 ¿Han llegado ellos?   Ojalá que hayan llegado.

6 ¿Se han ido sus amigos?   Ojalá que se hayan ido.

7 ¿Me ha ayudado Pablo?   Ojalá que te haya ayudado.

B. Problem: ¿Hay alguien aquí que lo haya visto?

Answer: No, no hay nadie que lo haya visto.

1 ¿Hay alguien aquí que haya comprado un billete?

No, no hay nadie que haya comprado un billete.

2 ¿Hay alguien aquí que haya viajado por México?

No, no hay nadie que haya viajado por México.

3 ¿Hay alguien aquí que haya leído el periódico?

No, no hay nadie que lo haya leído.

4 ¿Conoce usted a alguien que haya estudiado en Tejas?

No, no conozco a nadie que haya estudiado en Tejas.

5 ¿Conocen ustedes a alguien que haya tenido mucha experiencia?

No, no conocemos a nadie que haya tenido mucha experiencia.

6 ¿Conoce usted a alguien que haya conocido al presidente?

No, no conozco a nadie que lo haya conocido.

C. Problem: ¿Han ido a la tienda?

Answer: Dudo que hayan ido.

1 ¿Han visto ellos el periódico?

Dudo que lo hayan visto.

2 ¿Han llegado los embajadores?

Dudo que hayan llegado.

3 ¿Ha tenido que quedarse en casa Juan?

Dudo que haya tenido que quedarse en casa.

4 ¿Ha podido él leer el libro?

Dudo que haya podido leerlo.

5 ¿Se ha divertido mucho Ramón?   Dudo que se haya divertido.

6 ¿Ha escrito la carta María?   Dudo que la haya escrito.

D. Problem: ¿Han venido ya?

    Answer: No creo que hayan venido.

    1 ¿Ha vuelto Juan?   No creo que haya vuelto.

    2 ¿Han terminado ellos?   No creo que hayan terminado.

    3 ¿Se ha ido Ramón?   No creo que se haya ido.

    4 ¿Han hecho bastante ustedes?   No creo que hayamos hecho bastante.

    5 ¿Ha escrito la carta María?   No creo que la haya escrito.

    6 ¿He hablado bastante?   No creo que tú hayas hablado bastante.

E. Problem: Cuando Pepe fue a la estación, ¿habían llegado ya sus amigos?

    Answer: No sé. Es posible que ya hubieran llegado.

    1 Antes de ir a Bolivia, ¿había viajado   No sé. Es posible que hubiera viajado mucho.
       mucho la señora de Molina?

    2 Cuando ustedes dejaron de leer anoche,   No sé. Es posible que hubiéramos estudiado
       habían estudiado bastante?   bastante.

    3 Cuando yo les di la noticia, ¿ustedes   No sé. Es posible que la hubiéramos oído.
       ya la habían oído antes?

    4 ¿Había visto José el carro antes de   No sé. Es posible que lo hubiera visto.
       comprarlo?

5   José le presentó su novia a Juan.
    ¿Se habían conocido antes?   No sé. Es posible que se hubieran conocido.

6   El presidente fue a Francia.
    ¿Había estado allí antes?   No sé. Es posible que hubiera estado allí
                                                  antes.

7   Usted recibió una carta de su
    amigo. ¿Había recibido una antes?   No sé. Es posible que hubiera recibido una
                                                  antes.

F. Problem: ¿Habían estudiado todos?

    Answer: Esperábamos que todos hubieran estudiado.

    1   ¿Habían visitado ellos la base?   Esperábamos que la hubieran visitado.

    2   ¿Había conocido Juan a María?   Esperábamos que la hubiera conocido.

    3   ¿Les había hablado José a ellos?   Esperábamos que les hubiera hablado.

    4   ¿Le habían dicho ellos eso al   Esperábamos que se lo hubieran dicho.
        profesor?

    5   ¿Habían trabajado mucho los   Esperábamos que hubieran trabajado mucho.
        alumnos?

    6   ¿Se habían divertido las chicas?   Esperábamos que se hubieran divertido.

    7   ¿Habían vuelto ya sus padres?   Esperábamos que hubieran vuelto ya.

B. Discussion of pattern

The perfect subjunctives (present or past subjunctive of the auxiliary verb haber plus the -do form of the main verb) appear in the same constructions which have been previously noted with the simple present and past subjunctives. The present perfect subjunctive frequently appears instead of Past I where the reference is to recent past time; thus Es posible que haya venido can be translated not only as 'It's possible that he has come' but also as 'It's possible that he came'. The present perfect indicative has the same range of time reference.

No ha venido hoy.   'He hasn't come today'
No ha venido ayer.   'He didn't come yesterday'

47.22   Review drill

47.22.1   Spanish verb + relator + infinitive

1   Paul taught me to play tennis.   Pablo me enseñó a jugar tenis.

2   I invite you to have a cup of coffee.   Te invito a tomar una taza de café.

3   Do you want to help me move this piece   ¿Quieres ayudarme a mudar este mueble?
    of furniture?

4   They're learning to drive.   Están aprendiendo a manejar.

5   I went to buy more salt and pepper.   Fui a comprar más sal y pimienta.

6   George has agreed to take the trunks.   Jorge se ha comprometido a llevar los baúles.

7   When did it start to rain?   ¿Cuándo empezó a llover?

8   They all began to laugh.   Todos se pusieron a reír.

9   Are you going to help me look for it?   ¿Me vas a ayudar a buscarlo?

10 We didn't stop talking.   No dejamos de hablar.

11 His father is trying to convince him.   Su padre está tratando de convencerlo.

12 I'm very glad to hear it.   Me alegro mucho de oírlo.

13 You have just eaten a typical dish.   Acabas de comer un plato típico.

14 Pancho was complaining about having   Pancho se quejaba de haber trabajado
    worked too much.   demasiado.

15 They don't remember having done it.   Ellos no se acuerdan de haberlo hecho.

16 Don't forget to let me know.   No se olvide de avisarme.

17 You must learn it by heart.   Hay que aprenderlo de memoria.

18 We have to arrange an appointment with him.   Tenemos que arreglar una cita con él.

19 He had to leave soon.   Tenía que salir pronto.

20 It was necessary to have more supplies.   Había que tener más provisiones.

21 There had to be someone there.   Tenía que haber alguien allí.

22 He insisted on going early.   Insistió en ir temprano.

23 They agreed to leave the problem for   Quedaron en dejar el problema para otro
    another day.   día.

24 I'm going to be quite late in arriving.   Voy a tardar mucho en llegar.

47.22.2   The intensifier <u>mismo</u>

1   She herself is going.   Ella misma va.

2   He himself teaches.   El mismo enseña.

3   I did it myself.   Yo mismo lo hice.

4   We ourselves went to see him.   Nosotros mismos fuimos a verlo.

5   They themselves (f.) were there.   Ellas mismas estuvieron ahí.

6   I'm going down right now.   Bajo ahora mismo.

7   The president himself spoke at the meeting.   El presidente mismo habló en la conferencia.

8   The secretary herself told me.   La secretaria misma me lo dijo.

9   You have to decide yourself.   Tú mismo tienes que decidir.

10 It has to be done this very day.   Hay que hacerlo hoy mismo.

11 I left it right here.   Aquí mismo lo dejé.

47.22.3   Hortatory reflexives

Problem:

    Vamos a afeitarnos.

Answer:

    Afeitémonos.

1   Vamos a levantarnos.   Levantémonos.

2   Vamos a acostarnos.   Acostémonos.

3   Vamos a afeitarnos.   Afeitémonos.

4   Vamos a vestirnos.   Vistámonos.

5   Vamos a sentarnos.   Sentémonos.

6   Vamos a quedarnos.   Quedémonos.

7   Vamos a quejarnos.   Quejémonos.

8   Vamos a marcharnos.   Marchémonos.

9   Vamos a enterarnos.   Enterémonos.

10   Vamos a mudarnos.   Mudémonos.

11   Vamos a despedirnos de ella.   Despidámonos de ella.

12   Vamos a fijarnos en eso.   Fijémonos en eso.

13   Vamos a comunicarnos con ellos.   Comuniquémonos con ellos.

14   Vamos a ponernos el sombrero.   Pongámonos el sombrero.

47.3   CONVERSATION STIMULUS

NARRATIVE 1

Usted es el vice-cónsul de la Embajada Americana en Las Palmas. Bajo su dirección tiene un empleado surlandés, Mario Núñez, que trabaja como contador. Es un excelente empleado, muy responsable y capacitado para el trabajo que realiza.

El gerente de una de las tiendas más importantes de Las Palmas, 'La Joya', lo llama a Ud. por teléfono para pedirle información sobre la situación económica y cualidades morales de Núñez porque quiere abrir una cuenta de crédito en la tienda.

¿Quiere Ud. hablar con el gerente y darle la información que solicita?

NARRATIVE 2

Frank y Bob, dos estadounidenses de Nueva York, están haciendo un viaje en auto por distintos países de Latinoamérica. Al llegar a Las Palmas paran en una gasolinera para llenar el tanque y hacer revisar el motor y los frenos. Cuando el empleado de la gasolinera ha terminado con su trabajo: poner gasolina, revisar el aceite, ponerle agua al radiador, limpiar el parabrisas y ponerle agua destilada a la batería, llama al mecánico. Frank le explica a éste que ha notado que el motor no tiene la fuerza que debería tener y que los frenos no funcionan bien. El mecánico prende (arranca) el motor, lo revisa cuidadosamente, y luego lleva el auto al taller. Toma sus herramientas (los alicates, los destornilladores, las llaves inglesas etc.) y procede a la reparación del auto. Limpia el carburador, prueba la presión de los cilindros, cambia los platinos y las bujías, etc. Después ajusta los frenos.

Una vez que el mecánico ha terminado, Frank, para comprobar si todo funciona bien, decide dar una vuelta. Se sienta al volante, prende el motor, pisa el embrague (mete el clutch) y saca el auto del taller en reversa (en marcha atrás). Una vez afuera, lo pone en primera, acelera, y hace los cambios de primera a segunda y luego a tercera. Maneja unas cuadras, frenando de vez en cuando, y viendo que aparentemente todo anda bien, regresa al taller. Pone el auto en punto muerto (neutral) y paga la cuenta. Mientras tanto Bob, después de todo este lío, ha decidido comprar un nuevo gato, ya que el que tienen es muy viejo, y otra llanta de repuesto en caso de que alguna se desinfle en su largo camino.

Un Día Memorable

A eso de las cuatro de la tarde Catalina, la esposa de Ralph Phillips, habiendo terminado de leer unas cartas, se disponía a hojear una revista de modas que había recibido de los Estados Unidos esa mañana. Había dado vuelta a la primera página y empezaba a concentrarse en la placentera visión de sí misma en ese precioso vestido de noche, cuando oyó que se abría la puerta de la calle y que alguien entraba en el vestíbulo. Intrigada, se levantó a ver quién era.

--Ah, eres tú-- dijo, al ver a Patricia, quien después de haber tirado sus libros en un sofá se dirigía a su dormitorio.

--Hola, mamá-- dijo Patricia desganadamente.

--¿Por qué llegaste tan temprano? ¿Que no hubo clases?-- preguntó Catalina.

--No.... Es que me ha dolido la cabeza y me vine un poco antes-- respondió Patricia. Y continuó --Perdóname, pero me voy a recostar un momento.

La Sra. Phillips, temerosa siempre de las enfermedades, tendía a veces a exagerar cualquier síntoma y su botiquín, lleno de pociones, píldoras y ungüentos de toda clase, se había convertido hacía tiempo en un excelente blanco del genio humorístico de la familia.

--Mejor es que te acuestes del todo-- replicó Catalina, alarmada --Mientras tanto, voy a buscar el termómetro.

--Pero mamá, si no es nada.... Descansando un rato se me pasa-- respondió Patricia con voz plañidera.

--No, no, no. Ni por nada-- contestó Catalina con finalidad. --Hace días que he notado que no estás bien. Te has adelgazado.... Ya no tienes el apetito de antes. Tendrás que tomar un tónico.

Patricia, que en realidad estaba en perfecta salud, ante las perspectivas de tener que sufrir por lo menos un mes de Ferratol, ese horrible tónico reconstituyente favorito de su madre, optó resignadamente por obedecer. Patricia esperaba que su madre, pasado el momento de alarma, llegaría a olvidarse del asunto. Sin embargo, este pequeño incidente bastó para que el dolor de cabeza se le convirtiera de inmediato en una horrible jaqueca.

--A ver, ponte este termómetro-- dijo Catalina al volver. Patricia, quien se había acostado y
dejado el cuarto en la semi-oscuridad, protestó quejumbrosamente y volvió la cabeza hacia otro lado.

--Déjate de tonterías y abre la boca-- interrumpió Catalina, procediendo sin más trámite a colo-
carle el detestable tubo de vidrio debajo de la lengua. Transcurrieron unos momentos.

--Hmm... qué raro-- pensó Catalina en voz alta --No hay fiebre.... Bueno, lo que necesitas es una
buena dosis de leche de magnesia y después, unas aspirinas. En todo caso, mañana no te levantas. Más vale prevenir que curar-- dijo.

De nada valieron las protestas de Patricia. No sólo tuvo que tomarse esa horrible poción con
sabor de papel de lija, sino también quedarse en cama todo el día viernes. El sábado, después de almuerzo,
Catalina la dejó levantarse unas horas y el domingo su madre no le permitió salir a ninguna parte para que
terminara de recuperarse. Patricia nunca había deseado con tantas ansias que llegara el día lunes.

El lunes, Patricia se levantó muy temprano, contenta y de muy buen humor. Se había puesto un
vestido azul claro que se le veía lindísimo. Se miró en el espejo varias veces, volviéndose hacia un lado
y otro, subiéndose la falda un poquito aquí, bajándosela un poquito allá; se arregló las medias hasta dejar
la línea de la costura perfectamente recta y, cuando estuvo totalmente satisfecha, recogió sus libros y
bajó a desayunar.

--Buenos días, papá-- dijo alegremente, dándole a Ralph un beso en la redondela que en el medio
de la cabeza indicaba una incipiente calvicie.

--Buenos días, Pat-- contestó Ralph sonriendo y levantando la vista del periódico-- ¿Cómo amane-
ciste?

--Con un hambre atroz... ¿Juana?... ¡Juana!... --exclamó en dirección a la cocina --¡Tráigame
unos huevos con jamón!

--Juana no vino a dormir aquí anoche y tu mamá está enojadísima-- explicó Phillips --Pobre Juana,
temo que hoy va a ser su último día en esta casa.

--Que si va a ser el último.... La voy a despedir tan pronto asome sus narices ,por la puerta de
la calle-- dijo Catalina entrando en el comedor con el desayuno de Patricia.

--Mira, Catalina-- le dijo Ralph --a pesar de todo, en realidad Juana, es una mujer
buena y servicial....

--¿Buena y servicial?-- respondió Catalina con ironía --No me hagas reír. Ya me tiene hasta
aquí-- continuó, llevándose la mano a la cabeza en un gesto significativo. Y agregó --¡Qué hoy le duele
una muela, que mañana tiene que ir a un velorio, que después le llegan unos parientes, que se le fue el
último autobús, que se le olvidó esto, que se le olvidó esto otro....

Ralph, a quien le disgustaba discutir asuntos de sirvientas, dejó a su mujer que se desahogara y,
encontrando un momento propicio, cambió de tema.

--A propósito, Catalina-- dijo con intencionada inocencia --qué lindo ese vestido nuevo de Patricia, ¿tú se lo escogiste?

Catalina no pudo menos de mover la cabeza de un lado a otro.

--Ay, papá-- interpuso Patricia --este vestido me lo trajiste tú de Chicago en el último viaje
que hiciste.... Me lo regalaste para mi cumpleaños, ¿no recuerdas? Y dándose aires de señora, agregó
--Todos los hombres son iguales.

--¡Ah, ya se me olvidaba!-- exclamó Catalina, ante la mirada sorprendida de Ralph --¡Felicidades,
Ralph!

--¡Verdad!... ¡Felicidades, papá!-- dijo Patricia, levantándose para abrazarlo y darle otro beso,
esta vez en la mejilla.

--¡Ehh! ¡Qué les pasa a Uds.!-- exclamó Phillips, tratando de esquivar los abrazos que con seguridad le iban a estropear el bien centrado nudo de su elegante corbata.

--¿Que no recuerdas qué día es hoy?-- dijo Catalina, mirándolo maliciosamente.

Phillips trató desesperadamente de recordar. ¿El aniversario de bodas?... ¡Dios mío!... Ah, pero no, no puede ser.... Dándose cuenta de que no era nada tan serio, se sintió algo más aliviado y dijo:

--No tengo la menor idea. Ustedes dos se han vuelto locas.

--Es el día de tu santo-- le informó Patricia.

--¿De mi santo?-- dijo Phillips, con una expresión de genuina sorpresa.

--Claro, papá. San Rafael-- le confirmó su hija Patricia.

Phillips, recordando que muchos de sus amigos surlandeses lo llamaban Rafael en vez de Ralph, cayó por fin en la cuenta, y riéndose de buena gana, les dijo a su mujer y a su hija:

--Ah, ya... Por fin, después de tantos años, me reconocen por lo que soy: un santo. Mr. Saint Ralph... Y mártir por añadidura, sépanlo bien y que no se les olvide....

--A propósito-- interrumpió Catalina --estamos invitados para una fiesta esta noche en la casa de los Valenzuela. La señora me llamó el viernes y se me había olvidado completamente.

El buen humor de Ralph se esfumó como por encanto. No es que detestara las fiestas, pero en los últimos días había tenido que asistir a varios cocteles y a una comida. Y ahora, la nueva semana amenazaba convertirse en otra agotadora sucesión de noches en vela.

--Pero, ¿a quién se le ocurre hacer una fiesta el día lunes?-- dijo Ralph exasperado --Llámalos y diles cualquier cosa. Lo que es yo no voy ni amarrado.

--La fiesta la hacen hoy por ser San Rafael, el día del santo de Don Rafael Angel Valenzuela. Van a ir todos los Rafaeles de la familia y algunos amigos-- respondió Catalina, cautelosamente.

--Ah, bueno... este... me lo dices tan a última hora y yo... este... tengo una reunión con unos señores para discutir de negocios...-- dijo Phillips tratando de encontrar un pretexto cualquiera.

--Además...este...Patricia no debe acostarse tarde; ha estado muy enferma últimamente-- agregó, sin volver la vista hacia su hija. Esta lo miró con indignación al saberse convertida en inocente oveja, sacrificada fríamente por su padre en el altar de las exageradas preocupaciones de Catalina.

--Yo estoy perfectamente bien-- se apresuró a protestar Patricia. --Además mañana puedo dormir hasta mediodía porque no tengo clases hasta la tarde.

--Tal vez tengas razón, Ralph-- empezó a decir Catalina, herida en su lado flaco.

Ralph, victorioso en su hábil maniobra, se hubiera mantenido firme en su decisión aunque no fuera más que por demostrarles a sus dos adoradas enemigas que era él el amo y señor de la casa. Sin embargo, en vez de explotar su pequeña victoria táctica, se dejó ablandar el corazón, quedando igualmente satisfecho de su generosidad paternal.

--Bueno, en realidad podemos ir, aunque solamente por un rato-- dijo Ralph --Y a Patricia tal vez le haga bien distraerse un poco. Después de todo, los Valenzuela son gente simpática y Don Rafael es persona influyente.... No es que eso me importe, ¿comprendes, Catalina?.... Pero los negocios muchas veces requieren estas cosas... ¿verdad? Bueno, perfectamente, saldré temprano de la oficina y escogeré un bonito regalo.

--Bueno, como tú digas-- dijo Catalina, denotando aún cierta duda en la inflexión de su voz.

En ese momento se oyó un suave ruido de llaves en la puerta de la calle, la que en seguida empezó a abrirse lentamente. Todos volvieron la vista a tiempo para ver a Juana, la cocinera negligente, asomando cautelosamente la cabeza en el vestíbulo. La pobre, al enfrentarse con la fija mirada de Catalina, se quedó como paralizada. Luego entró, cerró la puerta y, cabizbaja, pasó rápidamente.

--Buenos días-- dijo Juana al pasar, con voz casi inaudible. Al llegar a la cocina, oyó la voz estentórea de su patrona.

--¡¡¡JUANA!!!-- --¡¡¡VENGA ACA!!!

--Vámonos, Pat, que se nos va a hacer tarde-- dijo Ralph a su hija, apurando la taza de café y levantándose de la mesa. Ralph odiaba cordialmente esta clase de escenas domésticas.

Phillips pasó la mañana sumamente atareado en la oficina y, al llegar la hora de almuerzo, decidió no ir a su casa. No sólo tenía mucho que hacer, sino que pensó en que Catalina estaría de muy mal humor después de haber despedido a Juana. Tal vez había encontrado a otra cocinera, la prima del chofer de la oficina quizá, a quien éste había recomendado en otras ocasiones, pero en todo caso mejor era quedarse en el centro y comer algo rápido, un sandwich o algo así.

Efectivamente, Catalina había llamado a la prima del chofer para que empezara a trabajar inmediatamente. Esta había aceptado y Catalina se encontraba atareadísima enseñándole los quehaceres de la casa, por lo que en realidad se alegró de que Ralph no llegara a almorzar y no se preocupó mayormente al no recibir un llamado de su esposo anunciándole que no vendría.   ¡Ah!... Pero qué paciencia iba a necesitar Catalina con la nueva sirvienta.... Ya había tenido que repetirle las cosas tres y cuatro veces y todavía lo hacía todo mal. En las pocas horas que llevaba trabajando, Jesusa--que así se llamaba la muchacha--había demostrado hacer bien sólo una cosa: hablar por teléfono. Esa misma tarde, cuando Catalina salió a hacer una visita, dejó todo lo que estaba haciendo y corrió al teléfono. Se sentó Jesusa cómodamente en un sillón y, cruzando las piernas, marcó un número.

--¿Aló? ¿Con Prudencia? ¿Cómo te va, chica?

--¿Jesusa? ¡Ah!... Habla no más, que la vieja de mi patrona salió.

--¡Ja, ja, ja...! La mía también. Fíjate que tengo un empleo estupendo, en la casa del jefe de Gaspar....

Y así continuó Jesusa, llamando a todas sus amistades y dándoles detalles de cuanto había podido observar respecto a los Phillips, la casa, etc., etc.

Eran ya cerca de las cinco cuando Ralph, que había tratado infructuosamente de llamar, pues la línea estaba siempre ocupada, logró comunicarse con su casa. Quería preguntarle a Catalina que si tenía

que ir de smoking a la fiesta de los Valenzuela y, que si así era, si podía hacerle algún arreglo a los
pantalones, pues había engordado algo desde la última vez que se los había puesto.

--¿Aloooo?-- contestó una voz que a Ralph le pareció ser la de Juana.

--¿Juana?-- preguntó Phillips para asegurarse.

--No, Jesusa. A Juana la echó la señora. Yo soy la nueva empleada.

--Ah, caramba-- dijo Ralph, algo decepcionado --Bueno, Susie, llámeme a la señora.

--Susie no, señor, Je-su-sa.

--Bueno, está bien-- replicó Ralph, empezando a impacientarse --Llame a la señora.

--¿De parte de quién?

--¡Caramba, de mí! ¡Yo soy el Sr. Phillips!-- exclamó Ralph con tono golpeado.

--La señora no está, ¿desea dejarle algún recado?-- contestó Jesusa sin inmutarse.

--¿Dónde anda la señora?-- preguntó Phillips como toda respuesta.

--Pues, yo qué sé, señor-- replicó Jesusa frescamente --Salió hace rato y no dijo para dónde iba.
Me dijo que si llamaba Don Rafa--ése debe ser Ud.--que le dijera que iba a volver como a las seis.

--Bueno, está bien-- respondió Phillips, bastante molesto por el tono impertinente de la nueva
sirvienta. Y colgó.

Phillips llegó de la oficina como a las seis y media y puso a su mujer a trabajar en esos bendi-
tos pantalones. Después de descoser, volver a coser y correr botones, Catalina, que ya había tenido bastante malos ratos, con Juana primero y luego con Jesusa, y soportado en silencio las reconvenciones de su
esposo respecto al despido de la una y el empleo de la otra, pretextó una fuerte jaqueca y se fue a la
cama. Como resultado, Ralph se fue a la fiesta de los Valenzuela solo con Patricia.

El abrazo que le dio Don Rafael Angel Valenzuela a Phillips al llegar éste a la suntuosa mansión fue tan fuerte y entusiasta que Ralph por poco queda sin aire y se le revientan los todavía apretados pantalones del smoking. Phillips estaba de un humor terrible. El día había estado lleno de incomodidades y, para peor de males, tener que soportar ese "traje de pingüino" que le apretaba como un corsé, era ya demasiado para él. Sin embargo, la música y la alegría que reinaba en la fiesta, así como el efecto tranquilizador de los exquisitos licores que había empezado a consumir, hicieron que empezara a olvidarse de la oficina, de Juana, de Jesusa y hasta del maldito traje de etiqueta.

En realidad, era ésta una fiesta familiar y, sin embargo, había no menos de unas cien personas. Con excepción de un reducido número de amigos íntimos de los dueños de casa, todos los asistentes estaban emparentados de una manera u otra. Había tíos y primos en primer, segundo, tercer, cuarto y hasta quinto grado, sin hablar de sus familias y parientes políticos. Y en todo momento, hubo música, chistes: total, alegría exuberante. Patricia se sentía feliz y no dejó de bailar ni una sola pieza y, ante su genuina sorpresa, vio que hasta su padre se sintió animado a bailar una pieza típica del país.

Cerca de la medianoche, Ralph y Patricia, en medio de las protestas de los dueños de casa, se despidieron y después de un corto recorrido en automóvil, llegaron a la casa, en la que aún se veían luces. Entraron en el vestíbulo y al cruzar el comedor, vieron a una persona salir de la cocina.

--Buenas noches, señor; buenas noches, señorita Patricia. Los estaba esperando con una taza de café bien calientito....

--¿Ud.? ¿Aquí?-- exclamaron a la vez Patricia y Ralph.

--Pues sí, señor. Doña Catalina misma me fue a buscar a la casa esta noche-- respondió Juana con una amplia sonrisa.

Ralph y Patricia cruzaron entonces una maliciosa mirada de inteligencia y se dispusieron a saborear el reconfortante café que les ofrecía Juana.

47.41.2   Response drill

1   ¿Por qué se levantó intrigada doña Catalina cuando oyó que se abría la puerta de la calle?

2   Explique en qué forma reaccionaba siempre la Sra. Phillips ante las enfermedades. ¿Qué guardaba ella en su botiquín?

3   ¿Qué síntomas le había notado Catalina a Patricia?

4   ¿Qué entiende Ud. por 'más vale prevenir que curar?' Dé ejemplos.

5   ¿Qué medicinas tuvo que tomar Patricia y cuántos días estuvo sin salir a la calle?

6   ¿Por qué estaba enojada la Sra. Phillips con Juana y qué pensaba hacer con ella cuando asomara las narices?

7   ¿Qué inconvenientes le veía Catalina a Juana?

8   ¿Por qué felicitaron Catalina y Patricia a Rafael?

9   ¿Tenía deseos el Sr. Phillips de ir a la fiesta de los Valenzuela?   Explique por qué y qué pretextos encontró.

10   ¿Por qué decidió el Sr. Phillips no ir a almorzar a su casa ese día?

11   Describa a la nueva sirvienta de Catalina.

12   ¿Por qué quería comunicarse Ralph con su esposa?

13   Relate la conversación telefónica entre el Sr. Phillips y Jesusa.

14   Hable de la fiesta en general, de los asistentes, del ambiente, etc.

15   ¿Quién estaba esperando al Sr. Phillips y a Patricia en la casa y qué les ofreció?

48.1   BASIC SENTENCES.   The Binational Centers 1

ENGLISH SPELLING

Harris:
    Hi, Cecilia! Good to see you.

        the recital, the reading
        the poet
        (you) would be (to be)

Cecilia:
    Hi, colonel Harris! What happened to you?
    Why didn't you go to the reading given by
    (of) the poet Nervo? You told me you'd
    be one of the first to arrive.

        (I) would have (to have)

Harris:
    What a shame! I forgot. If I had remembered
    I would have taken my wife. She has often
    told me she would like to hear one of those
    readings.

        to remind
        to make notes

Cecilia:
    I reminded you about it twice last week. If
    you had made a note of the date as I told
    you, you wouldn't have forgotten.

SPANISH SPELLING

Harris:
    ¡Hola, Cecilia! Cuánto gusto de verla.

        el recital
        el poeta
        sería (ser)

Cecilia:
    ¡Hola, coronel Harris! ¿Qué le pasó? ¿Por
    qué no fue al recital del poeta Nervo? Ud.
    me dijo que sería uno de los primeros en
    llegar.

        habría (haber)

Harris:
    ¡Qué pena! Se me olvidó. Si me hubiera
    acordado habría llevado a mi esposa. Ella
    me ha dicho muchas veces que le gustaría
    oír uno de esos recitales.

        recordar
        anotar

Cecilia:
    Yo se lo recordé dos veces la semana pasada.
    Si usted hubiera anotado la fecha como le
    dije, no se le habría olvidado.

the Binational Center

el Centro Binacional

Harris:
You're quite right, Cecilia. And how are
things going at the Binational Center?

for, because

Harris:
Tiene mucha razón, Cecilia. ¿Y cómo andan
las cosas por el Centro Binacional?

pues

Cecilia:
I don't know, for I stopped attending two
months ago.

Cecilia:
No sé, pues dejé de asistir hace dos meses.

Harris:
But you were studying English there,
weren't you?

Harris:
Pero usted estaba estudiando inglés ahí,
¿verdad?

the shorthand
available
to be absent
final
entirely, altogether

la taquigrafía
disponible
faltar
final
del todo

Cecilia:
Yes, and shorthand in English, too. But I
didn't have much time available, and I was
absent quite a bit, until finally I stopped
going altogether.

Cecilia:
Sí, y taquigrafía en inglés también. Pero no
tenía mucho tiempo disponible y faltaba mucho,
hasta que finalmente dejé de ir del todo.

the period, the term

el período

Harris:
Wouldn't you like to continue your studies
next term?

Harris:
¿No le gustaría continuar sus estudios en el
próximo período?

(I) would be able (to be able)
to graduate
the secretary-stenographer

podría (poder)
graduarse
la secretaria-taquígrafa

Cecilia:
Yes, I'd like to, because with one more year
I could graduate as a secretary-stenographer
in English.

Cecilia:
Sí, quisiera, porque con un año más podría
graduarme de secretaria-taquígrafa en inglés.

(you) would have (to have)

tendría (tener)

Harris:
And that way you would have better opportunities
in any Northamerican office.

Harris:
Y así tendría mejores oportunidades en
cualquier oficina norteamericana.

the salary

el sueldo

Cecilia:
That's right. If I graduated I could work in
Panagra very easily. And they pay some very
good salaries there.

Cecilia:
Es verdad. Si me graduara podría trabajar
en Panagra muy fácilmente. Y ahí pagan
unos sueldos muy buenos.

the press
the commentary
the drama, the play
to present (a stage production)
the member

la prensa
el comentario
el drama
representar
el miembro

Harris:
Speaking of the Center, I read in 'La Prensa'
this morning an excellent commentary on the
play that the members of the Arts Club gave.

Harris:
A propósito del Centro, leí esta mañana en
'La Prensa' un comentario excelente sobre
el drama que representaron los miembros del
Club de Artes.

to sponsor
the variety
the activity
cultural
the comedy, the play
the concert
the dance
folkloric, folk
the exposition, the exhibition
the painting

patrocinar
la variedad
la actividad
cultural
la comedia
el concierto
el baile
folklórico
la exposición
la pintura

Cecilia:
Yes, of course. They sponsor a variety of
cultural activities: dramas and comedies,
concerts, folk dances, art exhibitions.....

Cecilia:
Sí, cómo no. Ellos patrocinan una variedad
de actividades culturales: dramas y comedias,
conciertos, bailes folklóricos, exposiciones
de pintura.....

to enroll
the course

matricularse
el curso

Harris:
My wife is very fond of folk dancing. She
tells me that if she had more time she
would enroll in the course they're giving
at the Center.

Harris:
A mi esposa le encantan los bailes folklóricos.
Me dice que si tuviera más tiempo se matricu-
laría en el curso que dan en el Centro.

(I) would say, tell (to say, to tell)
the director

diría (decir)
el director

Cecilia:
·If I were you I'd tell her to speak with the
Director. It could be that he would have a
class at an hour that would be convenient for
her.

Cecilia:
Si yo fuera Ud. le diría que hablara con el
director. Podría ser que él tuviera una
clase a una hora que le conviniera.?

in any case
(she) would go (to go)

en todo caso
iría (ir)

In any case she would go only some three or
four hours a week.

En todo caso ella iría sólo unas tres o cuatro
horas a la semana.

to mention

mencionar

Harris:
Well, thanks, I'm going to mention it to her.
By the way, what news do you have of your
sister? Did she arrive in the United States
yet?

Harris:
Bueno, gracias, se lo voy a mencionar. A
propósito, ¿qué noticias tiene de su hermana?
¿Ya llegó a los Estados Unidos?

Cecilia:
Yes, I got a letter from her yesterday. She's
having a very good time.

Cecilia:
Sí. Ayer recibí carta de ella. Se está
divirtiendo mucho.

the vacation
to go on a vacation

la(s) vacacion(es) 3
irse de vacaciones

Harris:
And how about you? Wouldn't you like to go
to the United States for a vacation too?

Harris:
Y a usted, ¿no le gustaría irse también de
vacaciones a los Estados Unidos?

to earn
(I) would travel (to travel)
not only... but (also)....

ganar
viajaría (viajar)
no sólo... sino que... 4

Cecilia:
if I earned as much money as my sister, I'd
not only go to the United States but I'd
also travel to Europe for two months.

Cecilia:
Si yo ganara tanto dinero como mi hermana, no
sólo me iría a los Estados Unidos, sino que
viajaría a Europa por dos meses.

Harris:

(you) should (ought, should)   debería (deber)
as soon as possible   lo más pronto posible

Then you should graduate as soon as possible
so you can work in Panagra.

Harris:
Entonces debería graduarse lo más pronto
posible para que pueda trabajar en Panagra.

Cecilia:
I believe that would be best.

Cecilia:
Creo que eso sería lo mejor.

48.10   Notes on the basic sentences

(1)   Binational Centers of the type described in the Basic Sentences of this unit are in
operation in all of the Latin American republics and in several countries of the Near
and Far East and of Europe. They are essentially independent, locally governed insti-
tutions whose basic purpose is to further mutual understanding between the people of
the United States and those of the host country. The program of activities described
in this unit is typical of most of these centers.

(2)   Note these two examples of a very common but not absolutely necessary correspondence
of tenses: le <u>diría</u> que <u>hablara</u>, <u>podría</u> ser que él <u>tuviera</u>; i.e., the verb in the
main clause is in the conditional tense and the verb in the dependent clause is in
the past subjunctive.   In these constructions, therefore, the conditional tense
functions in the same way as a past tense, that is, the verb in the accompanying
dependent clause regularly appears in the past subjunctive   (see Discussion of
Pattern 47.21.1).   Note also that the verb in the following adjective clause, <u>convi-</u>
<u>niera</u>, is also in the past subjunctive.   It should be observed, however, that some
speakers might normally use the present subjunctive forms <u>hable</u>, <u>tenga</u>, and <u>convenga</u>
in these constructions.

(3) The concept of <u>vacation</u> is normally rendered in Spanish by the plural form <u>vacaciones</u>.

(4) Cf. 47.1, Basic Sentences, where <u>sino</u> <u>que</u> translates <u>but</u> <u>rather</u>. A full discussion of <u>sino</u> and <u>sino</u> <u>que</u> will appear in Unit 52.

48.2 **DRILLS AND GRAMMAR**

48.21 Pattern drills

48.21.1 The conditional tense and the conditional perfect construction

A. Presentation of pattern

ILLUSTRATIONS

1 En el hotel me dijeron que <u>serían</u> dos.

2 A mí me <u>gustaría</u> ir también.

3 Ud. me dijo que <u>sería</u> uno de los primeros en llegar.

4 Ella <u>iría</u> sólo por tres o cuatro horas a la semana.

5 <u>Debería</u> graduarse lo más pronto posible.

6 No <u>venderíamos</u> el auto por ese precio.

7 Tú no <u>vivirías</u> en ese hotel.

8 ¿<u>Podríamos</u> verlo?

_____

_____

_____

_____

_____

Deberia graduarse lo más pronto posible.

_____

No venderíamos el auto por ese precio.

_____

We wouldn't sell the car for that price.

You wouldn't live in that hotel.

_____

What would you do in order to please him?

I wouldn't leave so early.

He wouldn't put that suit on for anything in the world.

Would you come to visit me?

But where would the other ones fit?

They would say it wouldn't be worth while.

In that case they would have let me know before.

I would have told you about it yesterday but I couldn't.

We wouldn't have had such a good time in Canada.

9 Con un año más ya <u>podría</u> graduarme.

10 Y así <u>tendría</u> mejores oportunidades en cualquier oficina americana.

11 ¿Qué <u>haría</u> Ud. para complacerlo?

12 Yo no <u>saldría</u> tan temprano.

13 El no se <u>pondría</u> ese traje por nada del mundo.

14 ¿<u>Vendrías</u> a visitarme?

15 ¿Pero dónde <u>cabrían</u> los otros?

16 <u>Dirían</u> que no <u>valdría</u> la pena.

17 En ese caso me <u>habrían avisado</u> antes.

18 Se lo <u>habría dicho</u> a Ud. ayer, pero no podía.

19 No nos <u>habríamos divertido</u> tanto en Canadá.

EXTRAPOLATION

Infinitive	Stem modification	Conditional stem	Conditional endings		
Regular verbs					
tomar	tomar-				
comer	comer-				
vivir	vivir-				
Irregular verbs					
poder	Drop vowel of infinitive ending	podr-	sg	1	-ía
saber		sabr-		2 fam	-ías
caber		cabr-		2-3	-ía
haber		habr-			
poner	Vowel of infinitive ending replaced by "d"	pondr-			
venir		vendr-	pl	1	-íamos
valer		valdr-		2-3	-ían
tener		tendr-			
salir		saldr-			
hacer	Individually irregular	har-			
decir		dir-			
querer		querr-			

NOTES

a. The stem for the conditional tense is the infinitive, modified as shown in the twelve irregular verbs.

b. The stress in all forms of the conditional falls on the first syllable of the ending. All forms have written accent marks.

EXTRAPOLATION

	haber	-ado	-ido
sg 1 2 fam 2-3	habría habrías habría	tomado comido	vivido
pl 1 2-	habríamos habrían		

a. The conditional perfect construction consists of the conditional tense of the verb haber plus the -do form of the verb (see examples 17, 18, 19 above)

48.21.11 Substitution drills - Person-number substitution

1 Alicia tocaría la guitarra.

Nosotros _____.   Tocaríamos la guitarra.

Yo _____.   Tocaría la guitarra.

Tú _____.   Tocarías la guitarra.

Las muchachas _____.   Tocarían la guitarra.

2 Yo pagaría en seguida.

Ana y yo _____.   Pagaríamos en seguida.

Los oficiales _____.   Pagarían en seguida.

Rosa _____. Pagaría en seguida.

Ustedes _____. Pagarían en seguida.

3 <u>Ellos</u> no prometerían nada.

El jefe _____. No prometería nada.

Carmen y yo _____. No prometeríamos nada.

Tú _____. No prometerías nada.

Usted _____. No prometería nada.

4 <u>Nosotros</u> no serviríamos cocteles.

Yo _____. No serviría cocteles.

Mi tía _____. No serviría cocteles.

Ellas _____. No servirían cocteles.

Usted _____. No serviría cocteles.

5 <u>Yo</u> haría otro viaje.

Mi hermana _____. Haría otro viaje.

Mis parientes _____. Harían otro viaje.

Luisa y Alicia _____. Harían otro viaje.

Tú _____. Harías otro viaje.

6 <u>Ana y yo</u> vendríamos después.

Ellos _____. Vendrían después.

La muchacha _____. Vendría después.

Ustedes _____ . | Vendrían después.
Yo _____ . | Vendría después.

7 Yo no me pondría smoking.

Carlos y yo _____ . | No nos pondríamos smoking.
Antonio y Juan _____ . | No se pondrían smoking.
Mi jefe _____ . | No se pondría smoking.
Los estudiantes _____ . | No se pondrían smoking.

8 Juan diría la verdad.

Ustedes _____ . | Dirían la verdad.
Yo _____ . | Diría la verdad.
Los muchachos _____ . | Dirían la verdad.
Mi hijo _____ . | Diría la verdad.

9 Carmen saldría temprano.

Yo _____ . | Saldría temprano.
Nosotros _____ . | Saldríamos temprano.
Antonio y Carlos _____ . | Saldrían temprano.
Tú _____ . | Saldrías temprano.

10 El decano no sabría qué hacer.

Los estudiantes _____ . | No sabrían qué hacer.
Nosotros _____ . | No sabríamos qué hacer.
Yo _____ . | No sabría qué hacer.
Su novia _____ . | No sabría qué hacer.

11 <u>José</u> tendría dos mecanógrafas.

Mario y yo _____.   Tendríamos dos mecanógrafas.

Ellos _____.   Tendrían dos mecanógrafas.

Usted _____.   Tendría dos mecanógrafas.

Marta _____.   Tendría dos mecanógrafas.

12 <u>Los Molina</u> no habrían dicho eso.

Tú y yo _____.   No habríamos dicho eso.

María _____.   No habría dicho eso.

Tú _____.   No habrías dicho eso.

Ustedes _____.   No habrían dicho eso.

Tense substitution

1   Yo no <u>quiero</u> ir.   Yo no querría ir.

2   Ese calzado no <u>vale</u> mucho. Ese calzado no valdría mucho.

3   No <u>podemos</u> bañarnos en la playa. No podríamos bañarnos en la playa.

4   Juan <u>desea</u> ganar.   Juan desearía ganar.

5   Ellos <u>deben</u> estudiar más.   Ellos deberían estudiar más.

6   A mí me <u>gusta</u> nadar.   A mí me gustaría nadar.

7   Alicia se <u>ha</u> puesto medio luto. Alicia se habría puesto medio luto.

8   A ella le <u>parece</u> fea la mesa. A ella le parecería fea la mesa.

9   <u>Hay</u> que ponerle más presión. Habría que ponerle más presión.

10 Me <u>ha</u> fallado el motor.   Me habría fallado el motor.

11   No huele muy bien esa carne.   No olería muy bien esa carne.

12   Son muy rigurosos en ese departamento.   Serían muy rigurosos en ese departamento.

13   Se está acostumbrando muy rápido.   Se estaría acostumbrando muy rápido.

14   Me divierto mucho.   Me divertiría mucho.

15   Están desarrollando la agricultura.   Estarían desarrollando la agricultura.

48.21.12   Response drill

1   ¿A Ud. le gustaría ir al cine o a las   Me gustaría ir al cine.
     carreras?

2   ¿Habrían alquilado Uds. una casa o un   Habríamos alquilado una casa.
     apartamento?

3   ¿Me avisarían ellos hoy o mañana?   Le avisarían mañana.

4   ¿Se irían Uds. ahora o después?   Nos iríamos después.

5   ¿Les gustaría a ellos tomar café o té?   Les gustaría tomar café.

6   ¿Dirían Uds. que sí o que no?   Diríamos que no.

7   ¿Me habría escrito ella en inglés o en   Le habría escrito en inglés.
     español?

8   ¿Saldría Ud. conmigo o con Jorge?   Saldría con usted.

9   ¿Se habrían quedado Uds. un año o dos?   Nos habríamos quedado dos.

10   ¿Me vendería Ud. su auto?   Sí, se lo vendería.

11   ¿Habría podido ayudarme a buscar casa?   Sí, habría podido.

12   ¿Se pondrían tristes sus padres?   Sí, se pondrían tristes.

13 ¿Cabrían treinta personas en ese avión?   Sí, cabrían.

14 ¿Lo reconocerían Uds. en diez años?   Sí, lo reconoceríamos.

15 ¿Se disolvería la huelga en seguida?   Sí, se disolvería en seguida.

48.21.13 Translation drill I

1   Mario told me that you (pl.) would   Mario me dijo que Uds. harían el viaje juntos.
    take the trip together.

2   You would arrive at the airport at   Llegarían al aeropuerto a las tres.
    three o'clock.

3   You would leave on the four o'clock   Saldrían en el vuelo de las cuatro.
    flight.

4   The trip to New York would last only   El viaje a Nueva York duraría sólo cincuenta
    fifty minutes.   minutos.

5   Then you would take a taxi to go to   Luego tomarían un taxi para ir al hotel.
    the hotel.

6   You would eat in the hotel or in a   Comerían en el hotel o en un restorán.
    restaurant.

7   He would get up early the next day.   El se levantaría temprano al día siguiente.

8   He would spend the whole day downtown.   Pasaría todo el día en el centro.

9   You (fam.) could sleep late.   Tú podrías dormir tarde.

10 You (fam.) would have time to get to   Tendrías tiempo para conocer un poco la ciudad.
    know the city a little.

11 And you (pl.) would return on the   Y volverían en el avión de las siete.
    seven o'clock plane.

Translation drill II

1   What would you and your wife do with a   ¿Qué harían Ud. y su esposa con un millón
    million dollars?   de dólares?

2   First we would take a trip around the   Primero haríamos un viaje por todo el mundo.
    world.

3   We would go to the most expensive hotels.   Iríamos a los hoteles más caros.

4   We would eat in the best restaurants.   Comeríamos en los mejores restoranes.

5   Would you stop working?   ¿Dejaría de trabajar?

6   Certainly. And I'd buy a big, pretty   Claro. Y compraría una casa grande y bonita.
    house.

7   Also I'd send my children to the best   También mandaría a mis hijos a las mejores
    schools.   escuelas.

8   How many servants would you have?   ¿Cuántas sirvientas tendrían?

9   We would have at least three.   Tendríamos por lo menos tres.

10 And you, what would you do?   ¿Y Ud.? ¿qué haría?

11 Frankly, I wouldn't know what to do.   Francamente, no sabría qué hacer.

B.   Discussion of pattern

The conditional tense is the only one thus far studied which takes the complete infinitive as
its stem.   Irregular verbs show the following modifications of the infinitive:

• a.   Four verbs having b or d preceding the infinitive ending drop the vowel of the ending:
       poder ➤ podr-, saber ➤ sabr-, caber ➤ cabr-. haber ➤ habr-.

  b.   Five verbs having l or n preceding the infinitive ending replace the vowel of the ending with
       the letter "d": poner ➤ pondr-, venir ➤ vendr-, valer ➤ valdr-, tener ➤ tendr-, salir ➤ saldr-.

c. The verbs hacer, decir, and querer have individual irregularities.

Other verbs formed by adding prefixes to these verbs have the same changes; e.g., suponer, proponer, etc, like poner; detener, retener, etc. like tener.

Note that all -ar verbs are regular in the conditional.

The conditional tense is most commonly, though not always, used in a situation where English uses 'should' or 'would' plus another verb. It is often used in place of the present tense in order to express an idea in a softened or more polite way.

¿Podría Ud. ayudarnos?   'Could you help us?'

¿Me haría el favor de avisarle al   'Would you please let Mr. Cáceres know?'
Sr. Cáceres?

Uds. deberían estudiar más.   'You ought to study more'.

Note that while the sentence 'Uds. deben estudiar más' might have the same translation as the last example above, it definitely implies a stronger obligation than if the conditional tense is used.

48.21.2   Conditional sentences with a subjunctive verb and a conditional verb.

A.   Presentation of pattern

_____

_____

ILLUSTRATIONS

1   Si me graduara podría trabajar en Panagra.

2   Si tuviera más tiempo se matricularía en el
     curso que dan en el Centro.

3   Si yo fuera Ud., le diría que hablara con el
     director.

If there should be a pilots' strike, that flight wouldn't leave.

If they gave us another fighter squadron we would have to look for another airfield.

They would have a better time if they didn't worry so much.

If they wanted more to eat, they'd ask.

How would we know if it weren't for the radio?

What a shame! If only she were here!

If only you didn't eat so much!

If we had saved more money we would have been able to go.

If they had been there they would have seen the president.

If I were the boss I would have asked for more money.

---

4 Si yo ganara tanto dinero como mi hermana, no sólo me iría a los Estados Unidos, sino que viajaría a Europa por dos meses.

5 Si hubiera huelga de pilotos, no saldría ese vuelo.

6 Si nos dieran otra escuadrilla de caza tendríamos que buscar otro aeropuerto.

7 Ellos se divertirían más si no se preocuparan tanto.

8 Si quisieran más de comer pedirían.

9 ¿Cómo sabríamos si no fuera por la radio?

10 ¡Qué lástima! ¡Si estuviera ella aquí!

11 ¡Si no comiera Ud. tanto!

12 Si me hubiera acordado habría llevado a mi esposa.

13 Si usted hubiera anotado la fecha como le recomendé, no se le habría olvidado.

14 Si hubiéramos ahorrado más dinero habríamos podido ir.

15 Si ellos hubieran estado allí, habrían visto al presidente.

16 Si yo fuera el jefe, habría pedido más dinero.

If Paul knew the truth he wouldn't
have talked to you like that.

17 Si Pablo <u>supiera</u> la verdad, no te <u>habría</u>
    <u>hablado</u> así.

If it hadn't been for you I wouldn't
have this opportunity.

18 Si no <u>hubiera sido</u> por Ud. yo no <u>tendría</u>
    esta oportunidad.

If they had invited me, I'd go.

19 Si me <u>hubieran invitado</u>, <u>iría</u>.

If you had gone, you'd be dead now.

20 Si <u>hubieras ido</u>, <u>estarías</u> muerto ahora.

EXTRAPOLATION

"If" Clause	Result Clause
Past subjunctive or Past perfect subjunctive	Conditional or Conditional perfect

NOTES

a. In this pattern there is a normal correspondence of tenses between the
    verbs of the two clauses; that is, either a past or a past perfect sub-
    junctive in the if-clause will ordinarily imply that the verb of the
    result clause will be in either the conditional or the conditional
    perfect, and vice versa.

b. As this extrapolation implies, any of four combinations of tenses is
    possible (see examples 1, 12, 16, and 18 above).

48.21.21 Substitution drills - Person-number substitution

1 Si yo tuviera tiempo, iría al aeropuerto.

  — los oficiales _____.   Si tuvieran tiempo, irían al aeropuerto.

  — Marta y yo _____.   Si tuviéramos tiempo, iríamos al aeropuerto.

  — Uds. _____.   Si tuvieran tiempo, irían al aeropuerto.

  — Mario _____.   Si tuviera tiempo, iría al aeropuerto.

2 Si Ud. no comiera tanto, no estaría tan gordo.

  — Ana _____.   Si no comiera tanto, no estaría tan gorda.

  — los coroneles _____.   Si no comieran tanto, no estarían tan gordos.

  — yo _____.   Si no comiera tanto, no estaría tan gordo.

  — ellos _____.   Si no comieran tanto, no estarían tan gordos.

3 Si yo fuera rico, habría comprado uno hace
   mucho tiempo.

  — nosotros _____.   Si fuéramos ricos, habríamos comprado uno hace
                                     mucho tiempo.

  — Graciela _____.   Si fuera rica, habría comprado uno hace mucho
                                     tiempo.

  — tú _____.   Si fueras rico, habrías comprado uno hace mucho
                                     tiempo.

  — los Harris _____.   Si fueran ricos, habrían comprado uno hace
                                     mucho tiempo.

4 Si <u>nosotros</u> supiéramos eso, se lo habríamos dicho al coronel.

___ el sargento _____.

Si supiera eso, se lo habría dicho al coronel.

___ ellos _____.

Si supieran eso, se lo habrían dicho al coronel.

___ yo _____.

Si supiera eso, se lo habría dicho al coronel.

___ tú _____.

Si supieras eso, se lo habrías dicho al coronel.

5 Si <u>yo</u> no hubiera venido aquí, no habría aprendido español.

___ Ud. y yo _____.

Si no hubiéramos venido aquí, no habríamos aprendido español.

___ tú _____.

Si no hubieras venido aquí, no habrías aprendido español.

___ Luisa y Rosa _____.

Si no hubieran venido aquí, no habrían aprendido español.

___ Juan _____.

Si no hubiera venido aquí, no habría aprendido español.

6 Si los <u>oficiales</u> hubieran salido anoche, se habrían divertido.

___ yo _____.

Si hubiera salido anoche, me habría divertido.

___ los alumnos _____.

Si hubieran salido anoche, se habrían divertido.

___ mi amiga _____.

Si hubiera salido anoche, se habría divertido.

___ Ana y yo _____.

Si hubiéramos salido anoche, nos habríamos divertido.

7 Si <u>ellos</u> no hubieran vivido en los Estados Unidos, no hablarían inglés tan bien.

—— tú ——————.	Si no hubieras vivido en los Estados Unidos, no hablarías inglés tan bien.
—— yo ——————.	Si no hubiera vivido en los Estados Unidos, no hablaría inglés tan bien.
—— Uds. ——————.	Si no hubieran vivido en los Estados Unidos, no hablarían inglés tan bien.
—— Juana y yo ——————.	Si no hubiéramos vivido en los Estados Unidos, no hablaríamos inglés tan bien.

8 Si <u>tú</u> te hubieras acostado temprano, no estarías tan cansado.

—— Vicente ——————.	Si se hubiera acostado temprano, no estaría tan cansado.
—— yo ——————.	Si me hubiera acostado temprano, no estaría tan cansado.
—— María y Susana ——————.	Si se hubieran acostado temprano, no estarían tan cansadas.
—— nosotros ——————.	Si nos hubiéramos acostado temprano, no estaríamos tan cansados.

Construction substitution

Problem: Si ella no comiera tanto, no estaría tan gorda.

Answer: Si ella no hubiera comido tanto, no habría estado tan gorda.

1 Si yo tuviera plata, seguiría mis estudios.

Si yo hubiera tenido plata, habría seguido mis estudios.

2 Si nos quedáramos, oiríamos esa pieza.

Si nos hubiéramos quedado, habríamos oído esa pieza.

3 Si se levantaran a las siete, llegarían temprano.

Si se hubieran levantado a las siete, habrían llegado temprano.

4 Si le vendiera mi casa, se la vendería barata.

Si le hubiera vendido mi casa, se la habría vendido barata.

5 Si habláramos con ella, la convenceríamos.

Si hubiéramos hablado con ella, la habríamos convencido.

6 Si yo supiera qué hacer, lo haría en seguida.

Si yo hubiera sabido qué hacer, lo habría hecho en seguida.

7 Si no me dijeran nada, estaría más contento.

Si no me hubieran dicho nada, habría estado más contento.

8 Si no fuera por nuestro presidente, habría una guerra.

Si no hubiera sido por nuestro presidente, habría habido una guerra.

9 Si no me gustara la ternera asada, no la comería.

Si no me hubiera gustado la ternera asada, no la habría comido.

10 Si naciera el niño aquí, sería americano.

Si hubiera nacido el niño aquí, habría sido americano.

48.21.22   Response drill

1   Si Ud. tuviera un mes de vacaciones,
    ¿se quedaría aquí o haría un viaje?

2   Si Ud. fuera ella, ¿tomaría este
    trabajo o buscaría otro?

3   Si Ud. hubiera estado enfermo hoy, ¿se
    habría quedado en la casa o habría venido?

4   Si Ud. hubiera salido a las tres de la
    mañana, ¿se habría levantado temprano o
    no se habría acostado?

5   Si Uds. hubieran ido a Las Palmas,
    ¿habrían ido en auto o habrían tomado
    el tren?

6   Si Ud. hubiera ganado en las carreras,
    ¿qué compraría?

7   Si ellos tuvieran una fiesta,
    ¿a cuántas personas invitarían?

8   Si su familia no estuviera aquí,
    ¿dónde viviría?

9   Si te hubieras acostado muy tarde,
    ¿cómo te sentirías?

10 Si él hubiera estado enfermo, ¿a quién
    habría llamado?

Haría un viaje.

Buscaría otro.

Me habría quedado en la casa.

No me habría acostado.

Habríamos tomado el tren.

Compraría una casa.

Invitarían a veinte.

Viviría en un hotel.

Me sentiría muy cansado.

Habría llamado al médico.

11 Si a Ud. lo hubieran aceptado,
    ¿qué habría estudiado?

    Habría estudiado medicina.

12 Si Ud. me escribiera a mí,
    ¿lo haría en inglés?

    Sí, lo haría en inglés.

13 Si él estudiara portugués,
    ¿lo mandarían a Portugal?

    Sí, lo mandarían a Portugal.

14 Si no hubiera clase hoy,
    ¿se habrían quedado Uds. en la casa?

    Sí, nos habríamos quedado en la casa.

15 Si yo tuviera una fiesta esta noche,
    ¿iría usted?

    Sí, iría con mucho gusto.

16 Si trajéramos café a la clase,
    ¿tomaría ella?

    Sí, sí tomaría.

17 Si no estuviera lloviendo,
    ¿iría a nadar?

    Sí, sí iría.

18 Si yo les vendiera mi carro barato,
    ¿me lo comprarían?

    Sí, claro que se lo compraríamos.

19 Si ellos no hubieran estado ocupados hoy,
    ¿habrían jugado tenis?

    Sí, habrían jugado.

20 Si Ud. hubiera vendido su auto,
    ¿me lo habría vendido a mí?

    Sí, se lo habría vendido a Ud.

21 Si Uds. hubieran tenido una fiesta el
    domingo pasado, ¿me habrían invitado?

    Sí, lo habríamos invitado.

22 Si yo me hubiera mudado ayer,
    ¿me habría ayudado usted?

    Sí, le habría ayudado mucho.

23 Si Uds. hubieran llevado sus pasaportes,
    ¿los habrían dejado entrar?

    Sí, nos habrían dejado entrar.

48.21.23 Translation drill

1 If a revolution broke out, we would go to the United States.

2 If they had a racquet, they would play tennis with us.

3 If I spoke Spanish, I would adapt better to this country.

4 If there were three of us, we could win easily.

5 If I were you I wouldn't get so nervous.

6 If you closed the door, you wouldn't feel so cold.

7 If we knew her address, we would send her a sympathy card.

8 If the roast weren't so raw, we would eat a little.

9 If you had a lot of money, what would you do?

10 If you hadn't spoken to me, I would never have recognized you.

11 If I hadn't shouted, they wouldn't have heard me.

12 If the pilots had been in the control tower, I would have seen them.

Si estallara una revolución, nos iríamos a los Estados Unidos.

Si tuvieran raqueta, jugarían tenis con nosotros.

Si yo hablara español, me adaptaría mejor a este país.

Si nosotros fuéramos tres, podríamos ganar fácilmente.

Si yo fuera Ud., no me pondría tan nervioso.

Si Ud. cerrara la puerta, no sentiría tanto frío.

Si supiéramos su dirección, le mandaríamos una tarjeta de pésame.

Si el asado no estuviera tan crudo, comeríamos un poco.

Si Ud. tuviera mucho dinero, ¿qué haría?

Si Ud. no me hubiera hablado, jamás la habría reconocido.

Si yo no hubiera gritado, ellos no me habrían oído.

Si los pilotos hubieran estado en la torre de control, los habría visto.

13 If we had asked for an immigrant visa,
    they would have given it to us.

14 Had Jose been here, he would have told
    us some jokes.

15 If they had opened the window it wouldn't
    have been so hot.

16 Had we known your number we would have
    gotten in touch with you.

Si hubiéramos pedido visa de inmigrante, nos
la habrían dado.

Si José hubiera estado aquí, nos habría contado
unos chistes.

Si hubieran abierto la ventana no habría hecho
tanto calor.

Si hubiéramos sabido su número nos habríamos
comunicado con Ud.

B. Discussion of pattern

       Sentences of the type illustrated above are often called "conditional sentences" because the
dependent clause expresses a condition which must be fulfilled before the main clause can become a fact.
The dependent clause is usually introduced by the conjunction if in English and si in Spanish. As will
be seen in Unit 49, not all conditional sentences involve the conditional tense or a subjunctive. However,
all examples of the present unit follow the same pattern of tenses: past or past perfect subjunctive in the
"if-clause" and conditional or conditional perfect in the main or "result" clause. A full treatment of the
various types of conditional sentences will be presented in Unit 49.

48.21.3 The periphrastic conditional

_____.

ILLUSTRATIONS

1 Pero no me habías dicho que ibas a tomar
   fotos.

2 Me prometiste que cuando tuvieras tiempo
   me lo ibas a explicar.

Paul told us he was going to sell his car.

It was certain we weren't going to arrive on time.

They all told me they were going to keep on studying.

3   Pablo nos dijo que _iba a vender_ su auto.

4   Era seguro que no _íbamos a llegar_ a tiempo.

5   Todos me dijeron que _iban a seguir_ estudiando.

EXTRAPOLATION

ir	a	Infinitive
sg		
1	iba	
2 fam	ibas	
2-3	iba	a
pl		hablar
1	íbamos	comer
2-3	iban	vivir

NOTES

a. The periphrastic conditional construction consists of a form of the Past II tense of the verb _ir_ plus the phrase relator _a_ plus the infinitive form of the verb.

48.21.31   Substitution drill - Construction substitution

Problem:

    La secretaria dice que va a estudiar español.

Answer:

    La secretaria dijo que iba a estudiar español.

1   Alicia dice que no va a fumar más.

2   Ellos dicen que van a ahorrar.

3   Yo digo que Ana va a llegar el viernes.

4   La policía dice que no va a intervenir en nada.

5   Yo creo que voy a mudarme.

6   El se da cuenta de que va a morir.

7   Ella cree que va a desmayarse.

    Alicia dijo que no iba a fumar más.

    Ellos dijeron que iban a ahorrar.

    Yo dije que Ana iba a llegar el viernes.

    La policía dijo que no iba a intervenir en nada.

    Yo creí que iba a mudarme.

    El se dio cuenta de que iba a morir.

    Ella creyó que iba a desmayarse.

Problem:

    El médico me dijo que me vería en seguida.

Answer:

    El médico me dijo que me iba a ver en seguida.

8   Me dijiste que no llevarías abrigo.

9   Creía que ellos vendrían temprano.

    Me dijiste que no ibas a llevar abrigo.

    Creía que ellos iban a venir temprano.

10 Me dijeron que <u>estudiarían</u> más.   Me dijeron que iban a estudiar más.

11 Le prometí a **María** que la <u>ayudaría</u>.   Le prometí a **María** que iba a ayudarla.

12 Pancho sabía que ella no <u>iría</u> conmigo.   Pancho sabía que ella no iba a ir conmigo.

13 Les dijimos que <u>traeríamos</u> dos.   Les dijimos que íbamos a traer dos.

14 Ellos se daban cuenta de que yo no los   Ellos se daban cuenta de que yo no los iba
    los <u>molestaría</u>.   a molestar.

15 Todos creíamos que no <u>llovería</u>.   Todos creíamos que no iba a llover.

48.21.32 Translation drill

1 John thought he wasn't going to enjoy   Juan creía que no iba a divertirse.
   himself.

2 Alice said she was going to take a trip   Alicia dijo que iba a hacer un viaje el
   on Saturday.   sábado.

3 The boss believed that the bull fight   El jefe creía que la corrida de toros no
   wasn't going to be good.   iba a estar buena.

4 I thought that they were going to complain.   Yo pensaba que ellos iban a quejarse.

5 Martha said she was going to invite fifteen   Marta dijo que iba a invitar a quince
   people.   personas.

6 The owner of the house believed we weren't   El dueño de la casa creía que no le íbamos
   going to take care of his lawn.   a cuidar el césped.

7 I thought I wasn't going to lack anything.   Creía que no me iba a faltar nada.

8 We found out the ambassador was going to   Supimos que el embajador iba a llegar tarde.
   arrive late.

9 I realized that he wasn't going to like
   that.

Me di cuenta de que a él no le iba a gustar
eso.

10 We knew we were going to stay.

Sabíamos que nos íbamos a quedar.

B. Discussion of pattern

The periphrastic conditional construction is commonly used as a substitute for the conditional tense in expressing a "past future" idea; that is, a future from the standpoint of the past. Note the
parallelism:

Future:

Va a volver en seguida.   'He's going to return right away.'

or

Volverá (1) en seguida.   'He'll return right away'.

Past Future:

Dijo que iba a volver en seguida.   'He said he was going to return right away.'

or

Dijo que volvería en seguida.   'He said he'd return right away'.

In this situation the periphrastic construction can be considered interchangeable with the conditional
tense. Note that in none of its other uses can the conditional be replaced by the periphrastic construction.

This same construction is also used to report an intention or plan of action which existed at
some time in the past, rather than with conditional meaning:

Yo iba a comer en el centro.   'I was going to (i.e., was planning to)
                                            eat downtown'

_____

(1) Future tense. A complete presentation of this tense will be given in Unit 49.

Ibamos a comprar un auto cuando
tuviéramos el dinero.

'We were going to (were planning to) buy a
car when we had the money.'

Note that the conditional tense cannot be used to express this idea.

48.22   Review drills

48.22.1   The neuter article /lo/ with nominalized adjectives

1   The first thing you have to do is fill
     out the application.

Lo primero que hay que hacer es llenar la
solicitud.

2   The last part of the visa is the
     fingerprints.

Lo último de la visa son las huellas
digitales.

3   The worst thing around here is the traffic.

Lo peor de aquí es el tráfico.

4   The pleasant thing about Surlandia is the
     beach.

Lo agradable de Surlandia es la playa.

5   The best thing would be not to tell him
     anything.

Lo mejor sería no decirle nada.

6   The bad thing about it is that I can't go.

Lo malo es que no puedo ir.

7   Here comes the good part.

Aquí viene lo bueno.

48.22.2   Stem changing verbs in past I

1   I slept little; she slept a lot.

Yo dormí poco, ella durmió mucho.

2   I ordered coffee; she ordered milk.

Yo pedí café, ella pidió leche.

3   I said goodbye on Monday; she said
     goodbye on Tuesday.

Yo me despedí el lunes, ella se despidió
el martes.

4 I had a good time; she didn't have a   Yo me divertí, ella no se divirtió.
   good time.

5 I repeated; she didn't repeat.   Yo repetí, ella no repitió.

6 I served the wine; she served the coffee.   Yo serví el vino, ella sirvió el café.

7 I got dressed early; she got dressed late. Yo me vestí temprano, ella se vistió tarde.

48.22.3 The present progressive construction with alternate conjugated verbs.

1 The girls are (go) coming out right now.   Las muchachas van saliendo en estos momentos.

2 You are (go) beginning, aren't you?   Ustedes van empezando, ¿verdad?

3 She keeps spending a lot.   Ella sigue gastando mucho.

4 The ladies are (walk) strolling.   Las señoras andan paseando.

5 The lieutenant continues to improve.   El teniente sigue mejorando.

6 My family is (walks) talking a walk.   Mi familia anda dando una vuelta.

7 I'm about through with my lessons.   Ya voy terminando mis lecciones.

8 The children are (coming along) singing.   Los niños vienen cantando.

9 He arrives dying of hunger every day.   El llega muriéndose de hambre todos los días.

10 Look! There he comes smoking a cigar.   ¡Mira! Ahí viene fumando un puro.

48.3   CONVERSATION STIMULUS

NARRATIVE 1

EL RESTAURANTE CRISTAL

Usted llegó hace pocos días a esta ciudad y reside ahora en el Hotel "El Embajador". Como hoy es domingo, decide llevar a su esposa y a sus dos niños a almorzar en el restaurante Cristal, el cual es uno de los mejores de esta ciudad. Este restaurante está a quince cuadras del hotel, más o menos, y hoy está muy lleno.

Ustedes acaban de terminar de comer; la comida estuvo muy bien preparada y el servicio en general fue excelente. La orquesta ha tocado ininterrumpidamente música variada durante más de media hora.

Como ya es un poco tarde, ustedes deciden regresar al hotel. De pronto, cuando recibe la cuenta, usted se da cuenta de que se le quedó la billetera en el otro traje cuando se cambió de ropa.

— — — — — — — — — — — — — — — — — — — —

1. Llame al mozo, dígale que desea hablar con el dueño o encargado de ese restaurante, y pregúntele dónde está.

2. Hable con él, explíquele toda la situación, y sugiérale alguna solución.

— — — — — — — — — — — — — — — —

3. Después, cuéntele a un amigo, en forma detallada, lo que le pasó en el restaurante.

4. Supongamos ahora que Ud. es el dueño. Cuente lo que pasó.

NARRATIVE 2

LA CRIADA JESUSA RAMIREZ

Esta muchacha ha estado trabajando eficientemente con usted por dos meses, más o menos. Ella es la encargada de limpiar toda la casa, hacer las camas, etc. Pero, desde hace una semana, su esposa ha notado que Jesusa ha estado usando sus perfumes, cosméticos, jabones, etc. Además, esta mañana, su esposa no ha encontrado dos de sus mejores blusas de nylon, lo cual lo obliga a usted a tomar una medida radical y decide despedirla.

1. Veamos el tacto que usted tiene para hacerlo.

- -

NARRATIVE 3

UN PICNIC EN LA CASA DE LOS SALVADOR

Los Salvador y los Miranda son dos familias de esta ciudad, muy buenos amigos de usted y de su señora. Ellos les han propuesto hacer un picnic este domingo en la casa de campo de los Salvador, que queda a 40 kilómetros de la ciudad. A usted y a su esposa les gusta mucho la idea, porque ellos son amigos de mucha confianza.

- -

1. Póngase de acuerdo con ellos en cuanto al lugar y hora de reunión, la hora de partida, medio de transporte, y todos los detalles que sean necesarios para el buen éxito del picnic.

48.4   READINGS

48.41   Features

48.41.1 Reading selection

Progreso y Salud Pública

(El Clarín, Diario de la Tarde, Octubre 25, 19__)

En repetidas ocasiones este periódico, siempre atento a los problemas que afectan los intereses de los ciudadanos, ha hecho llegar a las autoridades el clamor popular por un mejoramiento de las condiciones que tienen relación directa con la salud pública y, por lo tanto, con el progreso general del país.

La Constitución Política que rige nuestros destinos establece claramente el derecho legítimo de los ciudadanos de aspirar a un bienestar físico y moral. Esto implica un mandato fundamental que impone a las autoridades el deber de velar celosamente por este derecho. Por desgracia, con demasiada frecuencia puede observar el alarmado público la negligencia con que las autoridades gubernamentales y municipales cumplen con sus obligaciones de proveer al país de un adecuado sistema de salud pública y sanidad. El problema que enfrentamos en este sentido es por cierto complejo y para su solución no existen medidas fáciles. Pero este hecho no puede servir de pretexto a quienes se valen de él para evadir la responsabilidad que les corresponde en la promoción del bienestar general.

Los círculos médicos y sanitarios han analizado en foros públicos y profesionales los diversos aspectos del problema y han dado a las autoridades una pauta de acción. El Congreso Inter-Americano de Salubridad recientemente celebrado, al que nuestro país envió tan numerosa como distinguida delegación, puntualizó con claridad meridiana las fases en que debe proceder un ataque coordinado y sistemático que elimine definitivamente las deficiencias sanitarias que aún aquejan a vastas regiones del continente. Corresponde, por lo tanto, a nuestro país implementar con una acción efectiva las ponencias adaptadas en dicho Congreso en lo que se refiere al mejoramiento de las pobres condiciones imperantes en la nación. Sería doloroso que, ante el progresista concierto de naciones latinoamericanas, figurara Surlandia a la zaga en esta marcha hacia un futuro mejor.

El problema que a primera vista aparece como el más agudo es la notoria falta de hospitales. El rápido crecimiento de la población y las nuevas técnicas de combatir enfermedades hasta hace poco conside- radas incurables, hacen resaltar la urgencia de solucionar esta alarmante deficiencia. Día a día puede observarse, en los escasos hospitales de que dispone el país, la inhumana, aunque a veces necesaria prác- tica, de rechazar a enfermos graves. Es inhumana porque nuestra condición de gente cristiana y civilizada nos impone cuidar del doliente con todos los medios que la técnica moderna ha puesto a nuestro alcance. Es dolorosamente necesaria porque los medios físicos disponibles son insuficientes. Un mejoramiento en esta grave situación, dadas las condiciones económicas del país, no puede llevarse a cabo sin la ayuda estatal y municipal, pero le toca al gobierno federal dictar las leyes correspondientes que tiendan a ali- viar la tarea de nuestra abnegada profesión médica. Se debe, por lo tanto, liberar de derechos de aduana a todos los elementos técnicos y otros materiales que entren en el país destinados a la construcción y aprovisionamiento de hospitales, como igualmente revisar y dar nuevo impulso a la política de construcción de hospitales en gran escala. Corresponde a las municipalidades fomentar la creación de centros de aten- ción médica para las personas de escasos recursos económicos.

El problema no se reduce, sin embargo, a solucionar la situación arriba descrita. Con la crea- ción de un número mayor de hospitales sólo se remedia en cierta medida su aspecto más inmediato. Todos sabemos de la existencia de algunas enfermedades endémicas que aquejan a nuestra población. Estos males son causa de una alta tasa de mortalidad infantil, del corto promedio de vida de nuestro pueblo y de una considerable succión de sus energías físicas. Es por esto que un mejoramiento efectivo de la salud públi- ca debe por fuerza contemplar un plan racional de medicina preventiva. El proyecto de ley elaborado por eminentes representantes del cuerpo médico del país y del cual nos hemos hecho eco en repetidas ocasiones desde su incepción, debiera ser rápidamente adoptado por nuestros legisladores. Este proyecto encomioso está destinado a eliminar las fuentes de contagio, mediante, entre otras cosas, el mejoramiento del sistema de alcantarillado, la purificación del agua potable, el efectivo control sanitario de establecimientos públicos y comerciales y la atención pre y postnatal tanto de la madre como del niño.

No es posible esperar, lo sabemos, resultados espectaculares a corto plazo. Es ésta una tarea ardua cuyos frutos cosechará nuestro pueblo al cabo de algunos años. Sin embargo, la experiencia recogida por los países más avanzados del continente ha demostrado la enorme efectividad de los programas médico- preventivos puestos en marcha hace quince o veinte años; enfermedades tales como la malaria, la fiebre amarilla, el tifus y la tuberculosis han dejado de ser la crónica amenaza que succionaba las mejores

energías de esas naciones.   Ingentes sumas de dinero han sido necesarias para las campañas médicas y edu-
cacionales que han conseguido tan halagüeños resultados.   Pero es que una administración visionaria que
ponga en alto los destinos de la patria y no permita que se haga política con la salud de un pueblo entero
no puede postergar tan primordiales aspiraciones ciudadanas en aras de la conveniencia partidista del momento. Debe, lo creemos firmemente, darse alta prioridad al proyecto de ley referido más arriba, aunque
los dineros vengan de fuentes destinadas a satisfacer los voraces apetitos del favoritismo y del compadraz-
go político. El país lo exige y apela, para su cumplimiento, al patriotismo de sus representantes a quienes eligió en democrático torneo electoral.

Cerrando este editorial, debemos hacer hincapié en el hecho de que el futuro del país depende,
en gran medida, de la conservación y desarrollo del capital más precioso de que disponemos: el capital
humano sin el cual de nada valen los programas técnicos de desarrollo económico y sin el cual nuestra
nación no podrá afrontar su destino como país civilizado y moderno.

48.41.2   Response drill

1   Explique en qué forma el progreso general de un país depende del mejoramiento de la salud
pública de dicho país.

2   ¿Qué establece claramente la Constitución Política de Surlandia?

3   ¿Cuáles son algunas de las medidas que puede utilizar un gobierno para obtener un adecuado
sistema de salud pública?

4   ¿Cuál fue el plan que puntualizó la delegación surlandesa en el Congreso Inter-Americano
de Salubridad celebrado recientemente?

5   ¿Cuáles son algunos de los factores que hacen resaltar la urgencia de solucionar la falta
de hospitales en Surlandia?

6   ¿Por qué es inhumana, pero a veces necesaria, la práctica de rechazar a enfermos graves?

7 ¿Qué medidas sugiere éste artículo para aliviar la tarea de la abnegada profesión médica?

8 Explique si la creación de un número mayor de hospitales puede solucionar el problema de la salud pública en Surlandia.

9 ¿Qué entiende Ud. por una enfermedad endémica? Dé algunos ejemplos.

10 ¿Cuáles son algunos de los resultados de las enfermedades endémicas que aquejan a la población surlandesa?

11 ¿Qué medidas preventivas, para eliminar las fuentes de contagio, sugiere el proyecto elaborado por los representantes del cuerpo médico?

12 ¿Qué enfermedades han dejado de ser hoy día un peligro en los países más avanzados del continente?

13 ¿Cree Ud. que la política de un país puede influenciar en la salud pública del país? Explique.

14 Según el editorial de El Clarín, en qué se debe hacer hincapié y por qué?

15 A) ¿Qué ventajas y desventajas le encuentra Ud. a un sistema de medicina socializada?

B) ¿Daría buen resultado, en un país democrático como Surlandia o los EE.UU., un sistema médico socializado?

49.1 BASIC SENTENCES. Carmen's cousin runs for Congress.

ENGLISH SPELLING

SPANISH SPELLING

Carmen:

the cousin
the deputy, the congressman

el primo
el diputado

Carmen:

Jose, I have great news. My cousin Pepe Lucho
is a candidate for congressman. What do you
think of that?

José, tengo una gran noticia. Mi primo
Pepe Lucho está de candidato a Diputado. (1)
¿Qué te parece?

(they) will be (to be)
(we) will have (to have)
the voter

serán (ser)
tendremos (tener)
el votante

Molina:

Pepe Lucho!? Don't tell me! Gosh, there'll
be ten candidates now with him. We'll soon
have more candidates than voters.

Molina:

¿¡Pepe Lucho!? ¡No me digas! Caramba, con
él serán diez los candidatos ahora. Muy
pronto tendremos más candidatos que votantes.

(he) will win (to win)
intelligent
astute, shrewd
(the) politics

ganará (ganar)
inteligente
astuto
la política

Carmen:

Yes, but Pepe will win. He's very intelligent
and shrewd in politics.

Carmen:

Sí, pero Pepe ganará; él es muy inteligente
y astuto en política.

Molina:
And if he's elected, what is his immediate
program going to be?

    elected
    the program
    immediate
    to turn out

Molina:
Y si sale electo, ¿cuál va a ser su programa
inmediato?

    electo
    el programa
    inmediato
    salir

Carmen:
I'm not sure; if he told me I've forgotten.
I think it'll be principally the construc-
tion of inexpensive housing for workers.

    (it) will be (to be)
    the construction
    the house, the dwelling
    the worker

Carmen:
No estoy segura; si me lo dijo, se me olvidó.
Creo que será principalmente la construc-
ción de viviendas baratas para obreros.

    será (ser)
    la construcción
    la vivienda
    el obrero

Molina:
He's going to begin with his own house,
isn't he?

    own

Molina:
Va a empezar con su propia vivienda, ¿verdad?

    propio

Carmen:
Very funny! If you want to know about his
program, read his statement tomorrow.

    funny
    to read
    the manifest, the statement

Carmen:
¡Chistoso! Si quieres conocer su programa,
lee mañana su manifiesto.

    chistoso
    leer
    el manifiesto

49.2

able, skillful
(he) will have (to have)
the support

Pepe is a very able man and he'll have the support of the whole family.

effective

Molina: Well, it'll be very effective help, because Pepe has some eight uncles and twenty cousins.

the rumor
there will be (to have, there to be)
to impede, to prevent

Carmen: But there are a lot of rumors running around now that there'll be a revolution to prevent the election.

very likely
the tranquility, the calm
(they) will do (to do)
the party member, the supporter

Molina: Could be, because for five months now it's been pretty calm. And if there is a revolution, what will Pepe and his supporters do?

hábil
tendrá (tener)
el apoyo

Pepe es un hombre muy hábil y tendrá el apoyo de toda la familia.

efectivo

Molina: Pues será una ayuda muy efectiva, porque Pepe tiene como ocho tíos y veinte primos.

el rumor
habrá (haber)
impedir

Carmen: Pero ahora corren muchos rumores de que habrá (2) una revolución para impedir las elecciones. (3)

a lo mejor
la tranquilidad
harán (hacer)
el partidario

Molina: A lo mejor, porque ya hace cinco meses que ha habido (2) mucha tranquilidad. Y si hay una revolución, ¿qué harán Pepe y sus partidarios?

the **arm**, the weapon
the constitution

Carmen:
Pepe, of course, will be one of the first to
take up arms to defend the Constitution.

ha, ha

Carmen:
Now stop joking!

serious
seriously
the coalition
to triumph

Molina:
Most likely he'll be one of the first to
run. Ha, ha, ha!

Molina:
Well, speaking seriously, what will the
Coalition Party's program be if their
candidates win?

(they) will help (to help)
(they) will ask (to ask)
the bank
the development
the farmer
the interest

---

el arma (f.)
la constitución

Carmen:
Pepe, por supuesto, será uno de los primeros
en tomar las armas para defender la Constitución.

ja, ja

Carmen:
¡Hombre, ya déjate de bromas!

serio
en serio
la coalición
triunfar

Molina:
Lo más probable es que él sea uno de los
primeros en correr. ¡Ja, ja, ja!

Molina:
Bueno, hablando en serio, ¿cuál será el
programa del Partido de Coalición si sus
candidatos triunfan?

ayudarán (ayudar)
pedirán (pedir)
el banco
el fomento
el agricultor
el interés

low   bajo

Carmen:
Mainly they will help to develop agriculture, and they will ask the Development Bank for help in making loans to farmers at very low interest.

Carmen:
Principalmente ayudarán a desarrollar la agricultura y pedirán ayuda al Banco de Fomento para hacerles préstamos a los agricultores a un interés muy bajo.

to cooperate   cooperar
the campaign   la campaña

Molina:
Ah, that's wonderful. If that's the case, I'll cooperate in the campaign too. Long live Pepe Lucho!

Molina:
Ah, eso está magnífico. Si es así, yo también cooperaré en la campaña. ¡Que viva Pepe Lucho!

49.10   Notes on the basic sentences

(1) The construction está de candidato illustrates a common pattern in Spanish: estar + de + noun, implying a more or less transitory occupation. Está de profesor suggests 'He's a teacher right now', as contrasted to Es profesor, 'He's a teacher (by profession)'.

(2) Habrá 'there will be' in this sentence and ha habido 'there has been' in the following sentence are typical examples of the impersonal use of forms of haber. In the present indicative only, there is a special form hay 'there is, there are' for this use. In all other tenses the ordinary third person singular is used in the same way. Note that even with a plural noun or pronoun, the singular form of haber is used.

(3) The English word election is usually rendered in Spanish by the plural form elecciones. Cf. Note 3, 48.10

49.2   DRILLS AND GRAMMAR

49.21   Pattern drills

49.21.1   The future tense and future perfect construction

A.   Presentation of pattern

ILLUSTRATIONS

_____   1   Entonces llamaré al coronel.

_____   2   Eso se lo explicaré después.

_____   3   Iremos despacio.

_____   4   La próxima vez nos quedaremos más tiempo.

_____   5   Carmen se pondrá medio luto.

_____   6   Y así podrá estrenar ese traje de noche tan
                                  lindo que tiene.

_____   7   Será uno de los primeros en tomar las armas.

_____   8   Con él serán diez los candidatos ahora.

_____   9   Principalmente ayudarán a desarrollar la
                                  agricultura y pedirán ayuda al Banco de
                                  Fomento.

_____   10   Sí, pero Pepe ganará.

_____   11   Muy pronto tendremos más candidatos que
                                  votantes.

_____   12   Tendrá el apoyo de toda la familia.

_____

Will you leave before ten?

All that clothing won't fit in my suitcase.

We will come when we can.

They will have gone by the time we arrive.

I will have spoken with him by tomorrow.

He will have seen me by then.

13 Pero ahora corren rumores de que <u>habrá</u>
    una revolución.

14 ¿Qué <u>harán</u> Pepe y sus partidarios?

15 ¿<u>Saldrás</u> antes de las diez?

16 No <u>cabrá</u> toda esa ropa en mi maleta.

17 <u>Vendremos</u> cuando podamos.

18 Se <u>habrán ido</u> para cuando lleguemos.

19 <u>Habré hablado</u> con él para mañana.

20 Me <u>habrá visto</u> para entonces.

EXTRAPOLATION

Infinitive	Future.stem	Future endings		
tomar	tomar-			
comer	comer-			
vivir	vivir-	sg	1	-é
			2 fam	-ás
poder	podr-		2-3	-á
saber	sabr-			
caber	cabr-			
haber	habr-			
		pl	1	-emos
poner	pondr-		2-3	-án
venir	vendr-			
valer	valdr-			
tener	tendr-			
salir	saldr-			
hacer	har-			
decir	dir-			
querer	querr-			

NOTES

a. The future tense is formed on the same stem as the conditional
    tense; i.e., the infinitive, modified as shown in the twelve
    irregular verbs.

b. The stress in all forms falls on the ending. All forms except
    1 pl have written accent marks.

EXTRAPOLATION

haber		-ado	-ido
sg			
1	habré		
2 fam	habrás		
2-3	habrá	tomado	comido
pl			
1	habremos		vivido
2-3	habrán		

a. The future perfect construction consists of the future tense
    of the verb haber plus the -do form of the verb (see examples
    18, 19, 20 above).

49.21.11 Substitution drills - Person-number substitution

1 Yo no trabajaré mañana.

Pablo _____.   No trabajará mañana.

Víctor y yo _____.   No trabajaremos mañana.

Ellos _____.   No trabajarán mañana.

Tú _____.   No trabajarás mañana.

2   Ellos estarán aquí temprano.

El capitán _____.   Estará aquí temprano.

Nosotros _____.   Estaremos aquí temprano.

Felipe y José _____.   Estarán aquí temprano.

Yo _____.   Estaré aquí temprano.

3   Nosotros volveremos esta noche.

Los alumnos _____.   Volverán esta noche.

Yo _____.   Volveré esta noche.

Las muchachas _____.   Volverán esta noche.

El mayor _____.   Volverá esta noche.

4   Yo viviré en un hotel.

Beatriz _____.   Vivirá en un hotel.

Tú _____.   Vivirás en un hotel.

Mi señora y yo _____.   Viviremos en un hotel.

Los oficiales _____.   Vivirán en un hotel.

5 <u>Alicia</u> subirá en el ascensor.

Mis hermanas _____.   Subirán en el ascensor.

Yo _____.   Subiré en el ascensor.

El teniente _____.   Subirá en el ascensor.

Marta y yo _____.   Subiremos en el ascensor.

6 <u>Yo</u> no podré ir.

Alicia _____.   No podrá ir.

Los candidatos _____.   No podrán ir.

Nosotros _____.   No podremos ir.

Tú _____.   No podrás ir.

7 <u>Ud.</u> sabrá mucho español.

Ellas _____.   Sabrán mucho español.

Rosa _____.   Sabrá mucho español.

Uds. _____.   Sabrán mucho español.

Manuel y yo _____.   Sabremos mucho español.

8 <u>Carmen</u> tendrá una fiesta.

Nosotros _____.   Tendremos una fiesta.

Yo _____.   Tendré una fiesta.

Los Molina _____.   Tendrán una fiesta.

Ella _____.   Tendrá una fiesta.

9   Alicia vendrá sola.

Yo _____.   Vendré solo.

Marta y Ana _____.   Vendrán solas.

Nosotros _____.   Vendremos solos.

Luis _____.   Vendrá solo.

10   José dirá todo en inglés.

Mis padres _____.   Dirán todo en inglés.

La sirvienta _____.   Dirá todo en inglés.

Yo _____.   Diré todo en inglés.

El señor Molina _____.   Dirá todo en inglés.

11   Ellos habrán vuelto para el sábado.

Tú _____.   Habrás vuelto para el sábado.

Nosotros _____.   Habremos vuelto para el sábado.

Josefa _____.   Habrá vuelto para el sábado.

Yo _____.   Habré vuelto para el sábado.

Tense substitution

Problem:

    Llegó temprano.

Answer:

    Llegará temprano.

1	Compró un abrigo.	Comprará un abrigo.
2	Viví en las afueras.	Viviré en las afueras.
3	Trabajamos en la Embajada.	Trabajaremos en la Embajada.
4	Repitieron las frases.	Repetirán las frases.
5	Me dio mucho gusto verla.	Me dará mucho gusto verla.
6	Estalló una revolución.	Estallará una revolución.
7	Estuvieron de luto.	Estarán de luto.
8	Contamos con Uds.	Contaremos con Uds.
9	Ví al rector.	Veré al rector.
10	Hizo poco calor.	Hará poco calor.
11	Valió la pena ir.	Valdrá la pena ir.
12	No me dijiste nada.	No me dirás nada.
13	Hubo una fiesta ahí.	Habrá una fiesta ahí.
14	No quisieron darle la visa.	No querrán darle la visa.
15	Tuviste más suerte que yo.	Tendrás más suerte que yo.

Construction substitution

Problem:

No voy a engordar más.

Answer:

No engordaré más.

1 Vamos a bajar al primer piso.   Bajaremos al primer piso.

2 Voy a ayudar mucho.   Ayudaré mucho.

3 Van a levantarse temprano.   Se levantarán temprano.

4 Va a molestar poco.   Molestará poco.

5 Vamos a invitar a Marta.   Invitaremos a Marta.

6 Voy a llamar a la policía.   Llamaré a la policía.

7 Van a traer el carro.   Traerán el carro.

8 No se va a poner corbata.   No se pondrá corbata.

9 No vamos a intervenir en nada.   No intervendremos en nada.

10 Vas a salir cuando puedas.   Saldrás cuando puedas.

11 Vamos a ver si Roberto viene.   Veremos si Roberto viene.

12 Va a hacer mucho frío.   Hará mucho frío.

13 Van a ser dos señoras.   Serán dos señoras.

14 Va a haber una nueva pista.   Habrá una nueva pista.

15 No van a caber todos en mi coche.   No cabrán todos en mi coche.

49.21.12   Response drill

1   ¿Alquilará Ud. un apartamento o comprará
    una casa?

2   ¿Irás con él o te quedarás conmigo?

3   ¿Estarán Uds. aquí temprano o llegarán tarde?

4   ¿Saldrán ellos en seguida o tendrán que esperar?

5   ¿Lo hará Pablo esta noche o esperará hasta mañana?

6   ¿Podremos irnos el sábado o habrá que esperar hasta
    el domingo?

7   ¿Vendrán Uds. en autobús o tomarán un taxi?

8   ¿Cuándo saldrán ellos?

9   ¿Qué comerá Ud. esta noche?

10 ¿Cuántas semanas se quedarán Uds. aquí?

11 ¿De qué tratará la lección de mañana?

12 ¿Quién no podrá ir?

13 ¿Se pondrán ellos smoking para la fiesta?

14 ¿Se levantará Ud. temprano mañana?

15 ¿Irán Uds. solos?

16 ¿Estará Ud. desocupado el domingo?

Compraré una casa.

Me quedaré contigo.

Estaremos aquí temprano.

Tendrán que esperar.

Lo haré esta noche.

Habrá que esperar hasta el domingo.

Tomaremos un taxi.

Saldrán en marzo.

Comeré jamón.

Nos quedaremos doce semanas.

Tratará de Surlandia.

Mercedes no podrá ir.

Sí, se pondrán smoking.

Sí, me levantaré temprano.

Sí, iremos solos.

Sí, estaré desocupado.

17 ¿Se llevarán Uds. mucha ropa?

Sí, nos llevaremos mucha.

18 ¿Les pedirá Ud. que salgan?

Sí, se lo pediré.

19 ¿Le dirás que estudie?

Sí, se lo diré.

20 ¿Será posible que él vaya?

Sí, será posible.

21 ¿Nos invitarán ellos a que les hagamos una visita?

Sí, nos invitarán.

22 ¿Habrán terminado Uds. el libro para el sábado?

Sí, lo habremos terminado.

23 ¿Se le habrá olvidado a Ud. todo para la semana próxima?

Sí, se me habrá olvidado todo.

24 ¿Lo habrás preparado para cuando venga el jefe?

Sí, lo habré preparado.

25 ¿Se habrá mudado Jorge antes del domingo?

Sí, se habrá mudado.

26 ¿Habrán salido ellos antes de que lleguemos?

Sí, habrán salido.

49.21.13 Translation drill

1 We'll all go down together.

Bajaremos todos juntos.

2 Alice will invite the students too.

Alicia invitará a los estudiantes también.

3 I'll declare all the gifts.

Declararé todos los regalos.

4 You'll have your pictures taken in front of the court.

Se retratarán en frente de la cancha.

5 I'll go to bed at eleven.

Me acostaré a las once.

6 He will criticize the technical part.   El criticará la parte técnica.

7 They will build you the house for twenty   Le construirán la casa por veinte mil
   thousand dollars.   dólares.

8 Mercedes will want to go even if she isn't   Mercedes querrá ir aunque no pueda.
   able to.

9 It will be all the same to me.   A mí me dará lo mismo.

10 What will you do next Saturday?   ¿Qué harán Uds. el sábado que viene?

11 When will you come?   ¿A qué hora vendrá Ud.?

12 I won't say a thing.   Yo no diré nada.

13 They will have to make up their minds soon.   Tendrán que decidirse pronto.

14 Who will teach us tomorrow?   ¿Quién nos enseñará mañana?

15 I'll ask Paul to do that.   Le pediré a Pablo que haga eso.

16 We will have gotten the passport.   Habremos conseguido el pasaporte.

17 They will have arrived by four o'clock.   Habrán llegado para las cuatro.

18 Will you (fam.) have decided the date by then?   ¿Habrás decidido la fecha para entonces?

B. Discussion of pattern

The forms of the future tense have exactly the same irregularities as those of the conditional tense (48.21.1). As in the conditional tense, all -ar verbs are regular.

The future tense usually corresponds to English 'shall' or 'will' plus another verb. As has been previously noted, it is very commonly replaced in Spanish by the periphrastic future construction or, in conversational style, by the present tense.

49.21.2   Conditional sentences

A.   Presentation of pattern

ILLUSTRATIONS

_____   1   Si quieres, yo te puedo ayudar.

_____   2   Si quieres, yo le hablo.

_____   3   Si me dan el apartamento el viernes, me
                                 mudo el sábado.

_____   4   Si no nos damos prisa, se nos hace tarde.

_____   5   Si tengo una fiesta, ¿puede ayudarme?

_____   6   ¿Qué le parece si nos tratamos de tú?

_____   7   Si sale electo, ¿cuál va a ser su programa
                                 inmediato?

_____   8   Si hay una revolución, ¿qué harán Pepe y
                                 sus partidarios?

_____   9   Si es así, yo también cooperaré en la
                                 campaña.

_____   10   ¿Cuál será el programa del Partido de
                                 Coalición si sus candidatos triunfan?

_____   11   Si quieres conocer su programa, lee mañana
                                 su manifiesto.

_____   12   Si no le gusta ese vestido, compre otro.

If you don't like that suit, buy another.   13   Si no te convenía, hiciste bien en dejarlo.

14 Si me lo dijo, se me olvidó.

15 Si salió anoche, llegará hoy.

16 Si no se sentía bien, no trabajaba.

If he left last night, he'll arrive today.

If he didn't feel well, he didn't work.

EXTRAPOLATION

(clearly fact)

A

Command forms
Periphrastic future
Indicative tenses

B

Past
Subjunctive-
Conditional

C

(clearly contrary to fact)

a. The occurrence or non-occurrence of subjunctive forms in the "if" clause of
    conditional sentences is determined by the apparent likelihood of fulfillment
    of the condition expressed in that clause.

b. Subjunctive forms do not occur if there is no definite implication that the
    condition has not been or will not be fulfilled.   (A-B area)

c. When it appears that the condition most likely will not be fulfilled or is
    definitely contrary to the fact, one of the past subjunctive-conditional
    patterns illustrated in 48.21.2 will be used.   (B-C area)

49.21.21 Substitution drills - Construction substitution

Problem:

Si me dan el apartamento el viernes, me mudo el sábado.

Answer:

Si me dan el apartamento el viernes, me mudaré el sábado.

1 Si tengo una fiesta, me ayuda la
sirvienta.

Si tengo una fiesta, me ayudará la
sirvienta.

2 Si vas, voy contigo.

Si vas, iré contigo.

3 Si no le gusta este vestido, le
compro otro.

Si no le gusta este vestido, le compraré
otro.

4 Si Uds. tienen auto, pueden salir tarde.

Si Uds. tienen auto, podrán salir tarde.

5 Si no lo puede hacer, yo se lo hago.

Si no lo puede hacer, yo se lo haré.

6 Si no se cuida, pesca un resfriado.

Si no se cuida, pescará un resfriado.

7 Si está prohibido, no fumamos.

Si está prohibido, no fumaremos.

8 Si el motor me falla, yo mismo lo
arreglo.

Si el motor me falla, yo mismo lo
arreglaré.

9 Si Ud. no responde por él, no puede
entrar en el país.

Si Ud. no responde por él, no podrá
entrar en el país.

10 Si no te metes al agua, no te
diviertes.

Si no te metes al agua, no te divertirás.

Problem:

Si ellos vienen, comemos en un restorán.

Answer:

Si ellos vinieran, comeríamos en un restorán.

1   Si llueve, no voy.

 Si lloviera, no iría.

2   Si ellos vienen, no trabajamos.

 Si ellos vinieran, no trabajaríamos.

3   Si voy a las carreras, apuesto.

 Si fuera a las carreras, apostaría.

4   Si estoy cansado, me acuesto.

 Si estuviera cansado, me acostaría.

5   Si sale, no gasta mucho.

 Si saliera, no gastaría mucho.

6   Si vamos a la fiesta, bailamos.

 Si fuéramos a la fiesta, bailaríamos.

7   Si el entierro es hoy, no puedo ir.

 Si el entierro fuera hoy, no podría ir.

8   Si no haces ruido, puedes oír bien.

 Si no hicieras ruido, podrías oír bien.

9   Si los niños se ponen enfermos, los
 llevamos a casa.

 Si los niños se pusieran enfermos, los
 llevaríamos a casa.

10   Si nacen aquí, son americanos.

 Si nacieran aquí, serían americanos.

11   Si podemos, le avisamos.

 Si pudiéramos, le avisaríamos.

12   Si le doy permiso, va.

 Si le diera permiso, iría.

13   Si tenemos hambre, comemos.

 Si tuviéramos hambre, comeríamos.

14   Si te vistes en seguida, puedes
 acompañarnos.

 Si te vistieras en seguida, podrías
 acompañarnos.

15   Si no le gusta la comida, no la come.

 Si no le gustara la comida, no la comería.

SPOKEN SPANISH

49.21.22 Replacement drills

A Si le dan el apartamento, se muda.

    _____, se mudará.

    _____ dieron _____, _____.

    _____, _____, se muda.

    _____ han dado _____, _____.

    _____, _____, se ha mudado.

    _____ dieron _____, _____.

    _____, _____, se mudó.

Si le dan el apartamento, se muda.
Si le dieron el apartamento, se mudará.
Si le dieron el apartamento, se mudará.
Si le dieron el apartamento, se muda.
Si le han dado el apartamento, se muda.
Si le han dado el apartamento, se ha mudado.
Si le dieron el apartamento, se ha mudado.
Si le dieron el apartamento, se mudó.

B Si llueve, no van.

    _____, _____ vayan.

    _____, _____ irán.

    ___ ha llovido, _____.

    ___ llovió, _____.

    _____, _____ van.

    _____, _____ fueron.

    ___ lloviera, _____.

Si llueve, no vayan.
Si llueve, no irán.
Si ha llovido, no irán.
Si llovió, no irán.
Si llovió, no van.
Si llovió, no fueron.
Si lloviera, no irían.

C Si van al centro, cómprenme algo.

    _____, _____ comprarán _____.

    ___ fueron _____, _____.

    ___ han ido _____, _____.

Si van al centro, me comprarán algo.
Si fueron al centro, me comprarán algo.
Si han ido al centro, me comprarán algo.

D

_____ _____ han comprado _____.   Si han ido al centro, me han comprado algo.

_____ fueron _____, _____.   Si fueron al centro, me han comprado algo.

_____ _____, compraron _____.   Si fueron al centro, me compraron algo.

_____ _____, comprarían _____.   Si fueran al centro, me comprarían algo.

E

Si lo ha perdido, busque otro.

_____ perdió, _____.   Si lo perdió, busque otro.

_____ pierde, _____.   Si lo pierde, busque otro.

_____ _____, buscará _____.   Si lo pierde, buscará otro.

_____ ha perdido, _____.   Si lo ha perdido, buscará otro.

_____ perdió, _____.   Si lo perdió, buscará otro.

_____ perdiera, _____.   Si lo perdiera, buscaría otro.

E

Si Pepe estaba aquí, el coronel lo vió.

_____ está _____.   Si Pepe está aquí, el coronel lo vió.

_____ _____, verá.   Si Pepe está aquí, el coronel lo verá.

_____ _____, ha visto.   Si Pepe está aquí, el coronel lo ha visto.

_____ ha estado _____.   Si Pepe ha estado aquí, el coronel lo ha visto.

_____ _____, vió.   Si Pepe ha estado aquí, el coronel lo vió.

_____ estuvo _____.   Si Pepe estuvo aquí, el coronel lo vió.

_____ estuviera _____.   Si Pepe estuviera aquí, el coronel lo vería.

B. Discussion of pattern

In Unit 48 we have seen examples of conditional sentences having the set pattern of past sub-junctive or past perfect subjunctive in the "if" clause and conditional or conditional perfect in the result clause. The examples of the present unit illustrate the fact that many other combinations of tenses in conditional sentences are possible.

The various patterns involved may be better understood by classifying conditional sentences into three types according to the nature of the "if" clause. The occurrence or non-occurrence of subjunctive forms in the dependent clause seems to be determined by the degree of <u>likelihood of fulfillment</u> of the idea expressed in that clause. Listing the types of conditional sentences in descending order of proba-bility of fulfillment, we can establish the following cases:

(1) "Non-committal" conditions, in which the speaker does not appear to express any opinion as to the likelihood of fulfillment of the condition. Any combination of verb tenses is possible in this pattern, except that no subjunctive form, future, or conditional appears in the "if" clause and conditional and conditional perfect do not appear in the result clause. A few of the possible combinations are the following:

Present indicative-future: Si lo veo, se lo diré.

Past I - Past I: Si llegaron, no me avisaron.

Past II - Past II: Si eran americanos, yo no lo sabía.

Past I - Future: Si tomaron el avión ayer, llegarán hoy.

Present Indicative - Command form: Si lo ves, avísame en seguida.

The common feature shared by all these examples is that in none of the sentences is there any indication as to how likely it is that the condition expressed in the dependent clause has been or will be fulfilled.

(2) "Improbable future" conditions, in which the speaker indicates that the condition is not likely to be fulfilled. English speakers usually indicate this attitude by using such expressions as "if that <u>were to happen</u>...," "If it <u>should rain</u> tomorrow...," etc. Sometimes, however, the same idea is expressed simply with a past tense: "If someone <u>gave</u> me a million dollars...." Sentences of this type in Spanish regularly show the pattern of past subjunctive in the "if" clause and conditional tense in the result clause. (See examples 1, 5, and 6, 48.21.2).

(3) "Contrary to fact" conditions, in which it is clearly indicated that the condition expressed in the dependent clause is not, or was not, a fact. This type of sentence involves either past subjunctive or past perfect subjunctive in the "if" clause and either conditional or conditional perfect in the result clause. In either clause, the simple tense is used if the reference is to present or future time and the compound tense if it is to a past time. Note that, as the following examples illustrate, any of four combinations may occur:

Si yo lo tuviera, se lo daría.   'If I had it (now), I would give it to you (now or in the future).'

Si yo lo tuviera, le habría avisado.   'If I had it (now), I would have let you know (at some past time).'

Si yo lo hubiera recibido, se lo daría.   'If I had received it (at some past time), I would give it to you (now or in the future).'

Si yo lo hubiera recibido, se lo habría dado.   'If I had received it (at some past time), I would have given it to you (at some past time).'

Note that when a subjunctive occurs in the "if" clause, it is always a past or past perfect form, and that in this case the verb of the result clause is regularly in the conditional or conditional perfect.

It will be helpful for the student to keep in mind that after si meaning if, Spanish never uses a present subjunctive, future, or conditional tense. These forms may occur, however, after si when it means whether.

No sé si vengan.   'I don't know if (whether) they're coming.'

No sé si llegará a tiempo.   'I don't know if (whether) he'll arrive on time.'

No me dijo si llegaría hoy.   'He didn't tell me if (whether) he would arrive today.'

49.22   Review drills

49.22.1   Irregular present-irregular Past I forms

Problem:

    ¿Hizo Ud. la comida ayer?

Answer:

    Sí, ayer la hice, pero hoy no la hago.

1   ¿Trajo Ud. su pluma ayer?   Sí, ayer la traje, pero hoy no la traigo.

2   ¿Quiso Ud. llamarla ayer?   Sí, ayer quise llamarla, pero hoy no quiero.

3   ¿Puso Ud. el auto ahí ayer?   Sí, ayer lo puse ahí, pero hoy no lo pongo.

4   ¿Vino Ud. ayer?   Sí, ayer vine, pero hoy no vengo.

5   ¿Se lo dijo Ud. a Carmen ayer?   Sí, ayer se lo dije, pero hoy no se lo digo.

6   ¿Tradujo Ud. las frases ayer?   Sí, ayer las traduje, pero hoy no las traduzco.

7   ¿Estuvo Ud. en casa ayer?   Sí, ayer estuve en casa, pero hoy no estoy.

8   ¿Fue a la reunión ayer?   Sí, ayer fui, pero hoy no voy.

9   ¿Pudo Ud. ir ayer?   Sí, ayer pude ir, pero hoy no puedo.

10   ¿Supo Ud. la lección ayer?   Sí, ayer la supe, pero hoy no la sé.

11   ¿Tuvo Ud. un resfriado ayer?   Sí, ayer tuve un resfriado, pero hoy no
                                                     tengo.

12   ¿Cupo Ud. en el coche ayer?   Sí, ayer cupe en el coche, pero hoy no quepo.

13   ¿Fue Ud. el instructor ayer?   Sí, ayer fui el instructor, pero hoy no soy.

14   ¿Hizo Ud. las camas ayer?   Sí, ayer las hice, pero hoy no las hago.

49.22.2   Gender in pronouns after phrase relators - Inanimate objects.

Problem:

¿Me da quinientos pesos por el coche?

Answer:

Sí, le doy quinientos pesos por él.

1   ¿Puede estudiar sin el libro?   Sí, puedo estudiar sin él.

2   ¿Se ha fijado Ud. en el nuevo edificio?   Sí, me he fijado en él.

3   ¿Sabes mucho de la Embajada?   Sí, sé mucho de ella.

4   ¿Podemos contar con los pasaportes?   Sí, podemos contar con ellos.

5   ¿Ha estado pensando Ud. en el nuevo   Sí, he estado pensando en él.
     programa?

6   ¿Están enfrente de las canchas?   Sí, están enfrente de ellas.

7   ¿Está su casa entre esos dos edificios?   Sí, está entre ellos.

8   ¿Está la escuadrilla cerca del aeropuerto?   Sí, está cerca de él.

9   ¿Se acuerdan Uds. de las clases de español?   Sí, nos acordamos de ellas.

10 ¿Se ha olvidado Ud. de la fecha?   Sí, me he olvidado de ella.

11 ¿Lo harás por la Fuerza Aérea?   Sí, lo haré por ella.

12 ¿Está la caja debajo del escritorio?   Sí, está debajo de él.

Personal objects

13 ¿Entonces Ud. pasa por Juan?   Sí, yo paso por él.

14 ¿Ud. va sin Mercedes?   Sí, voy sin ella.

15 ¿Vamos a jugar golf con los vecinos?   Sí, vamos a jugar con ellos.

16 ¿Esta ensalada es para nosotros?   Sí, es para nosotros.

17 ¿Tú vas conmigo?   Sí, yo voy contigo.

18 ¿Puedes salir sin mí?   Sí, puedo salir sin ti.

19 ¿Lo harás Ud. por mí?   Sí, lo haré por Ud.

20 ¿Se van a mudar Uds. cerca de nosotros?   Sí, nos vamos a mudar cerca de Uds.

21 ¿Se mudaron Uds. lejos de los Molina?   Sí, nos mudamos lejos de ellos.

22 ¿Se sienta él enfrente de Ud.?   Sí, se sienta enfrente de mí.

23 ¿Se ha fijado Ud. en Gloria y su hermana?   Sí, me he fijado en ellas.

24 ¿Se queja Ud. del peluquero?   Sí, me quejo de él.

25 ¿Se acuerda Ud. de mí?   Sí, me acuerdo de Ud.

26 ¿Se olvidó Ud. de sus amigos?   Sí, me olvidé de ellos.

27 ¿Venía el auto hacia ti?   Sí, venía hacia mí.

28 ¿Vas a salir antes que María?   Sí, voy a salir antes que ella.

49.22.3 English-Spanish lack of construction correlations — English Infinitive — Spanish subjunctive

1   I want you to be punctual.   Quiero que Ud. sea puntual.

2   We want you to tell us a joke.   Queremos que Ud. nos cuente un chiste.

3   I advise you to move.   Le aconsejo a Ud. que se mude.

4   We advise you all to go to the American   Les aconsejamos a Uds. que vayan a la
    Embassy.   Embajada Americana.

5   He doesn't allow his son to bet.   El no deja que su hijo apueste.

6   He doesn't permit his daughter to go out alone.   El no permite que su hija salga sola.

7   I tell him not to be so strict.   Yo le digo a él que nó sea tan riguroso.

8   I tell him not to talk with the engineer.   Yo le digo a él que no hable con el
                                                               ingeniero.

9   I tell him to practice my favorite sport.   Yo le digo a él que practique mi deporte
                                                               favorito.

10 He expects me to help him.   El espera que yo lo ayude.

11 He orders me to stop smoking.   Me manda que deje de fumar.

12 I ask them to consult with me.   Les pido que consulten conmigo.

13 I forbid you to do that.   Te prohíbo que hagas eso.

14 They have asked him to confess everything.   Le han pedido que confiese todo.

15 They order me to serve as an interpreter.   Me mandan que sirva de intérprete.

49.3   CONVERSATION STIMULUS

NARRATIVE 1

Problema Casero

Ya hace tres meses que usted vive en el barrio residencial "El Centenario". Su sirvienta le avisa que el inodoro (servicio higiénico) está dañado hoy. Está atascado (tapado).

1. Usted llama al jefe de la agencia que le alquiló la casa y le pide que mande a alguien para que lo arregle hoy sin falta. El le va a decir que esas reparaciones pequeñas son por cuenta del arrendatario. Menciónele que, según el contrato que usted tiene, es obligación de la agencia hacer todos los arreglos. Sugiérale que usted puede llamar al plomero directamente y pagarle y que el próximo mes le descuenta la factura de la renta.

- - - - - - - - - - - - - - - -

2. Descríbanos lo que pasó en la casa del Sr. Smith, quién le avisó, qué hizo él, etc.

3. Usted es el jefe de la agencia. Explique lo que pasó cuando recibió la llamada del señor X.

NARRATIVE 2

El Vice-Cónsul de los Estados Unidos

Usted es el Vice-Cónsul de los Estados Unidos en esta ciudad. La Sra. Dolores de Smith ha venido a verlo para avisarle que su esposo, el Sr. Juan Smith, está detenido (arrestado) en la comisaría (la estación de policía) No. 7 desde anoche.

El Sr. Smith estaba manejando por el paseo La Reforma, donde la velocidad máxima es de 35 kilómetros por hora. Como el velocímetro de su carro marca millas en vez de kilómetros, no sabía que iba a exceso de velocidad, hasta que un policía lo detuvo. Como el Sr. Smith no hablaba español no pudo explicar lo ocurrido y entonces se lo llevaron a la policía.

- - - - - - - - - - - - - - - - - - - -

1. Vaya a la estación de policía y hable con el jefe, el capitán González; pídale permiso para hablar con el Sr. Smith, y trate de arreglar todo, inclusive el pago de la multa que es de 80 pesos.

2. Cuente Ud. qué pasó al Sr. Smith, a qué velocidad estaba manejando, con quién habló el Vice-Cónsul, etc.

3. Ud. es el Sr. Smith. Explíquenos lo que le pasó.

SPOKEN SPANISH

NARRATIVE 3

El Agregado de Prensa

Usted es el Agregado de Prensa de la Oficina de Informaciones de los Estados Unidos en esta ciudad. El diario "El Universo" es el decano de los diarios y el que tiene mayor circulación en el país. Usted desea que le publiquen en este diario un artículo y unas fotos sobre la educación de adultos en los Estados Unidos.

1. Usted visita al Director del diario "El Universo", le explica el propósito de su visita, y la importancia que tiene ese artículo informativo para la educación de adultos en ese país.

- - - - - - - - - - - - - - - - - -

2. Explique Ud. qué quería el Agregado, con quién fue a hablar, qué dijo, qué clase de periódico es "El Universo", etc.

3. Ud. es el director del periódico. Cuéntenos lo que pasó cuando el Agregado de Prensa lo visitó.

49.4   READINGS

49.41   Life in Surlandia

49.41.1   Reading selection

Mediodía en la Capital

Era poco después de mediodía y las calles céntricas de Las Palmas estaban llenas de ruido y animación. Era la hora en que los empleados salían de sus oficinas para ir a almorzar, en que grupos de amigos se encontraban para conversar, parados frente a los cafés o bajo el umbral de las grandes tiendas, o
para admirar a las lindas muchachas que de costumbre se paseaban a esa hora fingiendo mirar las vitrinas
de las elegantes casas de moda. Buses y tranvías pasaban llenos de gente, en su mayoría oficinistas y
amas de casa cargadas de paquetes.

Jack Brown, aquel joven empleado de la Embajada de los Estados Unidos que tantas dificultades
tuviera a su llegada a Surlandia, especialmente con el tránsito de la capital, caminaba por la estrecha
calle principal tratando de abrirse paso por entre aquella bulliciosa humanidad. Al pasar, oía los más
variados trozos de conversación:

--Como le iba diciendo-- explicaba un señor a otro, detenidos los dos frente a un puesto de
periódicos -- ella ya habló con el Ministro, y apenas tenga yo noticias, lo llamo a Ud. por teléfono...

--Y entonces-- narraba dramáticamente un caballero, manteniendo en suspenso a un grupo de amigos
--en ese mismo instante se me reventó una llanta y...

--¡Pero mujer!-- le decía una elegante matrona a otra que llevaba algo en la cabeza que parecía
pasar por sombrero --yo compré lo mismo mucho más barato... ¡Deberías haber pedido rebaja!...

--¡No, qué va!-- replicaba un tipo a otro con tono de superioridad --A mí, ese imbécil no me
viene con cosas...

Y etcétera, etcétera, etcétera.

Jack, que iba hacia el Hotel Continental para almorzar, al pasar frente a un conocido café, oyó una voz que lo llamaba. Volvió la cabeza y antes de poder ver quién era, se sintió súbita y violentamente elevado en el aire por un feroz golpe en un hombro. En el fugaz instante en que, después de haber perdido el equilibrio, patinaba infructuosamente con los pies y agitaba los brazos en tan extrañas como ridículas contorsiones, vio pasar corriendo a toda máquina a un vendedor de periódicos y en el preciso momento en que Jack daba con su humanidad en el suelo, su confuso cerebro registró un grito familiar que iba alejándose rápidamente... ¡¡¡La Prensaaaaaa!!!.....

El impacto, que a la postre le produjo más indignación que daño físico, le dejó zumbando los oídos. Antes que pudiera reflexionar sobre el inesperado suceso, se sintió tomado de los brazos por solícitas personas que forcejeaban por restaurarlo a una decorosa posición vertical.

--Señor, por Dios-- le dijo alguien con voz ansiosa --¿Se ha hecho daño?

--¡Qué barbaridad!-- exclamó una persona que lo estaba sujetando en ese momento. --¡Ojalá que no se haya roto alguna costilla!

Aún algo aturdido, Jack empezó a mascullar, con una sonrisa estúpida en los labios, frases incoherentes:

--No, no fue nada.... Muchas gracias..., ja, ja.....

Y casi en ese mismo instante, cuando empezaba a aclarársele la mollera, reconoció, entre las numerosas personas que se habían agrupado como por encanto a su alrededor, a Ricardo Fuentes, quien, sosteniéndolo por el brazo, trataba de guiarlo hacia el interior del café frente al cual había sucedido el inesperado incidente.

Jack se dejó llevar y pronto se encontró sentado en una mesa junto a Fuentes y a otras dos personas a quienes él no conocía.

--¡Hombre! ¡Caramba! Fue culpa mía-- le dijo Fuentes. --Por llamarlo yo cuando Ud. pasaba, se tropezó con ese vendedor de periódicos que iba corriendo....

Al empezar a sentir los efectos de la conmoción - un dolorcillo por aquí, una magulladura por acá - Jack empezó a reaccionar:

--¡No hay derecho!-- exclamó por fin, indignado. --¡Ni por la calle se puede caminar tranquilo! ... ¡Un hombre corriendo por la calle como loco...! ...¿Que no les importa que alguien se mate...? ¡Es una falta de respeto por los demás... Es...! ¡En fin, para qué digo más! --terminó con voz ahogada. En ese instante reparó nuevamente en las otras dos personas que acompañaban a Fuentes.

--Perdonen, Uds.-- explicó Jack. --Es que en realidad esto me ha dejado con los nervios un poco de punta.

--Mire, Sr. Brown-- se apresuró a interrumpir Fuentes, tratando de cambiar el giro de la conversación para disipar la tensión del momento -- quería presentarle a estos dos amigos míos.

--El Dr. Rodríguez-- presentó Fuentes con un ademán.

--Mucho gusto de conocerlo-- dijo Jack ofreciendo la mano y levantándose de su asiento.

--El Lic. Araya-- prosiguió Fuentes.

--Cómo está, mucho gusto-- dijo Jack.

--Igualmente-- contestó el Licenciado con voz mecánica y estrechó también la mano de Jack mientras miraba hacia la calle. A Araya, hombre de baja estatura, calvo y muy presumido, le había irritado sobremanera la reacción de Jack.

Restaurada la normalidad de la situación, Fuentes pidió cuatro cafés a un mozo que, despeinado y transpirando profusamente, trataba de dar abasto a un sinnúmero de clientes que le pedían esto y lo otro, tironeándolo del brazo y de la chaqueta de un blanco dudoso, al pasar el pobre por los estrechos espacios que quedaban entre las pequeñas mesas.

Fuentes, el Dr. Rodríguez y el Lic. Araya siguieron conversando mientras esperaban el café. Jack, entre tanto, trataba de prestar atención y de participar en la charla, aunque sin conseguir grandes resultados; estaba demasiado consciente de sí mismo y de la gente a su alrededor y se recriminaba interiormente por la escena que había causado con su explosión verbal. Al mismo tiempo, empezaba a sentir una aversión especial por el relamido Licenciado que deliberadamente ignoraba su presencia. Jack se encontraba en esa posición incómoda en que, por un lado, su ser físico lo empujaba a levantarse e irse y, por otro, su amor propio lo mantenía pegado a su asiento con la fuerza de gravedad de una máquina centrífuga.

De pronto, sorteando mesas y parroquianos, apareció el mesero con una gran bandeja en lo alto de su erguido brazo. Se acercó y depositó cuatro tacitas de humeante café en la mesa de Jack y sus acompañantes, no sin antes haber derramado unas cuantas gotas del espeso brebaje sobre las solapas del licenciado Araya.

--Tenga más cuidado para otra vez-- reprendió irritadamente el Licenciado. Y tomó una servilleta para limpiarse las maltratadas solapas.

--Perdón, señor-- respondió el muchacho entre dientes, desapareciendo en seguida sin prestar mayor atención al asunto. Mientras iba dejando otras tazas de café en otras mesas, el azorado mesero recriminaba mentalmente a quienes no comprendían lo ingrato y difícil de un trabajo como el suyo: levantarse a las seis de la mañana, caminar varias cuadras para poder tomar el único autobús que pasaba a esa hora por el miserable barrio en que vivía, y comenzar a atender a cien personas a la vez y a cuanto idiota se creía con derecho a tratarlo con desprecio y a exigirle más de lo que podía.

Jack, transportando esta ridícula situación al incidente en el que él mismo había sido recientemente protagonista, y viendo en ella una reivindicación psicológica por la ojeriza que el Licenciado tan a las claras le demostraba, sintió unos deseos horrorosos de soltar la carcajada. Frunciendo los labios en una risa apenas contenida, miró a Fuentes y al Dr. Rodríguez. Al ver a Jack, éstos comprendieron en el acto el cuadro total de la situación y ambos empezaron a reírse de buena gana. Jack ya no pudo resistir y se unió de inmediato al hilarante coro.

--¡No te...ja, ja, jaaaa... joooo... sulfures tanto...!-- le dijo a Araya con voz entrecortada el Dr. Rodríguez.

--¡Peor hubiera sido que te hubiera escaldado la calva...!-- aguijoneó entre risas Fuentes, tocando este lado sensible de la personalidad del pobre Licenciado.

A todo esto, el Licenciado soportaba el diluvio con estoicismo y, no dándose por aludido, seguía frotándose las solapas con la servilleta mediante cortos y enérgicos movimientos de la muñeca.

Una señora de edad, pobremente vestida, que hacía unos momentos había entrado en el establecimiento con unas tiras de billetes de lotería colgando de un sujetapapeles, se sintió atraída por el coro de risotadas y, presintiendo que allí existía una buena posibilidad de vender un entero por lo menos, se dirigió -lentamente hacia el grupo de amigos. Al pasar junto a ellos, dejó caer disimuladamente un billete. Jack, sin darse cuenta de este gesto intencionado, se inclinó, recogió el pedazo de papel y cortésmente le dijo a su dueña:

--¿Señora?... ¡Señora!-- llamó tras ella. --Se le cayó esto.

La mujer volvió la cabeza y, aparentando sorpresa y luego agradecimiento, le respondió:

--Ay, señor, muchísimas gracias.

Sin tomar el billete que le extendía Jack con la mano, continuó:

--No sabe la suerte que Ud. tiene, señor. Este billete va a ser premiado-- Y agregó con voz seductora --¿Por qué no me lo compra, señor?

Jack, tomado por sorpresa, iba a agradecerle y a decirle que en realidad no tenía interés en comprar billetes de lotería, cuando Araya se adelantó a responderle. Con dureza, encontrando a alguien con quien desquitarse de las bromas de sus amigos, le dijo a la mujer:

--Mire, tome su billete y váyase.

--Pero caballero-- replicó la mujer, acostumbrada a estas cosas. --¿Cómo va a dejar que el señor pierda esta oportunidad?

--¿Por qué no le compramos un entero a Araya entre los dos?-- dijo el Dr. Rodríguez a Fuentes con socarrona malicia.

--De acuerdo-- dijo Fuentes, siguiendo la broma y haciendo como que sacaba dinero de su cartera --Pero con la condición de que si se saca el gordo, nos reparta el cincuenta por ciento.

Jack, intrigado por la técnica de la mujer, se compadeció de ella y le dijo:

--A ver, señora, démelo. A lo mejor me resulta premiado con un millón de pesos-- Y le dio los treinta pesos que ella le cobró.

Era ése un truco muy común, no sólo entre vendedores de billetes de lotería, sino que entre cuanto pobre diablo trataba de vender cualquier cosa en las calles, cafés, restaurantes y vehículos de transporte de la ciudad. Con la psicología propia de su oficio sabían perfectamente cómo y cuándo podían "hacer caer" a algún cliente.

La mujer tomó su dinero y empezó a circular entre otros grupos, observando cuidadosamente a los parroquianos antes de dirigirles la palabra:

--¿Lotería, señor? Regálele un número a la señorita.

--¿Me compra un número? Este va a ser el premiado.

El tema de la lotería, hecho a la medida para entrar en animada conversación, condujo a variados comentarios por parte de nuestros amigos.

--Yo no sé-- dijo Fuentes con cierto tono, mezcla de envidia y de admiración. --Algunas perso- nas tienen una suerte fantástica. Hace un mes, uno de los empleados donde yo trabajo soñó con un número; lo compró, Y se sacó el gordo.

--Lo que es yo-- comentó el Dr. Rodríguez --nunca me he sacado nada, ni en la lotería ni en ninguna otra cosa. Me aburrí de comprar números. Claro que a veces voy al casino y juego unos pesos a la ruleta, pero más que todo es por entretenerme.

--A mí me pasa lo mismo-- prosiguió Fuentes. --Para qué decirles que en casa tengo que comprarles todos los números a mis chicos y sobrinos para cuanta rifa se les ocurre en el colegio....

En ese momento el licenciado Araya, pretextando que tenía una cita para almorzar con cierto dignatario de la Corte Suprema, se levantó, se despidió rápidamente y se fue. Jack, Fuentes y el Doctor siguieron conversando unos instantes y luego se dirigieron juntos -Jack cojeando un póco- al Hotel Continental a comer algo.

Varios días después Jack se encontró con Fuentes en un coctel y luego de haber conversado un rato, Fuentes le dijo repentinamente:

--¡Hombre! ¿Sabe lo que pasó?

--No, ¿qué?

--¿Se recuerda del licenciado Araya?

--¡Qué no me voy a recordar...!

--¡Se sacó el gordo de la lotería!

Y así son las cosas a veces. El Licenciado, que aquella vez pretextara una cita con algún personaje de la Corte Suprema, se había ido calladamente a comprar un número entero a un puesto de billetes.

49.41.2   Response drill

1   ¿Qué hacían las distintas personas que describe el autor después de mediodía en las calles céntricas de Las Palmas?

2   ¿Qué trataba de hacer Jack Brown en la estrecha calle principal?

3   ¿Qué le pasó a Jack cuando volvió la cabeza para ver quién lo llamaba?

4   ¿A quién reconoció Jack cuando se le empezaba a aclarar la mollera?, y ¿qué hacía esa persona?

5   ¿Cómo fue la reacción de Jack después del golpe?, y ¿qué dijo él al respecto?

6   ¿Qué hizo el Sr. Fuentes para cambiar el giro de la conversación, y disipar la tensión del momento?

7   ¿Cómo era el Sr. Araya?, y ¿por qué le había irritado la reacción de Jack?

8   ¿Por qué no podía Jack prestar atención y participar en la charla de sus amigos?

9   ¿Qué le pasó al mesero cuando sirvió las tazas de humeante café?

10 ¿Qué pensaba el azorado mesero mientras servía las tazas de café?

11 Describa a la señora que vendía los billetes de lotería y la técnica que ella usó con Jack.

12 ¿Qué le sugirió el Dr. Rodríguez a Fuentes con socarrona malicia, y qué condición puso Fuentes?

13 ¿Por qué se compadeció Jack de la señora? y, ¿qué le dijo?

14 ¿Cuáles fueron los comentarios que provocó el tema de la lotería?

15 ¿Qué le pasó al licenciado Araya?

50.1   BASIC SENTENCES.   Adaptation of Americans in Surlandia

ENGLISH SPELLING   SPANISH SPELLING

the armchair   la butaca

Gentleman: Señor:
Do you see that man sitting in that armchair?   ¿Ve a aquel señor sentado en esa butaca?

    the palm tree   la palmera

Molina: Molina:
That American with the palm trees on his shirt?   ¿Ese norteamericano de la camisa con
                                                                       palmeras?

Gentleman: Señor:
Yes, that one that has his feet on the table.   Sí, ése que tiene los pies sobre la mesa.

    to be around   llevar
    to adapt oneself   adaptarse
    the environment   el ambiente

You know, he's been around here for two months   Fíjese que lleva (1) aquí dos meses y toda-
and still isn't adapting to the environment.   vía no se adapta al ambiente.

Molina: Molina:
Doesn't he speak Spanish?   ¿Es que no habla español?

    (he) should, ought (must, ought)   debiera (deber)
    to take advantage of   aprovechar
    to act   actuar

Gentleman:	Señor:
He scarcely understands. He ought to take advantage of every opportunity to practice, but he acts as if he didn't care.	Apenas entiende. Debiera aprovechar toda oportunidad (2) para practicar, pero actúa como si no le importara.
Molina:	Molina:
It could be that the same is happening to him as to Smith.	Pudiera ser que le pasara como a Smith.
to mistrust	desconfiar
to try	tratar de
At the beginning he mistrusted anyone that tried to help him.	Al principio, desconfiaba de cualquiera que tratara de ayudarle.
apropos of	a propósito de
nautical, naval	náutico
popular	popular
Gentleman:	Señor:
Speaking about Smith, last night I saw him in the Club Náutico and he seemed to be the most popular.	A propósito de Smith, anoche lo vi en el Club Náutico y parecía el más popular.
to feel at home	encontrarse a gusto
Molina:	Molina:
I wish the same happened to them all. But there are always some who, even if they lived here ten years, would never feel at home.	Ojalá que así pasara con todos. Pero siempre hay algunos que, aunque vivieran aquí diez años, jamás se encontrarían a gusto.
ill at ease	incómodo

Gentleman:
And you ought to see how ill at ease they
feel the first few days.

Señor:
Hombre, y hay que ver lo incómodos (3) que
se sienten los primeros días.

Molina:
Ill at ease?

Molina:
¿Incómodos?

            to throw
            to miss
            the supermarket
            the comfort
            the home

            echar
            echar de menos
            el super-mercado
            la comodidad
            el hogar

Gentleman:
Yes. They miss their supermarkets and the
comforts of their homes.

Señor:
Sí. Echan de menos sus supermercados y
las comodidades de su hogar.

Molina:
And the water? What about the water?

Molina:
¿Y el agua? ¿Qué me dice Ud. del agua?

            the fear
            to be afraid

            el miedo
            tener miedo

Gentleman:
They are afraid of it when they arrive, but
afterward it doesn't matter so much to them.
Don't you think they are nice?

Señor:
Le tienen miedo cuando llegan, pero después
no les importa tanto. ¿No cree Ud. que son
simpáticos?

            to get to, succeed in
            simple
            sincere

            llegar a
            sencillo
            sincero

Molina:
Yes, anyone who gets to know them well realizes
that they are simple and sincere.

Molina:
Sí, cualquiera que llegue a conocerlos bien se
da cuenta de que son sencillos y sinceros.

    to renew   renovar
    the contract   el contrato

Gentleman:
I understand that Smith would like to renew
his contract.

Señor:
Entiendo que Smith quisiera renovar su
contrato.

Molina:
That's what they tell me. He likes this so much
that he's planning to stay four more years.

Molina:
Así me dicen. Le gusta esto tanto que piensa
quedarse cuatro años más.

50.10   Notes on the Basic Sentences

(1)   <u>Llevar</u> + time expression is frequently used as a substitute for <u>hacer</u> + time expression +
    <u>que</u> + <u>estar</u>. Notice that it appears here in the present tense as the equivalent of <u>hace</u>...
    <u>que</u> <u>está</u>, i.e. <u>lleva aquí dos meses</u> = <u>hace dos meses que está aquí</u>. English, of course,
    would normally render these verbs in the present perfect construction. A fuller explana-
    tion of these constructions will be presented in Unit 52.

(2)   Note that when the singular forms <u>todo</u> and <u>toda</u> are used <u>without</u> the definite article they
    have the meaning of <u>every</u>, rather than <u>all</u>, <u>the whole</u> (of a unit). Compare:

        todo libro   'every book'
        todo el libro   'the whole book'

(3) <u>Lo incómodos</u> - an example of a fairly common construction: the neuter <u>lo</u> with an inflected adjective, usually translatable into English as <u>how</u> + adjective. The reference is always to a specific noun, and the adjective agrees with that noun. Compare this with the invariable <u>lo incómodo</u> 'the uncomfortable part (aspect)', where the adjective has been nominalized and the reference is not to a specific noun. See Discussion of pattern 33.21.1.

50.2   DRILLS AND GRAMMAR

50.21   Pattern drills

50.21.1   Past subjunctive in main clauses

A.   Presentation of pattern

ILLUSTRATIONS

1   <u>Quisiera</u> una corbata para mi marido.

2   <u>Quisiera</u> una visa para los Estados Unidos.

3   Entiendo que Smith <u>quisiera</u> renovar su contrato.

4   Todos <u>quisiéramos</u> ayudarlo.

5   <u>Quisieran</u> que los fuéramos a visitar.

6   <u>Debiera</u> aprovechar toda oportunidad para practicar.

7   No <u>debieras</u> preocuparte tanto.

8   Los niños <u>debieran</u> acostarse más temprano.

We'd all like to help you.

They would like us to go visit them.

You shouldn't worry so much.

The children ought to go to bed earlier.

Could you loan me five pesos?

9 <u>Pudiera</u> ser que le pasara como a Smith.

10 ¿<u>Pudieras</u> prestarme cinco pesos?

50.21.11 Substitution drills — Person-number substitution

1 <u>José</u> debiera apostar menos.

Yo _____.   Debiera apostar menos.

Rosa y Alicia _____.   Debieran apostar menos.

Virginia y yo _____.   Debiéramos apostar menos.

Ustedes _____.   Debieran apostar menos.

2 <u>Yo</u> quisiera acabar este libro.

Irma y Rosa _____.   Quisieran acabar este libro.

Nosotros _____.   Quisiéramos acabar este libro.

Tú _____.   Quisieras acabar este libro.

Las secretarias _____.   Quisieran acabar este libro.

3 <u>Nosotros</u> quisiéramos acompañarla.

Luis _____.   Quisiera acompañarla.

Ellos _____.   Quisieran acompañarla.

Yo _____.   Quisiera acompañarla.

Carlos _____.   Quisiera acompañarla.

4   ¿Pudiera ir <u>Ud</u>. también?

¿_____ tú _____?   ¿Pudieras ir también?

¿_____ nosotros _____?   ¿Pudiéramos ir también?

¿_____ los niños _____?   ¿Pudieran ir también?

¿_____ Vicente _____?   ¿Pudiera ir también?

Tense substitution

Problem:

    Debo estudiar más.

Answer:

    Debiera estudiar más.

1   Debo acostarme tarde.   Debiera acostarme tarde.

2   Deben comprar ropa hecha.   Debieran comprar ropa hecha.

3   Queremos salir esta noche.   Quisiéramos salir esta noche.

4   Quiero divertirme más.   Quisiera divertirme más.

5   Debe disculparla.   Debiera disculparla.

6   ¿Puede ayudarme?   ¿Pudiera ayudarme?

7   ¿Podemos almorzar juntos?   ¿Pudiéramos almorzar juntos?

8   ¿Puedo servirle en algo?   ¿Pudiera servirle en algo?

9   Quieren aprender taquigrafía.   Quisieran aprender taquigrafía.

10 No debo mencionarlo.   No debiera mencionarlo.

50.21.12 Translation drill

1 I ought to belong to the Center too.

Yo debiera pertenecer al Centro también.

2 John would like to improve his pronunciation.

Juan quisiera mejorar su pronunciación.

3 We would like to go to the beach this summer.

Quisiéramos ir a la playa este verano.

4 You ought to shave again.

Usted debiera afeitarse otra vez.

5 You all ought to eat more vegetables.

Ustedes debieran comer más legumbres.

6 We ought to go now.

Debiéramos marcharnos ya.

7 Carmen ought to worry less.

Carmen debiera preocuparse menos.

8 Could you wait half an hour more for me?

¿Pudiera Ud. esperarme media hora más?

9 Could you all change some dollars for me?

¿Pudieran Uds. cambiarme unos dólares?

B. Discussion of pattern

Past subjunctive forms of the verbs querer, deber and poder are frequently used in main clauses as substitutes for the conditional tense. Like the conditional forms, they give a softer or more polite effect than a present tense (see Discussion of pattern 48.21.1)

Past subjunctive forms of other verbs may occasionally be heard in main clauses as substitutes for the conditional. Some native speakers seem to prefer hubiera (or hubiese) over habría as the auxiliary verb in main clauses: Si yo hubiera sabido que venías, te hubiera ido a buscar a la estación.

50.21.2 Past subjunctive after <u>ojalá</u>, <u>aunque</u>, and <u>como si</u>

A. Presentation of pattern

ILLUSTRATIONS

I wish I were hungry.   1 Ojalá que así <u>pasara</u> con todos.

                                               2 Ojalá que <u>tuviera</u> hambre.

I wish we were rich.   3 Ojalá que <u>fuéramos</u> ricos.

I wish they had gone.   4 Ojalá que <u>hubieran</u> ido.
_____   5 Aunque <u>vivieran</u> aquí diez años, jamás se
                                                  encontrarían a su gusto.

Even if I left early, I wouldn't arrive   6 Aunque <u>saliera</u> temprano, no llegaría a
on time.   tiempo.

Even if you bought a brand new one, you   7 Aunque <u>compraras</u> uno nuevecito, no te
wouldn't like it.   gustaría.

Even if it had rained, we would have gone.   8 Aunque <u>hubiera</u> llovido, habríamos ido.

                                               9 Actúa como si no le <u>importara</u>.

He talks as if he knew everything.   10 Habla como si <u>supiera</u> todo.

They looked at me as if they hadn't seen   11 Me miraron como si no me <u>hubieran</u> visto
me before.   antes.

He talked as if he had drunk too much wine.   12 Hablaba como si <u>hubiera</u> tomado demasiado
                                                  vino.

EXTRAPOLATION

	Fact	Non-committal	Improbable future	Contrary to fact
ojalá	- - - -	Present or Present perfect Subjunctive	Past or Past perfect Subjunctive	
aunque	Indicative	Present or Present perfect Subjunctive	Past or Past perfect Subjunctive	
como si	- - -	- - - - - - - - -	- - - - - - - - -	Past or Past perfect Subjunctive

50.21.21   Substitution drills - Person number substitution

1 Ojalá <u>yo</u> pudiera ir.

_____ Ana _____ .	Ojalá pudiera ir.
_____ tú _____ .	Ojalá pudieras ir.
_____ Alicia y Rosa _____ .	Ojalá pudieran ir.
_____ nosotros _____ .	Ojalá pudiéramos ir.

2 Ojalá <u>Marta</u> no gastara tanto.

_____ yo _____.

_____ Luis _____.

_____ ellos _____.

_____ María y yo _____.

Ojalá no gastara tanto.

Ojalá no gastara tanto.

Ojalá no gastaran tanto.

Ojalá no gastáramos tanto.

3 Ojalá que <u>nosotros</u> aprendiéramos como él.

_____ yo _____.

_____ mi hija _____.

_____ mis hijos _____.

_____ usted _____.

Ojalá que yo aprendiera como él.

Ojalá que mi hija aprendiera como él.

Ojalá que mis hijos aprendieran como él.

Ojalá que usted aprendiera como él.

4 Aunque <u>yo</u> fuera rico, no compraría uno tan grande.

_____ Tomás _____,_____.

_____ tú _____,_____.

_____ nosotros _____,_____.

_____ ellas _____,_____.

Aunque fuera rico, no compraría uno tan grande.

Aunque fueras rico, no comprarías uno tan grande.

Aunque fuéramos ricos, no compraríamos uno tan grande.

Aunque fueran ricas, no comprarían uno tan grande.

5 Aunque <u>él</u> supiera, no lo diría.

_____ nosotros _____,_____.

_____ yo _____,_____.

Aunque supiéramos, no lo diríamos.

Aunque supiera, no lo diría.

6 Jorge habla como si supiera muchos idiomas.

_____ tú _____ , _____ .   Aunque supieras, no lo dirías.

_____ los White_, _____ .   Aunque supieran, no lo dirían.

Tú _____ .   Hablas como si supieras muchos idiomas.

Ud. y yo _____ .   Hablamos como si supiéramos muchos idiomas.

Uds. _____ .   Hablan como si supieran muchos idiomas.

Yo _____ .   Hablo como si supiera muchos idiomas.

Construction substitution

Problem: No va porque no tiene dinero.

Answer: Aunque tuviera dinero, no iría.

1 No llega a tiempo porque no tiene auto.   Aunque tuviera auto, no llegaría a tiempo.

2 No toman cerveza porque no tienen sed.   Aunque tuvieran sed, no tomarían cerveza.

3 No está contento porque no le gusta el   Aunque le gustara el trabajo, no estaría
   trabajo.   contento.

4 No se sonríe mucho porque no está de buen   Aunque estuviera de buen humor, no se
   humor.   sonreiría mucho.

5 No se marea porque no viaja en barco.   Aunque viajara en barco, no se marearía.

6 No lo invita porque no lo conoce.   Aunque lo conociera, no lo invitaría.

7 No lo compra porque no sabe cuánto cuesta.   Aunque supiera cuánto cuesta, no lo compraría.

8   No aprenden porque no estudian.   Aunque estudiaran, no aprenderían.

9   No lo hace porque no es la costumbre.   Aunque fuera la costumbre, no lo haría.

10 No se mejora porque no descansa bastante.   Aunque descansara bastante, no se mejoraría.

11 No lo habla bien porque no oye los sonidos.   Aunque oyera los sonidos, no lo hablaría bien.

12 No van porque no pueden.   Aunque pudieran, no irían.

13 No engorda porque no come postre.   Aunque comiera postre, no engordaría.

Problem: No vino porque no lo invitaron.

Answer: Aunque lo hubieran invitado, no habría venido.

14 No fue, porque no le dieron permiso.   Aunque le hubieran dado permiso, no habría ido.

15 No se divirtió porque no fue a la fiesta.   Aunque hubiera ido a la fiesta, no se habría
                                                       divertido.

16 No lo compró porque no le rebajaron el   Aunque le hubieran rebajado el precio, no lo
    precio.   habría comprado.

17 No aceptó la idea porque no la entendió.   Aunque hubiera entendido la idea, no la habría
                                                       aceptado.

18 No lo creyó porque no lo vio.   Aunque lo hubiera visto, no lo habría creído.

19 No le dio la mano porque no se dio cuenta   Aunque se hubiera dado cuenta de quién era,
    de quién era.   no le habría dado la mano.

20 No apostó en la segunda carrera porque   Aunque hubiera ganado en la primera carrera,
    no ganó en la primera.   no habría apostado en la segunda.

50.21.22   Patterned response drill I

Problem: ¿Tiene Ud. mucho o poco?

Answer: Tengo poco; ojalá que tuviera mucho.

1   ¿Se levanta Ud. temprano o tarde?

Me levanto temprano; ojalá que me levantara tarde.

2   ¿Va Ud. solo o conmigo?

Voy solo; ojalá que fuera con Ud.

3   ¿Terminamos hoy o mañana?

Terminamos mañana; ojalá que termináramos hoy.

4   ¿Lleva Ud. al hijo o a toda la familia?

Llevo al hijo; ojalá llevara a toda la familia.

5   ¿Son ellos ricos o pobres?

Son pobres; ojalá que fueran ricos.

6   ¿Le gusta a Ud. el jardín o la casa?

Me gusta el jardín; ojalá me gustara la casa.

7   ¿Hace frío o hace calor?

Hace frío; ojalá que hiciera calor.

8   ¿Heredas la casa o los muebles?

Heredo la casa; ojalá que heredara los muebles.

9   ¿Hay uno o dos?

Hay uno; ojalá que hubiera dos.

10   ¿Está su esposa aquí o en casa?

Está en casa; ojalá estuviera aquí.

11   ¿Salió Ud. temprano o tarde?

Salí tarde; ojalá que hubiera salido temprano.

12   ¿Le dio el médico una receta o una inyección?

Me dio una inyección; ojalá que me hubiera dado una receta.

13   ¿Estudiaron ingeniería o medicina?

Estudiaron ingeniería; ojalá que hubieran estudiado medicina.

14   ¿Se acostaron Uds. temprano o tarde?

Nos acostamos tarde; ojalá que nos hubiéramos acostado temprano.

15   ¿Hubo carne o pescado?

Hubo pescado; ojalá que hubiera habido carne.

50.21.23   Patterned response drill II

Problem: ¿Es el jefe?   (habla)
Answer: No, pero habla como si fuera.

1   ¿Gana mucho dinero?   (gasta)   No, pero gasta como si ganara mucho.
2   ¿Está borracho?   (se porta)   No, pero se porta como si estuviera.
3   ¿Tiene hambre?   (come)   No, pero come como si tuviera.
4   ¿Entiende?   (habla)   No, pero habla como si entendiera.
5   ¿Le importa?   (actúa)   No, pero actúa como si le importara.
6   ¿Hay chuletas de cerdo?   (huele)   No, pero huele como si hubiera.
7   ¿Lo reconoce?   (se porta)   No, pero se porta como si lo reconociera.
8   ¿Es cojo?   (anda)   No, pero anda como si fuera.
9   ¿Sabe mucho español?   (habla)   No, pero habla como si supiera mucho.
10 ¿Lo cree?   (habla)   No, pero habla como si lo creyera.
11 ¿Está desganado?   (come)   No, pero come como si estuviera.
12 ¿Le gustan los cigarrillos?   (fuma)   No, pero fuma como si le gustaran.

50.21.24   Translation drill

1   He acts as if he were a little odd.   Se porta como si estuviera un poco chiflado.
2   I love him as if he were my father.   Lo quiero como si fuera mi padre.
3   He takes care of the children as if   Cuida a los niños como si fueran suyos.
    they were his own.

50.16

4   He talks as if he didn't believe it.   Habla como si no lo creyera.

5   He shakes my hand as if he knew me.   Me da la mano como si me conociera.

6   He's eating rice as if he liked it.   Está comiendo arroz como si le gustara.

7   He translates as if he had a lot of   Traduce como si tuviera mucha práctica.
    a practice.

8   He spends money as if he were rich.   Gasta la plata como si fuera rico.

9   He's working as if he didn't have a cold.   Está trabajando como si no tuviera catarro.

10 He asks as if he didn't understand.   Pregunta como si no entendiera.

11 He acts as if he weren't sorry about it.   Actúa como si no lo sintiera.

12 He acts as if there were a lot of time.   Actúa como si hubiera mucho tiempo.

13 He was acting as if he hadn't heard me.   Se portaba como si no me hubiera oído.

14 They were crying as if they were (had   Lloraban como si se hubieran perdido.
    gotten) lost.

15 Everything was very dry, as if it hadn't   Todo estaba muy seco, como si no hubiera
    rained for three months.   llovido por tres meses.

50.21.25   Translation drill - paired sentences

1   Although he came, I didn't see him.   Aunque vino, no lo vi.
    Even if he came, I wouldn't see him.   Aunque viniera, no lo vería.

2   Although he was sick, he went to work.   Aunque estaba enfermo, fue a trabajar.
    Even if he were sick, he'd go to work.   Aunque estuviera enfermo, iría a trabajar.

3   Although it was hot, I had a good time.
      Even if it were hot, I'd have a good time.

      Aunque hizo calor, me divertí.
      Aunque hiciera calor, me divertiría.

4   Although I saw it, I didn't believe it.
      Even if I saw it, I wouldn't believe it.

      Aunque lo vi, no lo creí.
      Aunque lo viera, no lo creería.

5   Although they moved, we see them from
      time to time.
      Even if they moved, we'd see them from
      time to time.

      Aunque se mudaron, los vemos de vez en cuando.
      Aunque se mudaran, los veríamos de vez en
      cuando.

6   Although I asked for two, they gave me
      three.
      Even if I asked for two, they'd give me
      three.

      Aunque pedí dos, me dieron tres.
      Aunque pidiera dos, me darían tres.

7   Although they didn't have a big appetite,
      they ate a good bit.
      Even if they didn't have a big appetite,
      they'd eat a good bit.

      Aunque no tenían mucho apetito, comieron
      bastante.
      Aunque no tuvieran mucho apetito, comerían
      bastante.

8   Although there was a strike, there was
      no demonstration.
      Even if there were a strike, there
      wouldn't be a demonstration.

      Aunque hubo huelga, no hubo manifestación.
      Aunque hubiera huelga, no habría manifesta-
      ción.

9   Although a revolution broke out, it
      broke up right away.
      Even if a revolution should break out,
      it would break up right away.

      Aunque estalló una revolución, se disolvió
      en un dos por tres.
      Aunque estallara una revolución, se disolvería
      en un dos por tres.

10   Although we went to the beach we didn't
      swim.
      Even if we went to the beach we wouldn't
      swim.

      Aunque fuimos a la playa, no nadamos.
      Aunque fuéramos a la playa, no nadaríamos.

11 I hope he leaves.   Ojalá que se vaya.
    I wish he'd leave.   Ojalá que se fuera.

12 I hope he pays attention to me.   Ojalá que me haga caso,
    I wish he'd pay attention to me.   Ojalá que me hiciera caso.

13 I hope there's another exit.   Ojalá que haya otra salida.
    I wish there were another exit.   Ojalá que hubiera otra salida.

14 I hope it rains.   Ojalá que llueva.
    I wish it would rain.   Ojalá que lloviera.

15 I hope they'll develop the pictures for me. Ojalá que me revelen las fotos.
    I wish they'd develop the pictures for me. Ojalá que me revelaran las fotos.

16 I hope the waves aren't so strong.   Ojalá que las olas no sean tan fuertes.
    I wish the waves weren't so strong.   Ojalá que las olas no fueran tan fuertes.

17 I hope he doesn't get offended.   Ojalá que no se ofenda.
    I wish he wouldn't get offended.   Ojalá que no se ofendiera.

18 I hope he changes the subject.   Ojalá que cambie de tema.
    I wish he'd change the subject.   Ojalá que cambiara de tema.

19 I hope she doesn't faint.   Ojalá que no se desmaye.
    I wish she wouldn't faint.   Ojalá que no se desmayara.

20 I hope you get rid of that cold.   Ojalá que se le quite ese catarro.
    I wish you'd get rid of that cold.   Ojalá que se le quitara ese catarro.

21 I hope it doesn't hurt you so much.   Ojalá que no le duela tanto.
    I wish it didn't hurt you so much.   Ojalá que no le doliera tanto.

22 I hope I can chat with him.   Ojalá que pueda charlar con él.
     I wish I could chat with him.   Ojalá que pudiera charlar con él.

23 I hope they have given us permission.   Ojalá que nos hayan dado permiso.
     I wish they had given us permission.   Ojalá que nos hubieran dado permiso.

24 I hope he hasn't stopped studying.   Ojalá que no haya dejado de estudiar.
     I wish he hadn't stopped studying.   Ojalá que no hubiera dejado de estudiar.

25 I hope she has found out.   Ojalá que se haya enterado.
     I wish she had found out.   Ojalá que se hubiera enterado.

26 I hope we have understood everything.   Ojalá que hayamos entendido todo.
     I wish we had understood everything.   Ojalá que hubiéramos entendido todo.

B. Discussion of pattern

     The use of present subjunctive forms after ojalá and aunque has already been discussed (Discussions of pattern 36.21.1 and 42.21.1). Past and past perfect subjunctive forms are also commonly used with them. However, the choice of present or past forms is not determined primarily by the time reference, but rather by the apparent likelihood of fulfillment of the idea of the subordinate clause. It will be recalled that this is the same factor that determines the choice of a subjunctive or non-subjunctive verb in the subordinate clause of a conditional sentence. (See Discussion of pattern 49.21.2). Note the following examples:

     Ojalá vengan.   'I hope they'll come' (I don't know whether they will).
     Ojalá vinieran.   'I wish they'd come' (but it seems unlikely).
     Ojalá estuvieran aquí.   'I wish they were here' (but they aren't).
     Ojalá hubieran venido.   'I wish they had come' (but they didn't).

With <u>aunque</u>, the implication can range from clearly fact to clearly contrary to fact, depending on the tense chosen and the context.

Aunque tengo el dinero, no lo compraré.
'Although (it's a fact that) I have the money, I won't buy it.'

Aunque tenga el dinero, no lo compraré.
'Even if I have the money (I don't know whether I will), I won't buy it.'

Aunque me dieran el dinero, no lo compraré.
'Even if they gave me the money (which seems unlikely), I wouldn't buy it.'

Aunque tuviera el dinero, no lo compraría.
'Even if I had the money (which I don't), I wouldn't buy it.'

Aunque hubiera tenido el dinero, no lo habría comprado.
'Even if I had had the money (which I didn't), I wouldn't have bought it.'

<u>Como si</u>, since it always implies a contrary to fact or hypothetical situation, is always followed by a past or past perfect subjunctive.

50.22   Review drills

50.22.1   English-Spanish lack of construction correlation - Spanish indirect clitic for English 'for'

1   He opened the trunks for me.
El me abrió los baúles.

2   He translated the documents for me.
El me tradujo los documentos.

3   The secretary wrote two letters for him.
La secretaria le escribió dos cartas.

4   She will clean the furniture for us.
Ella nos limpiará los muebles.

5   She's going to wash the sheets for us.
Ella nos va a lavar las sábanas.

6   She has swept the living room and kitchen for me.
Ella me ha barrido la sala y la cocina.

7   He bought the pills for his sister.   El le compró las pastillas a su hermana.

8   She takes care of the children for the   Ella les cuida los niños a los Molina.
    Molinas.

9   She arranged the clothes for them.   Ella les arregló la ropa.

10 We sold the house for him.   Le vendimos la casa.

11 I'll do it for you.   Yo te lo haré.

12 He repeated it for me.   Me la repitió.

50.22.2   Spanish second person familiar commands - affirmative and negative.

Problem:

    Cocine mañana.

Answer:

    Cocina mañana.
    No cocines mañana.

1   Arregle los dormitorios.   Arregla los dormitorios.
                                                 No arregles los dormitorios.

2   Mande hacer otra corona.   Manda hacer otra corona.
                                                 No mandes hacer otra corona.

3   Explíquemelo.   Explícamelo.
                                                 No me lo expliques.

4   Páseme las tijeras.

        Páseme las tijeras.
        No me pases las tijeras.

5   Métase al agua.

        Métete al agua.
        No te metas al agua.

6   Súbaselas.

        Súbeselas.
        No se las subas.

7   Abra la puerta.

        Abre la puerta.
        No abras la puerta.

8   Cierre la ventana.

        Cierra la ventana.
        No cierres la ventana.

9   Repita otra vez.

        Repite otra vez.
        No repitas otra vez.

10 Pida más leche.

        Pide más leche.
        No pidas más leche.

11 Quítese los zapatos.

        Quítate los zapatos.
        No te quites los zapatos.

12 Dígamelo.

        Dímelo.
        No me lo digas.

13 Venga conmigo.

        Ven conmigo.
        No vengas conmigo.

14 Tráiganosla.

        Tráenosla.
        No nos la traigas.

15 Hágale un favor.   Hazle un favor.
                                        No le hagas un favor.

16 Déme más pastel.   Dame más pastel.
                                        No me des más pastel.

17 Póngase la camiseta.   Ponte la camiseta.
                                        No te pongas la camiseta.

18 Váyase.   Véte.
                                        No te vayas.

19 Sea el primero en llegar.   Sé el primero en llegar.
                                        No seas el primero en llegar.

20 Sépalo de memoria.   Sábelo de memoria.
                                        No lo sepas de memoria.

21 Salga con Pablo.   Sal con Pablo.
                                        No salgas con Pablo.

50.22.3 Past I, past perfect, and present perfect in contrast

Problem: ¿Fue al centro ayer?   Answer: Sí, fui.
            ¿Había ido antes?   No, no había ido.
            ¿Ha ido hoy?   No, no he ido.

1   ¿Vio al Sr. Pérez ayer?   Sí, lo vi.
    ¿Lo había visto antes?   No, no lo había visto.
    ¿Lo ha visto hoy?   No, no lo he visto.

2   ¿Se le rompió un plato ayer?   Sí, se me rompió.
    ¿Se le había roto uno antes?   No, no se me había roto ninguno.
    ¿Se le ha roto uno hoy?   No, no se me ha roto ninguno.

3   ¿Se portaron ellos mal ayer?   Sí, se portaron mal.
    ¿Se habían portado mal antes?   No, no se habían portado mal.
    ¿Se han portado mal hoy?   No, no se han portado mal.

4   ¿Se le perdieron las llaves ayer?   Sí, se me perdieron.
    ¿Se le habían perdido antes?   No, no se me habían perdido.
    ¿Se le han perdido hoy?   No, no se me han perdido.

5   ¿Estuvieron Uds. ahí la semana pasada?   Sí, estuvimos ahí.
    ¿Habían estado ahí antes?   No, no habíamos estado ahí antes.
    ¿Han estado ahí desde entonces?   No, no hemos estado ahí desde entonces.

6   ¿Dijo ella eso?   Sí, lo dijo.
    ¿Lo había dicho antes?   No, no lo había dicho.
    ¿Lo ha dicho hoy?   No, no lo ha dicho.

7   ¿Hicieron ellas las camas ayer?   Sí, las hicieron.
    ¿Las habían hecho antes?   No, no las habían hecho.
    ¿Las han hecho hoy?   No, no las han hecho.

8   ¿Llamaron Uds. a las ocho?   Sí, llamamos.
    ¿Habían llamado antes?   No, no habíamos llamado.
    ¿Han llamado desde entonces?   No, no hemos llamado.

9   ¿Hubo mucha gente ayer?   Sí, hubo mucha.
    ¿Había habido mucha antes?   No, no había habido mucha.
    ¿Ha habido mucha hoy?   No, no ha habido mucha.

10   ¿Te metiste al agua?   Sí, me metí.
     ¿Te habías metido antes?   No, no me había metido.
     ¿Te has metido hoy?   No, no me he metido.

11   ¿El se matriculó?   Sí, se matriculó.
     ¿Se había matriculado antes?   No, no se había matriculado antes.
     ¿Se ha matriculado hoy?   No, no se ha matriculado hoy.

12   ¿Lo mencionó Ud. ayer?   Sí, lo mencioné.
     ¿Lo había mencionado antes?   No, no lo había mencionado.
     ¿Lo ha mencionado hoy?   No, no lo he mencionado.

50.3   CONVERSATION STIMULUS

NARRATIVE 1

Cinco Becas Para Profesores

El Gobierno de los Estados Unidos ofrece cinco becas para profesores, con el fin de visitar las principales escuelas secundarias y universidades de los Estados Unidos por tres meses. Como usted es el Agregado Cultural de la Embajada, va a visitar al Director de Educación Pública para exponerle las bases de estas becas.

Para ser candidato a una de estas becas, el aspirante debe llenar los siguientes requisitos: haber nacido en este país, ser mayor de 21 años, tener el título de bachiller, haber enseñado en escuelas secundarias por lo menos durante 4 años, y pasar un examen en inglés elemental. Las inscripciones se cerrarán el 30 del mes que viene.

1.   Conteste las preguntas que le haga el Director.

2.   Explique qué ha ofrecido el Gobierno de los Estados Unidos, con quién fue a hablar el Agregado Cultural, qué le dijo al Director de Educación Pública, etc.

3.   Ud. es el Director de Educación Pública. Cuéntenos lo que pasó cuando el Agregado Cultural lo visitó.

NARRATIVE 2

El Restaurante Lido

El Restaurante Lido es uno de los mejores de esta ciudad. Tiene una orquesta excelente y todas las noches presentan un show muy variado con artistas internacionales. Ustedes quieren ir esta noche.

1. Llame a ese restaurante y reserve una mesa para diez personas. Pregunte cuál es la especialidad del restaurante; averigüe qué clase de show tienen, a qué hora comienza cada show, a qué distancia va a estar su mesa del escenario, derecho de mesa, propinas, etc.

2. Explique qué reservó el señor, dónde, qué clase de show le dijo el dueño del restaurante que tenía, etc.

NARRATIVE 3

En la Oficina de Correos

Hoy es el 17 de diciembre y usted acaba de entrar en la oficina de correos en Las Palmas. Lleva en la mano varias tarjetas de Navidad para sus amigos en los Estados Unidos y un paquete que contiene un regalo de Navidad para su familia en Boston.

1. Pregúntele a la primera persona que vea dónde está el buzón para correo exterior, que Ud. quisiera depositar unas tarjetas para unos amigos que tiene en EE.UU. Pregúntele también a qué ventanilla debe ir usted para mandar el paquete.

2. Vaya a la ventanilla y averigüe el franqueo del paquete por correo ordinario y correo aéreo. Pesa dos libras y media. Averigüe también si el paquete puede llegar a tiempo mandándolo por correo ordinario.

3. Después, cuéntenos en forma detallada lo que le pasó hoy cuando fue a la
    oficina de correos.

- - - - - - - - - - -

50.4	READINGS
50.41	Features
50.41.1	Reading selection

La lotería y Ud.

(De "Para Ud.", Octubre, martes 13, 19__)

"Martes, no te cases ni te embarques", dice el refrán. "Y si trece es el día, no juegues a la
lotería", podríamos agregar. Porque combinando la sabiduría popular con la nuestra propia ¿no sabemos
nosotros los varones que el matrimonio es como apostar a los caballos, jugar a la lotería o ir a la ruleta? Y siempre salimos perdiendo desde ese negro día en el momento fatídico en que, tragando saliva y
conteniendo los tiritones de las piernas, decimos con voz apagada: "Sí, Padre" - lo que equivale a depositar una fortuna en la verde felpa en el instante en que el impersonal croupier pronuncia las mágicas
palabras de "No va más".

Psicólogos, filósofos y antropólogos han tratado de encontrar una explicación a este persistente
fenómeno que inicia el proceso de nuestra domesticación. Y en frases ininteligibles llenas de raíces
griegas y latinas, explican satisfechos el resultado de sus investigaciones. Pero, amigos míos, compañe-
ros de desgracia, yo creo tener la única explicación posible de este enigma. Escúchenme, que al menos les
puede servir de consuelo:

El hombre - es decir el varón - es un ser que vive de ilusiones. Desde pequeño aspira a ser el
jefe de la pandilla del barrio, hasta que la cruda realidad convierte sus ojos en un indigno par de manchas moradas. Y no crean Uds. que desde este momento pasamos a ser realistas. No, señor. Ni por un

minuto, ya que el pequeño trata llorando de explicarle a su padre que eso fue pura mala suerte. Nace así esa mezcla de ilusión y fatalismo que lo guiará en su vida, la que se convierte, _ipso facto_, en un perpetuo juego de azar. Soñando con hacernos ricos, jugamos a los caballos y vamos al casino, perdemos hasta la camisa y luego decimos con resignación: "Mala suerte, hombre. Mi caballo llegó último, nada más que porque tenía reumatismo, pero esta otra semana...", o bien, "Aposté al 13 en la ruleta porque creí que la mala suerte de unos sería la buena para mí, pero ya verás..."

Y hasta el gobierno - que está compuesto de varones, venerables sí, pero varones después de todo - confía en que el azar resolverá los graves problemas del Estado. Un Ministro me decía no hace mucho: "No se preocupe, hombre, si sube el precio del cobre, para el año próximo la economía del país estará arreglada". Después de lo cual agregó: "Y a propósito, ¿se jugó ya la lotería? Tengo un entero terminado en 7, número que soñé la otra noche".

¡La lotería, mi amigo! Tema de conversación a la hora del desayuno, del café y de la comida, en el que depositamos todas nuestras aspiraciones de vida mejor. Decía un moralista el otro día que debería declararse ilegal. Pero, señor mío, tan drástica medida haría subir los impuestos y dejaría a miles en la miseria. Piensen Uds. en las docenas de empleados de esta noble organización y en sus vehículos de la buena suerte. Y piensen en las universidades, la Cruz Roja, los asilos de ancianos y hospitales que se benefician con la buena fortuna de unos... Y la mala de todos los demás.

Y yo les digo: si se suprime la lotería, también hay que suprimir el matrimonio, que es lo mismo. "No, señor, imposible" ---me dijo un amigo mío, Juan Real, el único varón realista que he conocido-- "El hombre es hombre y no hay solución. Es el destino inmutable de quienes llevamos pantalones". Y me preguntó en seguida: "Ud., ¿está de novio?". "Sí", --le contesté-- "Me caso la semana que viene".

50.41.2   Response drill

1   ¿Con qué compara el autor el matrimonio?

2   ¿Cree Ud. que el éxito en el matrimonio es pura cuestión de suerte? Explique.

3   ¿Si Ud. pudiera casarse otra vez, lo haría o preferiría la vida de soltero?

4 ¿Qué cualidades buscaría Ud. al escoger a una esposa o a un esposo?

5 ¿Cómo describe el autor el momento fatídico de ese negro día?

6 ¿Qué diferencias hay entre un psicólogo, un filósofo y un antropólogo?

7 Según la historia, ¿cuál fenómeno han tratado de resolver los psicólogos, filósofos y antropólogos?

8 Según el autor, ¿en qué forma explican los hombres de ciencia el fenómeno de nuestra domesticación?

9 ¿Es bueno o malo el que una persona tenga ilusiones? Explique.

10 De acuerdo con la lectura, ¿a qué aspira el hombre desde pequeño? ¿Ud. cree que todas las personas tienen esta misma aspiración? Explique.

11 ¿Qué nace en el pequeño cuando trata de explicarle a su padre la causa de un par de manchas moradas?

12 ¿Qué disculpas encontramos cuando la suerte no nos favorece?

13 ¿Confía el Gobierno norteamericano en que el azar resolverá los grandes problemas de Estado? Explique.

14 ¿Qué sucedería si se suprimiera la lotería en Surlandia? Explique.

15 Explique si sería conveniente que existiera en este país un sistema de lotería controlado por el gobierno.

51.1   BASIC SENTENCES.   An accident.

ENGLISH SPELLING

SPANISH SPELLING

Enrique:

the holiday

to have a good time

el feriado

pasarlo bien

Enrique:

The holiday is all over and we had quite a good time.

Se nos fue el feriado y lo hemos pasado bastante bien.

Beatriz:

It's a shame Isabel didn't come along.

Lástima que no haya venido Isabel.

the dentist

disposed, planning (to dispose, to prepare, to plan)

to return

el dentista

dispuesto (disponer)

regresar

Enrique:

Yes, she left early for the dentist's and was planning to come back in time, but, you know how it is with a dentist... once you go in his office you never know when you're going to get out.

Enrique:

Sí, salió temprano para el dentista y estaba dispuesta a regresar a tiempo, pero, tú sabes... con el dentista sabes cuando entras pero no sabes cuando sales.

Humberto:

He probably had a lot of work because there are many people who can go only on holidays.

Humberto:

Habrá tenido mucho trabajo porque hay mucha gente que sólo puede ir los días feriados.

still, even

aún

to cancel, to discontinue

cancelar

Enrique:
And its even worse now that they have done
away with Saturday visits.

Enrique:
Y peor aún ahora que se cancelaron las
visitas de los sábados.

Humberto:
Did she have an appointment?

Humberto:
¿Tenía cita marcada?

the patient
previous
to be a long time

el paciente
anterior
tener para rato

Enrique:
Yes, but apparently the dentist must have been too
busy, because Isabel called me at ten and told me
that we should go on, since the patient before her
was going to be in there for some time.

Enrique:
Sí, pero por lo visto el dentista estaría
demasiado ocupado, porque Isabel me llamó a las diez y me dijo que nos fuéramos
nosotros porque el paciente anterior
tenía para rato.

to take a nap

dormir la siesta

Beatriz:
I wonder if she's taking a nap now?

Beatriz:
¿Estará durmiendo la siesta ya?

decided, planning (to decide)

decidido (decidir)

Enrique:
I don't think so; at least she was planning to take
advantage of the day by fixing up the garden.

Enrique:
No creo; por lo menos estaba decidida a
aprovechar el día arreglando el jardín.

to trample
public

pisotear
público

Beatriz:
Speaking of gardens, why do they allow people
to trample the public gardens?

Beatriz:
A propósito de jardines, ¿por qué se
permite a la gente pisotear los jardines públicos?

Humberto:
And why do you ask that?

Humberto:
¿Y a qué viene eso...?

Beatriz:
Don't you see those people over there?

Beatriz:
¿No ves esa gente allá?

to interrupt, to stop

interrumpir

Enrique:
It looks as though traffic has been stopped.
I wonder what's going on?

Enrique:
Parece que el tráfico ha sido interrum-
pido. ¿Qué pasará?

Humberto:
It must be an accident.

Humberto:
Será un choque.

— — — — — — — — — — — — — — — — — —

Humberto:
Did something happen, mister?

Humberto:
¿Pasó algo, señor?

against
to run into, to crash against
the tree

contra
darse contra
el árbol

Bystander:
Nothing. It just crashed against that tree,
that's all.

Circunstante:
¡Nada...! Se dio contra ese árbol,
¿le parece poco?

Beatriz:
He was probably drunk and tried to go between
two trees when there was only one.

    the control
    to cause
    the defect
    the steering (mechanism)

Bystander:
I don't know. It looks like he lost control.
It was very likely caused by a defect in the
steering. They took him away a little while ago.

    the hospital

Humberto:
Do you suppose he's in the hospital?

Bystander:
I suppose so.

    the piece
    the insurance

Beatriz:
The car was a total wreck. I wonder if he had
insurance, Humberto?

    to insure

Humberto:
Right now he's probably not thinking about
whether the car was insured or not.

Beatriz:
Estaría borracho y habrá querido (1) pasar
entre dos árboles cuando había sólo uno.

    la estabilidad
    ocasionar
    el defecto
    la dirección

Circunstante:
No sé. Parece que perdió la estabilidad.
A lo mejor fue ocasionado por un defecto
de la dirección. Se lo llevaron hace un
rato.

    el hospital

Humberto:
¿Estará en el hospital?

Circunstante:
Supongo.

    el pedazo
    el seguro

Beatriz:
El carro estaba hecho pedazos. ¿Tendría
seguro, Humberto?

    asegurar

Humberto:
A estas horas no estará pensando si el
carro estaba asegurado o no.

51.10   Notes on the basic sentences

(1)   Because the Past I tense implies that something <u>happened</u> at some specific time in the past, certain verbs which usually express a mental state require a modified translation in this tense. Thus while <u>él sabía</u> means 'he (already) knew', <u>él supo</u> often implies 'he came to know at a certain <u>moment</u>', i.e., 'he found out'. <u>Querían ir</u> means 'they (already) wanted to go', but <u>quisieron ir</u> implies 'they wanted to go and did something about it', that is, 'they tried to go'. In the present example, <u>habrá querido</u> is used as a substitute for <u>proba-</u><u>blemente quiso</u> and thus is translated as 'he probably tried'.

51.2   DRILLS AND GRAMMAR

51.21   Pattern drills

51.21.1 Indicative and subjunctive after expressions of uncertainty

A.   Presentation of pattern

ILLUSTRATIONS

Perhaps I'll go up later.

1   <u>Quizá</u> yo <u>suba</u> después.
     <u>Quizá</u> yo <u>subo</u> después.

Perhaps we'll order a wreath.

2   <u>Tal vez mandemos</u> hacer una corona.
     <u>Tal vez mandamos</u> hacer una corona.

He's probably going on Sunday.

3   <u>Probablemente</u> él <u>vaya</u> el domingo.
     <u>Probablemente</u> él <u>va</u> el domingo.

Possibly it's the man who is seated in that armchair.

4   <u>Posiblemente sea</u> el señor que está sentado en esa butaca.
     <u>Posiblemente es</u> el señor que está sentado en esa butaca.

EXTRAPOLATION

Expression of uncertainty	+	Verb
quizá(s) tal vez probablemente posiblemente		Subjunctive or Indicative

Verb	+	Expression of uncertainty
Indicative		quizá(s) tal vez probablemente posiblemente

51.21.11 Substitution drill – construction substitution

PROBLEM: Yo voy también, tal vez.

              ANSWER I: Tal vez yo vaya también.
              ANSWER II: Tal vez yo voy también.

1   Ella está dormida, quizá.

              Quizá esté dormida.
              Quizá está dormida.

2   Ellos también lo saben, probablemente.

              Probablemente ellos lo sepan también.
              Probablemente ellos lo saben también.

3   Se ha puesto enfermo, tal vez.

              Tal vez se haya puesto enfermo.
              Tal vez se ha puesto enfermo.

4 Han llegado temprano, quizás.

Quizás hayan llegado temprano.
Quizás han llegado temprano.

5 María puede ayudarle en eso, posiblemente.

Posiblemente María pueda ayudarle en eso.
Posiblemente María puede ayudarle en eso.

6 Hablan español, probablemente.

Probablemente hablen español.
Probablemente hablan español.

7 Me lo dirán mañana, tal vez.

Tal vez me lo digan mañana.
Tal vez me lo dirán mañana.

8 El saldrá electo, quizá.

Quizá salga electo.
Quizá saldrá electo.

9 Hay más de cien dólares, probablemente.

Probablemente haya más de cien dólares.
Probablemente hay más de cien dólares.

10 Son ingleses, posiblemente.

Posiblemente sean ingleses.
Posiblemente son ingleses.

B. Discussion of pattern

Certain expressions implying uncertainty, probability, or possibility may be followed in main clauses by subjunctive forms. This is not an obligatory pattern; the speaker may choose either subjunctive or indicative, depending on the degree of uncertainty which he feels. The expressions normally participating in this pattern are quizá(s), tal vez, posiblemente, and probablemente. Note that a lo mejor does not participate in the pattern, but is followed by an indicative form. Most speakers tend to avoid using the past subjunctive after these forms, substituting instead the present perfect subjunctive or an indicative tense. None of the above listed expressions takes the subjunctive when preceded by the verb.

51.21.2   The future and conditional of probability

A.   Presentation of pattern

ILLUSTRATIONS

_____	1 Fíjese en esa caricatura. ¿De quién será?
_____	2 ¿Nos metemos ya? ¿Cómo estará el agua?
_____	3 ¿Qué pasará?
_____	4 Será un choque.
_____	5 ¿Estará en el hospital?
_____	6 A estas horas no estará pensando si el carro estaba asegurado o no.
There must be a lot of people sick with the flu.	7 Habrá muchos enfermos con gripe.
The poor little guy must be hungry.	8 El pobrecito tendrá hambre.
_____	9 Por lo visto estaría demasiado ocupado.
_____	10 ¿Tendría seguro, Humberto?
_____	11 Estaría borracho.
It must have been five o'clock.	12 Serían las cinco.
_____	13 Habrá tenido mucho trabajo.
They probably decided not to go.	14 Habrá querido pasar entre esos dos árboles.
_____	15 Habrán decidido no ir.
I wonder if they found out what I did?	16 ¿Se habrán enterado de lo que yo hice?
I wonder if we met him once?	17 ¿Lo habremos conocido alguna vez?

It must have been Paul.

You have probably realized what has happened.

18 <u>Habrá sido</u> Pablo.

19 Uds. se <u>habrán dado</u> cuenta de lo que ha pasado.

EXTRAPOLATION

Time reference	Tense used to indicate certainty	Tense used to indicate probability
Present	Present indicative	Future
Past	Past I	Future perfect (Conditional)
	Past II	Conditional
Present perfect	Present perfect	Future perfect
Past perfect	Past perfect	Conditional perfect

NOTES

a. Some speakers accept either future perfect or conditional as normal substitutes for the Past I to indicate probability or conjecture.

51.21.21 Substitution drill - tense substitution

PROBLEM:

Probablemente son muy simpáticos.

ANSWER:

Serán muy simpáticos.

1	Probablemente está en Europa.	Estará en Europa.
2	Probablemente hay más comida.	Habrá más comida.
3	Probablemente tiene mucho apoyo.	Tendrá mucho apoyo.
4	Probablemente es rumor.	Será rumor.
5	Probablemente están con ganas de comer.	Estarán con ganas de comer.

PROBLEM:

Probablemente era el presidente.

ANSWER:

Sería el presidente.

6	Probablemente estaban enfermos.	Estarían enfermos.
7	Probablemente no eran diputados.	No serían diputados.
8	Probablemente había más de dos.	Habría más de dos.
9	Probablemente tenían muchos niños.	Tendrían muchos niños.
10	Probablemente era el director.	Sería el director.

PROBLEM:

Probablemente vino muy tarde.

ANSWER:

Habrá venido muy tarde.

11 Probablemente comió en el centro.   Habrá comido en el centro.

12 Probablemente fue a la comedia.   Habrá ido a la comedia.

13 Probablemente hizo todo lo necesario.   Habrá hecho todo lo necesario.

14 Probablemente se pusieron muy populares.   Se habrán puesto muy populares.

15 Probablemente se encontraron a su gusto.   Se habrán encontrado a su gusto.

51.21.22 Patterned response drill I

PROBLEM:

¿Estará loco?

ANSWER:

Sí, está loco. (or) No, no está loco.

1 ¿Será él diplomático?   Sí, es diplomático.

2 ¿Serán ellos de España?   Sí, son de España.

3 ¿Estará enferma María?   No, no está enferma.

4 ¿Hará frío en la playa?   Sí, hace frío.

5 ¿Estará aquí Pablo?   No, no está aquí.

6 ¿Podrán ahorrar más?   Sí, pueden.

7 ¿Tendrán apetito?   Sí, tienen.

8 ¿Estarán abiertas las tiendas?   No, no están abiertas.

9 ¿Habrá más postre?   Sí, hay.

10 ¿Serán ya las siete?   Sí, ya son.

PROBLEM: ¿Estaría loco?

ANSWER: Sí, estaba loco. (or) No, no estaba loco.

11 ¿Estaría ella cansada?   Sí, estaba cansada.

12 ¿Tendría él miedo?   Sí, tenía miedo.

13 ¿Estarían en casa?   No, no estaban.

14 ¿Iría por avión?   No, no iba por avión.

15 ¿Haría calor?   Sí, hacía calor.

16 ¿Valdría la pena?   Sí, valía la pena.

17 ¿Sería un loco?   Sí, era un loco.

18 ¿Habría más café?   No, no había más café.

PROBLEM: ¿Habrá ido solo?

ANSWER: Sí, fue solo. (or) No, no fue solo.

19 ¿Habrá renovado el contrato?   No, no lo renovó.

20 ¿Habrá sido el lechero?   Sí, fue él.

21 ¿Habrán estado incómodos?   Sí, estuvieron incómodos.

22 ¿Habrá dicho eso?   Sí, lo dijo.

23 ¿Habrá vuelto a España?   No, no volvió.

24 ¿Habrán pedido el almuerzo?   Sí, lo pidieron.

25 ¿……… …………… …… ………?   ……, ……… …………….

26 ¿Habrá decidido ya?   Sí, ya decidió.

27 ¿Habremos apostado demasiado?   Sí, apostamos demasiado.

28 ¿Se habrán ido temprano?   No, no se fueron temprano.

29 ¿Habrán hecho todo?   Sí, hicieron todo.

30 ¿Se habrá quedado hasta las Navidades?   No, no se quedó.

31 ¿Se les habrá perdido el cheque?   Sí, se les perdió.

32 ¿Se le habrá roto el plato?   Sí, se le rompió.

33 ¿Se le habrán olvidado las llaves?   No, no se le olvidaron.

34 ¿Le habrá gustado todo eso?   Sí, le gustó.

35 ¿Les habrá parecido bueno?   Sí, les pareció bueno.

51.21.23   Patterned response drill II

PROBLEM:

¿Tiene mucho dinero o poco?   (Se viste muy bien)

ANSWER:

Tendrá mucho porque se viste muy bien.

1 ¿Tiene pesos o dólares?   (Van a México)   Tendrán pesos porque van a México.

2 ¿Es cliente o empleado?   (Lleva uniforme)   Será empleado porque lleva uniforme.

3 ¿Está la tienda abierta o cerrada?   Estará cerrada porque son las siete.
    (Son las siete)

4 ¿Es un concierto o un juego de fútbol?   Será un concierto porque todos llevan
    (Todos llevan smoking)   smoking.

5 ¿Son amigos o solamente conocidos?   Serán amigos porque se tratan de tú.
    (Se tratan de tú)

6   ¿Hay mucha gente en la calle o poca?
    (Es día de fiesta).

7   ¿Está enfermo o cansado? (Trabaja mucho)

8   ¿Hay coca cola o cerveza en la fiesta?
    (Son menores de edad)

9   ¿Están llegando o saliendo? (Tienen
    prisa)

10 ¿Está estudiando o jugando bridge?
    (Tiene examen mañana)

11 ¿Aníbal se lleva el cheque o lo deja?
    (Necesita dinero)

12 ¿Está aprendiendo español o francés?
    (Va a España)

13 ¿Habla inglés o español? (Nació en
    los Estados Unidos)

14 ¿Va a Nueva York en auto o en avión?

15 ¿Le gusta la comida americana o española?
    (Es americano)

16 ¿Quiere alquilar un apartamento o vivir
    en un hotel? (Tiene mucha familia)

Habrá mucha porque es día de fiesta.

Estará cansado porque trabaja mucho.

Habrá coca cola porque son menores de
edad.

Estarán saliendo porque tienen prisa.

Estará estudiando porque tiene examen
mañana.

Se lo llevará porque necesita dinero.

Estará aprendiendo español porque va a
España.

Hablará inglés porque nació en los Estados
Unidos.

Irá en auto porque tiene un auto nuevo.

Le gustará la comida americana porque es
americano.

Querrá alquilar un apartamento porque
tiene mucha familia.

PROBLEM: ¿Eran ricos o pobres? (Se vestían muy bien)

ANSWER: Serían ricos porque se vestían muy bien.

17 ¿Era soltero o casado? (Salía con
    muchachas)

Sería soltero porque salía con muchachas.

18 ¿Estaba enfermo o borracho? (Olía a licor)

Estaría borracho porque olía a licor.

19 ¿Había muchas o pocas personas en la calle? (Era el Día de la Independencia)

Habría muchas personas en la calle porque era el Día de la Independencia.

20 ¿Tenían hambre o sed? (Hacía mucho calor)

Tendrían sed porque hacía mucho calor.

21 ¿Eran americanos o franceses? (Hablaban sólo francés)

Serían franceses porque hablaban sólo francés.

22 ¿Estábamos en Brazil o Chile en ese tiempo? (Se podía ver los Andes)

Estaríamos en Chile porque se podía ver los Andes.

23 ¿Llevaba libros o herramientas? (Era mecánico)

Llevaría herramientas porque era mecánico.

24 ¿Eran novios o amigos? (No hablaban de matrimonio)

Serían amigos porque no hablaban de matrimonio.

25 ¿Venía en la mañana o en la tarde? (Trabajaba en la mañana)

Vendría en la tarde porque trabajaba en la mañana.

26 ¿Iba por avión o por barco? (Se mareaba en barco)

Iría por avión porque se mareaba en barco.

27 ¿Jugaba en las ligas mayores o en la liga amateur? (No era muy bueno)

Jugaría en la liga amateur porque no era muy bueno.

28 ¿Dormía en buenos hoteles o en pensiones? (No llevaba mucho dinero)

Dormiría en pensiones porque no llevaba mucho dinero.

29 ¿Mandaba la ropa a la lavandería o la lavaban en la casa? (No tenían criadas)

La mandaría a la lavandería porque no tenían criadas.

30 ¿Cenaba en casa o en el restaurante? (Era casado)

Cenaría en casa porque era casado.

31 ¿Llevaba ropa de invierno o de verano? (Hacía frío)

Llevaría ropa de invierno porque hacía frío.

PROBLEM: ¿Estudió o jugó fútbol?

ANSWER: No sé; habrá jugado fútbol.

32	¿Ganó o perdió?	No sé; habrá perdido.
33	¿Fueron solos o llevaron a los hijos?	No sé; habrán llevado a los hijos.
34	¿Vendió el carro o lo arregló?	No sé; lo habrá arreglado.
35	¿Le gustó el primero o escogió otro?	No sé; le habrá gustado el primero.
36	¿Ha alquilado un apartamento o ha comprado una casa?	No sé; habrá comprado una casa.
37	¿Llovió o nevó?	No sé; habrá llovido.
38	¿Al fin mandó la carta o escribió otra?	No sé; habrá escrito otra.
39	¿Siguieron discutiéndolo o cambiaron de tema?	No sé; habrán cambiado de tema.
40	¿Se han acordado o se les ha olvidado?	No sé; se les habrá olvidado.
41	¿Se quedaron en España o volvieron a los Estados Unidos?	No sé; habrán vuelto a los Estados Unidos.
42	¿Se vistió o se volvió a dormir?	No sé; se habrá vuelto a dormir.
43	¿Trajo los papeles o se le quedaron en la casa?	No sé; se le habrán quedado en la casa.
44	¿Ha limpiado la casa o la ha dejado sucia?	No sé; la habrá dejado sucia.
45.	¿Se ha acostado o se ha ido a pasear?	No sé; se habrá ido a pasear.

B. Discussion of pattern

In addition to their more basic uses illustrated in previous units, the future and conditional tenses are sometimes used to indicate conjecture or probability in present and past time respectively. Note the following examples:

-¿Dónde está Mario?   -Estará en su oficina.
                                       'He's probably in his office'.

-¿Dónde estaba cuando yo llegué?   -Estaría en su oficina.
                                       'He was probably in his office'.

-¿A qué hora salió?   -Habrá salido como a las dos.
                                       'He probably left about two o'clock'.

-¿Ha vuelto él?   -Sí, habrá vuelto ya.
                                       'Yes, he's probably returned by now'.

As the above examples show, the future tense is used for present tense, conditional for Past II, and future perfect for either Past I or present perfect when the speaker wishes to indicate that he is not quite sure of the facts. However, many native speakers seem to prefer the conditional in some cases for the Past I. Thus, Saldría como a las dos would be considered by some speakers as a normal response to the third example above.

In questions, these same tenses are used to indicate conjecture on the part of the speaker rather than a direct request for information:

-¿Dónde estará Mario?   'I wonder.where Mario is?'
                                       'Where can Mario be?'

-¿Habrá salido ya?   'I wonder if he's already left?'

and so forth.

51.21.3 The passive voice

A. Presentation of pattern

ILLUSTRATIONS

The stores are open tonight.
_____

Three girls were hired yesterday.
_____

He was given a new car.
_____

The trip will be arranged by the Embassy.
_____

The applications have to be signed by the president.
_____

1 ¿En qué año <u>fue construida</u> esta casa?

2 Parece que el tráfico <u>ha sido interrumpido</u>.

3 A lo mejor <u>fue ocasionado</u> por un defecto de la dirección.

4 Las solicitudes tienen que <u>ser firmadas</u> por el presidente.

5 El viaje <u>será organizado</u> por la Embajada.

6 ¿Cómo <u>se escribe</u> una tarjeta de pésame?

7 Tú bien sabes que aquí <u>se habla</u> un dialecto un poco raro.

8 Aquí no <u>se pronuncia</u> la zeta como en España.

9 <u>Se le regaló</u> un auto nuevo.

10 <u>Se empleó</u> a tres muchachas ayer.

11 <u>Está equivocada</u>, Marta.

12 El césped <u>está</u> muy bien <u>cuidado</u>.

13 El carro <u>estaba hecho</u> pedazos.

14 Hace años que <u>está abandonado</u>.

15 <u>Estaba decidida</u> a aprovechar el día.

16 Las tiendas <u>están abiertas</u> esta noche.

EXTRAPOLATION

	Grammatical subject (logical object)	+	ser + Past participle	+	Agent (logical subject)
Action with agent specified	las tazas		fueron rotas		por Juan

					Grammatical subject (logical object)
Action without specification of agent	se	+	Verb	+	las tazas
	se		rompieron		las tazas

					Past participle
Condition (result of previous action)	Subject	+	estar	+	
	las tazas		estaban		rotas

51.21.31 Substitution drills - Construction substitution drill I

PROBLEM: El Sr. Vargas escribió el libro.

ANSWER: El libro fue escrito por el Sr. Vargas.

1 La embajada aceptó al médico.

El médico fue aceptado por la embajada.

2 Nadie leyó el periódico.

El periódico no fue leído por nadie.

3 Mucha gente vio las corridas.

Las corridas fueron vistas por mucha gente.

4 Una modista excelente hace todos mis vestidos.

Todos mis vestidos son hechos por una modista excelente.

5 La Sra. Bonilla ofreció la comida.

La comida fue ofrecida por la Sra. Bonilla.

6 El departamento ha arreglado todo.

Todo ha sido arreglado por el departamento.

7 El Congreso discutirá el mismo problema.

El mismo problema será discutido por el Congreso.

8 El Club de Artes representará un nuevo drama.

Un nuevo drama será representado por el Club de Artes.

9 El Sr. Bello escribió las primeras páginas.

Las primeras páginas fueron escritas por el Sr. Bello.

10 Todo el mundo captó el sonido.

El sonido fue captado por todo el mundo.

11 Los Yankis ganaron los tres partidos.

Los tres partidos fueron ganados por los Yankis.

12 Un amigo mío compuso esta pieza.

Esta pieza fue compuesta por un amigo mío.

13 Todo el mundo verá este anuncio.

Este anuncio será visto por todo el mundo.

14 La primera persona que vea la caja la abrirá.

La caja será abierta por la primera persona que la vea.

15 Miles de personas han contado ese chiste.

Ese chiste ha sido contado por miles de personas.

16 El presidente recibirá bien a los visitantes.

Los visitantes serán bien recibidos por el presidente.

17 La nueva criada ha preparado todas las comidas.

Todas las comidas han sido preparadas por la nueva criada.

18 La policía disolvió la manifestación.

La manifestación fue disuelta por la policía.

19 El Centro va a arreglar todo el programa.

Todo el programa va a ser arreglado por el Centro.

20 El cónsul debiera firmar esta solicitud.   Esta solicitud debiera ser firmada por el cónsul.

21 _____ _____ ___ _____ ____ _____   ____ _____ _____ ___ ___ _____ ___ todos.

22 Todos los políticos van a criticar las palabras del presidente.   Las palabras del presidente van a ser criticadas por todos los políticos.

23 Otras agencias también debieran usar este método.   Este método debiera ser usado por otras agencias también.

24 Los alumnos tienen que arreglar todo.   Todo tiene que ser arreglado por los alumnos.

25 Los empleados debieran decidir la fecha.   La fecha debiera ser decidida por los empleados.

26 El doctor Campos tiene que examinarnos a todos.   Todos tenemos que ser examinados por el doctor Campos.

27 El embajador tendrá que firmar estos papeles.   Estos papeles tendrán que ser firmados por el embajador.

28 El jefe debiera haber escrito las cartas.   Las cartas debieran haber sido escritas por el jefe.

29 Nadie debiera haber aceptado una idea tan ridícula.   Una idea tan ridícula no debiera haber sido aceptada por nadie.

30 La embajada debería haber arreglado todo.   Todo debería haber sido arreglado por la embajada.

Construction substitution drill II

PROBLEM: Perdieron un documento muy importante.   Se perdió un documento muy importante.

ANSWER: Se perdió un documento muy importante.

         1 Discutieron el problema varias veces.   Se discutió el problema varias veces.

         2 No han aceptado esa idea.   No se ha aceptado esa idea.

3   Escribirán el libro en inglés.   Se escribirá el libro en inglés.

4   Alquilan más apartamentos que casas.   Se alquilan más apartamentos que casas.

5   Venderán toda clase de juguetes.   Se venderá toda clase de juguetes.

6   Abrieron el nuevo camino ayer.   Se abrió el nuevo camino ayer.

7   Mandarán dos de los paquetes por avión.   Se mandarán dos de los paquetes por avión.

8   Han construido muchas casas nuevas en   Se han construido muchas casas nuevas en
    este barrio.   este barrio.

9   No mencionaron nada de importancia.   No se mencionó nada de importancia.

10 No saben lo que va a pasar.   No se sabe lo que va a pasar.

11 Jugaban mucho tenis en ese país.   Se jugaba mucho tenis en ese país.

12 Han representado muchas comedias.   Se han representado muchas comedias.

13 No deberían ni pensar en tales cosas.   No se debería ni pensar en tales cosas.

14 No deben hacerlo ahora.   No se debe hacer ahora.

15 Tienen que mandarlos en seguida.   Se tienen que mandar en seguida.

16 Firmarán los papeles mañana.   Se firmarán los papeles mañana.

17 No dijeron nada del choque.   No se dijo nada del choque.

18 Me preguntaron por él.   Se me preguntó por él.

19 Le dieron de comer.   Se le dio de comer.

20 Nos prestaron dinero.   Se nos prestó dinero.

21 Le han puesto una inyección.   Se le ha puesto una inyección.

22 Le enviarán un paquete.   Se le enviará un paquete.

23 Les van a sacar una fotografía.   Se les va a sacar una fotografía.

24 No le regalan nada al cura.   No se le regala nada al cura.

25 Me dieron una hora para hacerlo.   Se me dio una hora para hacerlo.

26 Le pusieron el nombre de la madrina.   Se le puso el nombre de la madrina.

27 Enviaron a Pablo al Uruguay.   Se envió a Pablo al Uruguay.

28 Llevaron al Embajador al aeropuerto.   Se llevó al Embajador al aeropuerto.

29 Oyeron a los muchachos subir la escalera.   Se oyó a los muchachos subir la escalera.

30 No trajeron a los especialistas.

31 No se trajo a los especialistas.

31 No han visto a la mensajera hoy.

No se ha visto a la mensajera hoy.

32 No conocen muy bien al Sr. Fuentes.

No se conoce muy bien al Sr. Fuentes.

33 Buscaban al nuevo empleado.

Se buscaba al nuevo empleado.

34 Querían mucho al jefe.

Se quería mucho al jefe.

35 Esperan al chofer.

Se espera al chofer.

36 No podrán ver al presidente.

No se podrá ver al presidente.

37 Felicitaron a los Yankis.

Se felicitó a los Yankis.

51.21.32 Response drill - paired sentences

1 ¿Cuándo fueron empezadas las casas?

Fueron empezadas hace dos años.

¿Están terminadas?

Sí, están terminadas.

2 ¿Cuándo fue abierta la puerta?

Fue abierta esta mañana.

¿Está abierta todavía?

Sí, todavía está abierta.

3 ¿Cuándo fue entrenada la nueva maestra?

Fue entrenada hace dos semanas.

¿Está bien preparada?

Sí, está bien preparada.

4 ¿Cuándo fue limpiado tu traje?

Fue limpiado ayer.

¿Está manchado otra vez?

Sí, está manchado.

5 ¿Cuándo fue escrito ese libro?

Fue escrito en 1942.

¿Está escrito el prólogo en inglés?

Sí, está escrito en inglés.

6 ¿Cuándo fue pintado su apartamento?

Fue pintado el año pasado.

¿Está bien pintado?

Sí, está bien pintado.

7 ¿Cuándo fueron invitados tus hermanos?
  ¿Están invitadas tus hermanas también?

Fueron invitados ayer.
Sí, también están invitadas.

8 ¿Cuándo fue hecha esa pregunta formalmente?
  ¿Está contestada ya?

Fue hecha ayer.
Sí, está contestada..

9 ¿Cuándo fue comprado ese auto?
  ¿Está pagado ya?

Fue comprado hace año y medio.
Sí, ya está pagado.

10 ¿Cuándo fueron escondidos los regalos?
   ¿Están escondidos todavía?

Fueron escondidos ayer.
Sí, están escondidos.

11 ¿Cuándo fueron colgadas las camisas en el
   patio?
   ¿Están colgadas ahí todavía?

Fueron colgadas esta mañana.

Sí, están colgadas todavía.

12 ¿Cuándo fue arreglada la batería?
   ¿Ya está puesta en el auto?

Fue arreglada ayer.
Sí, ya está puesta.

13 ¿Cuándo fue descubierto el tesoro?
   ¿Está guardado?

Fue descubierto hace un año.
Sí, está guardado.

14 ¿Cuándo fueron vendidas esas casas?
   ¿Están desocupadas todavía?

Fueron vendidas hace tres meses.
Sí, todavía están desocupadas.

15 ¿Cuándo fue herido el Sr. Fernández?
   ¿Está muerto?

Fue herido ayer.
Sí, está muerto.

B. Discussion of pattern

A "passive voice" construction is one in which the logical object of the verb becomes the grammatical subject. In English it usually consists of a form of the verb to be, with its subject, and a past
participle, e.g., The boy was struck by the ball. In this example the word ball, the logical subject of
the verb, becomes the "agent" in the passive voice construction.

In Spanish the passive voice idea is expressed in several different ways:

1. By a form of the verb ser plus a past participle. This is the usual construction when
   the agent is expressed, and is sometimes used when the agent is not expressed:

Note that the past participle agrees in number and gender with the subject of the verb.

> Esta casa fue construida por mi padre.
> Estas casas fueron construidas en 1930.

2. By the reflexive se construction discussed in 26.21.2. This construction is used to indicate an action with no specification of the agent:

> Se toma mucho café aquí.
> No se venden libros en esa tienda.

Note that in these examples the logical objects, café and libros, become the grammatical subjects and determine whether the verb is 3sg or 3pl.

There are two cases in which this construction must be modified:

a. If the se construction is used when the subject is a person or an animate thing capable of performing the action, the reflexive se is logically construed as having true reflexive meaning. Thus, Se mataron dos soldados would be interpreted to mean 'Two soldiers killed themselves', rather than 'Two soldiers were killed.' The latter meaning can be rendered by the construction

> Se mató a dos soldados.

in which the personal a makes it clear that the soldiers were the recipients, but not the doers, of the action. In this case, se is construed as the impersonal grammatical subject of the verb, which for this reason is 3sg in form. The same idea could also be rendered as

> Dos soldados fueron matados.
>
> or
>
> Mataron a dos soldados.

b. In Spanish the logical indirect object cannot become the grammatical subject in a passive voice construction. Therefore, the sentence 'He was given the book' is rendered

> Se le dio el libro.

In this case, the clitic le makes it clear that the role of the person referred to is that of indirect object. This idea can also be rendered by

> Le dieron el libro.

but not by a form of ser plus the past participle, for the reason just stated.

3. By a form of <u>estar</u> plus a past participle, in cases of "apparent" passive voice; i.e., those
   in which no action is indicated, but instead only a <u>condition</u> resulting from a previous
   action:

    Estas tazas están rotas.   'These cups are broken'.

    Me dijeron que ya estababa vendida   'They told me that the chair was
    la silla.   already sold.'

<u>Estar</u> plus past participle is the only possible construction in this case. Note that the
past participle agrees in number and gender with the subject of the verb.

51.22   Review drills

51.22.1 Formal and familiar forms of address in Past I

PROBLEM: ¿Ganó mucho dinero?

ANSWER: ¿Ganaste mucho dinero?

1	¿Declaró los regalos?	¿Declaraste los regalos?
2	¿Cantó anoche?	¿Cantaste anoche?
3	¿Llamó ayer?	¿Llamaste ayer?
4	¿Encontró la agencia?	¿Encontraste la agencia?
5	¿Buscó la oficina?	¿Buscaste la oficina?
6	¿Llenó la solicitud?	¿Llenaste la solicitud?
7	¿Cambió de tema?	¿Cambiaste de tema?
8	¿Tocó la guitarra?	¿Tocaste la guitarra?
9	¿Lavó las verduras?	¿Lavaste las verduras?
10	¿Compró algo de segunda mano?	¿Compraste algo de segunda mano?
11	¿Comió pan con mantequilla?	¿Comiste pan con mantequilla?
12	¿Nació en San Francisco?	¿Naciste en San Francisco?

13	¿Conoció a mi esposa?	¿Conociste a mi esposa?
14	¿Bebió cerveza?	¿Bebiste cerveza?
15	¿Oyó las noticias?	¿Oíste las noticias?
16	¿Leyó el periódico esta mañana?	¿Leíste el periódico esta mañana?
17	¿Se puso la nueva corbata?	¿Te pusiste la nueva corbata?
18	¿Fue a la reunión?	¿Fuiste a la reunión?
19	¿Supo la dirección?	¿Supiste la dirección?
20	¿Dio propina?	¿Diste propina?
21	¿Tuvo que regresar?	¿Tuviste que regresar?
22	¿Estuvo en la fiesta?	¿Estuviste en la fiesta?
23	¿Vino a felicitarla?	¿Viniste a felicitarla?
24	¿Anduvo por el centro?	¿Anduviste por el centro?
25	¿Durmió bien anoche?	¿Dormiste bien anoche?

51.22.2   Past I and Past II in contrast

PROBLEM: ¿Traía Ud. a los niños antes?

ANSWER: No, antes no los traía. Ayer los traje por primera vez.

1   ¿Tomaba Ud. café antes?

No, antes yo no tomaba. Ayer tomé por primera vez.

2   ¿Hacía él la comida antes?

No, antes no la hacía. Ayer la hizo por primera vez.

3   ¿Fumaban Uds. antes?

No, antes no fumábamos. Ayer fumamos por primera vez.

4   Oía él música española antes?   No, antes no la oía. Ayer la oyó por
                                            primera vez.

5   ¿Comía ella tacos antes?   No, antes no los comía. Ayer los comió por
                                            primera vez.

6   ¿Llegaba Ud. tarde antes?   No, antes no llegaba tarde. Ayer llegué
                                            tarde por primera vez.

7   ¿María iba a la playa antes?   No, antes no iba a la playa. Ayer fue por
                                            primera vez.

8   Le dolía a Ud. el brazo antes?   No, antes no me dolía. Ayer me dolió por
                                            primera vez.

9   ¿Antes lo sabían Uds.?   No, antes no lo sabíamos. Ayer lo supimos
                                            por primera vez.

10 ¿Podían ir ellos antes?   No, antes no podían ir. Ayer pudieron ir
                                            por primera vez.

51.22.3   Commands with velar stem extended verbs

1   Don't leave without permission.   No salga sin permiso.

2   Bring another roll.   Traigan otro rollo.

3   Listen to that selection.   Oiga esa pieza.

4   Put the photos over there.   Pongan las fotos allí.

5   Translate this document for me.   Tradúzcame este documento.

6   Get to know that section.   Conozcan ese barrio.

7   Don't be afraid.   No tengan miedo.

8   Come when you can.   Venga cuando pueda.

9   Bring for all of us.   Traiga para todos nosotros.

10 Put on your shoes.   Póngase los zapatos.

11 Thank Beatrice for it.   Agradézcaselo a Beatriz.

51.3   CONVERSATION STIMULUS

NARRATIVE 1

Un Banquete en el Club Militar

Usted, señor Smith, y varios miembros de la colonia americana de esta ciudad, han sido invitados al banquete en el Club Militar en honor del Ministro de Obras Públicas, con ocasión del último préstamo concedido por los Estados Unidos a este país para terminar la construcción del aeropuerto nacional.

Usted ha notado que varias personas, unas después de otras, se han parado, con una copa en la mano, y han tomado la palabra para hacer un brindis.

La última persona que habló dijo: "Brindo por las cordiales relaciones que existen ahora entre nuestro país y el gran país del norte, que han hecho factible que nuestro país se encamine con paso firme por los senderos de justicia, libertad y progreso".

Ahora, varias personas han dicho: "que hable el señor Smith... que hable el señor Smith...".

1. **Ante** la forma insistente en que le piden que hable, usted finalmente decide hablar.

2. Cuente lo que le pasó en el Club Militar.

— — — — — — — — — — — —

NARRATIVE 2

Entrega de Premios a los Campeones de Tenis

Usted ha decidido irse a la playa este sábado a las 7 de la mañana, con su familia. Ya tiene todo preparado, y ha pagado por adelantado por sus reservaciones en el hotel.

Hoy día viernes, vienen dos socios del Club La Unión--del cual es usted socio honorario--para invitarlo a la entrega de premios a los ganadores del último campeonato de tenis. La reunión se efectuará este sábado a las 9 de la noche.

Usted sabe que estos socios que han venido a invitarlo son unas personas muy sensibles, de modo que para usted es un compromiso difícil de eludir.

A usted le hubiera gustado mucho asistir a esta reunión. Si ellos le hubieran avisado con más anticipación, usted no habría hecho todos los arreglos del viaje.

1. Veamos el tacto que usted tiene para disculparse. Ellos tratarán de persuadirle que usted se vaya a la playa el domingo, para que el sábado pueda asistir a dicha reunión.

- - - - - - - - - - - - - - -

2. Ud. es uno de los socios del club. Cuente lo que pasó cuando Ud. invitó al Sr. X a la reunión.

- - - - - - - - - - - - - - -

NARRATIVE 3
Un Bautizo

El Sr. Julio García es un empleado local que trabaja en su oficina. Hoy, después del trabajo, él le pregunta si puede hablar con usted, por unos minutos.

El Sr. García y su esposa, considerando sus altas cualidades, han decidido pedirle que usted sea padrino de bautizo de su hijo Luchito. El Sr. García dice que si usted aceptara, para él sería un gran honor tenerlo de compadre.

Usted conoce todas las obligaciones morales que un padrinazgo implica.

Como usted ya ha estado en este país casi dos años, muy pronto debe regresar a los Estados Unidos.

1. Explíquele al Sr. García las razones por las cuales se ve forzado a declinar ese honor, y agradézcale, de todos modos, por su fina atención y amabilidad.

- - - - - - - - - - - - - - -

2. Describa qué pasó esta mañana después del trabajo, qué le pidió el Sr. García, etc.

51.4   **READINGS**

51.41   Life in Surlandia

51.41.1   Reading selection

Elecciones Congresales: La Víspera

El país había vivido, desde hacía unos cuantos meses, en un agitado ambiente político preparatorio al día en que debían efectuarse elecciones generales de diputados y senadores para todo el territo-
rio nacional. En las últimas elecciones municipales los partidos habían tenido amplia oportunidad de
ejercitar sus músculos políticos, tomarle el pulso a la veleidosa opinión pública y delinear cautelosamente posiciones y alianzas que les llevaran al triunfo en las justas congresales que se avecinaban.

Los más agudos observadores políticos y la prensa imparcial de Surlandia estaban de acuerdo en
que estas elecciones serían de decisiva importancia para la marcha futura de la nación. Los últimos años
habían visto la división del Partido Azul, provocada por la juventud de esa agrupación política en aras de
"un conservatismo moderno que vele por un ordenado cumplimiento de un programa cristiano que satisfaga las
justas aspiraciones de nuestras clases trabajadoras". El país había presenciado igualmente el inesperado
crecimiento de un hasta entonces insignificante grupo conocido como el MAP, sigla que designaba su consig-
na política de Movimiento de Avance Popular, en detrimento de las fuerzas del Partido Nacionalista cuyas
bases populares había menguado el MAP por medio de artera y demagógica campaña. Sólo el Partido Amarillo,
compuesto de hombres de negocios, diestros liberales, había logrado mantener su unidad política, hecho que
lo situaba en una posición de privilegio frente a los ofrecimientos aliancistas de dos lados: los conser-
vadores que se habían mantenido fieles a los postulados tradicionales de los Azules y que ahora daban en
llamarse Partido Conservador Auténtico, y los nacionalistas de clase media que deseaban mantener su pre-
caria posición política de partido de centro. Todos estos sucesos habían resultado de los crecientes problemas que enfrentaba el país en su acelerado crecimiento, problemas que eran acaloradamente discutidos
por la ciudadanía surlandesa y que habían dado lugar, además, al nacimiento de numerosas facciones políticas de menor importancia, dirigidas tanto por idealistas como por demagogos de todas clases. Las elecciones parlamentarias que se avecinaban despejarían la incógnita política en que se debatía el país.

Con el característico y exaltado entusiasmo con que se comenta una carrera de automóviles, un
partido de fútbol o un encuentro pugilístico, oficinistas y obreros, profesores y estudiantes, jubilados

y dueñas de casa, formaban corrillos o se agolpaban frente a las improvisadas tribunas públicas desde las cuales peroraban candidatos y dirigentes políticos exponiendo sus puntos de vista o exaltando a quienes, de ser elegidos, llevarían al país por una senda de progreso y de salvación nacional. El Partido tal proclamaba a sus candidatos en un teatro de barrio, el Partido cual efectuaba una Marcha de la Victoria que paralizaba el tránsito por varias horas. Día tras día, pueblos y ciudades veían las paredes de los edificios y los postes de teléfono cada vez más embadurnados con carteles y leyendas pintadas a brocha gorda ensalzando a un Partido o a un candidato o con gruesas letras negras que, obliterando a los anteriores, indicaban un "¡Muera!" para éste o "¡Traidor!" para este otro. De nada valían los virtuosos editoriales de los periódicos que condenaban estas "muestras de incultura social" o las desganadas incursiones a que se veía obligada a dar la policía aguijoneada por una que otra incómoda asociación cívica.

A medida que se acercaba el día fijado para las elecciones, que era el próximo domingo, la actividad política aumentaba a ritmo acelerado y no faltaba un herido a cuchillo o a bala como resultado de una discusión en algún bar de mala muerte.

Era la noche del viernes, dos días antes de las elecciones. Alfredo y Julio Fuentes, después de una acalorada discusión con su padre a la hora de la comida acerca de sus respectivos y rivales partidos políticos, se habían retirado a dormir. Julio, que era Secretario del Partido Demócrata Conservador, la ex-juventud del Partido Azul y Alfredo, Vocal del mismo, no podían comprender cómo era posible que su padre tuviera ideas tan anticuadas. Eso quedaba para personas como Don Rafael Angel Valenzuela, que mucho tenía que perder con una derrota de su facción Auténtica, y para Manuel Gormaz, persona de poca imaginación y apéndice apologista de un orden en decadencia. Don Ricardo, por su lado, se había esforzado vanamente por inculcar una vez más sus ideas moderadas, pero nada podía en contra de la idealista juventud que, según él, impulsaba a sus hijos por un camino iluso y sin meta.

Alfredo, ya metido en su cama, había tratado sin éxito de leer una novela de detectives. Le había sido imposible concentrarse en las complicadas pesquisas del culto y refinado protagonista de la novela. Con un gesto de aburrimiento, marcó con un doblez la página en que había estado leyendo, cerró el libro y lo dejó en la mesita de noche. Luego, tomó el reloj despertador, lo puso a las siete y enseguida le dio cuerda. Tendría un día muy agitado, lleno de reuniones de última hora ese sábado antes de las elecciones. Y bostezando, apagó la luz.

Julio también se había ido a su pieza, pero, en vez de acostarse, se había puesto a escribir un discurso electoral estimulado por la discusión recientemente sostenida con su padre. Estaba seguro de que al día siguiente tendría ocasión de usarlo.

Don Ricardo, después de levantarse de la mesa, había ido al baño y, olvidándose de los temas políticos, había empezado a lavarse los dientes después de asegurarle a Marta, su esposa, que sí, que ya iba a meterse pronto a la cama. "...................... [ilegible] .... [ilegible] se, que ya es tarde, que apaguen la luz, que no puedo dormir, y cuanto rezongo hay."

La tranquilidad reinaba, por fin, en la casa de los Fuentes.

De pronto, el lastimero aullido de una sirena rompió el silencio de la noche.

Julio y Alfredo Fuentes, ambos voluntarios de la Primera Compañía de Bomberos, la que reclutaba a sus servidores entre las personas distinguidas de la sociedad capitalina, se aprestaron precipitadamente a acudir al siniestro al oír el insistente llamado que el deber cívico les imponía. Julio, nerviosamente, arrebató la chaqueta de cuero que colgaba de una percha, se echó una toalla al cuello y, cogiendo el casco dorado de su oficio, salió a escape hacia el garage. Alfredo, por su parte, semi-dormido aún, se levantó de un salto de su cama y, tropezando en la oscuridad de su cuarto trató de encontrar su ropa. Despierto al fin, prendió la luz y se vistió a medias con su uniforme de trabajo. A la carrera por el pasillo que conducía a la puerta trasera de la casa y al garage, trataba aún de abrocharse un porfiado botón de la pesada chaqueta.

A todo esto Julio ya había puesto el carro en marcha y tocaba insistentemente la bocina.

--¡Por fin llegas! --exclamó Julio. Y puso el cambio en primera haciendo partir el coche con un salto entre un fuerte crujido del engranaje. Casi al mismo tiempo frenó súbitamente y le gritó a su hermano:

--¡La puerta! ¡Bájate a abrir la puerta!

Alfredo saltó del carro y se abalanzó a abrir la reja de hierro que les impedía el acceso a la calle. En ese momento, el azorado Alfredo se dio cuenta de que no se había puesto los zapatos. Sin volver al coche emprendió la carrera hacia la casa mientras le gritaba a su hermano:

--¡Espérame!... ¡Los zapatos...! ¡Los zapatos...!

Alfredo desapareció dentro de la casa sin alcanzar a oír las seleccionadas recriminaciones que le lanzó su hermano. Al entrar corriendo en la casa vio a su padre que, en camisa de dormir y a pie pelado, venía hacia él tratando de decirle algo. Sin prestarle atención, pasó a su lado, jadeando y a grandes zancadas. Penetró en su alcoba, recogió los zapatos y al volverse para comenzar de nuevo su loca carrera, calzado en mano, por poco se da de narices con Don Ricardo en la puerta misma del dormitorio.

--¡Alfredo! ¡Escucha de una vez! ¡Llamaron por teléfono del Cuartel de Bomberos... El incendio...!

Es en el local del Partido Nacionalista...!

--¡Caramba! --dijo Alfredo con voz ronca. Y eso fue todo lo que Don Ricardo le oyó decir, pues Alfredo ya había desaparecido en la penumbra del pasillo. Un segundo después, oyó Don Ricardo el ruido furioso del motor del carro que arrancaba a gran velocidad.

Julio manejaba el coche con un desprecio absoluto y las gomas del vehículo chirriaban al patinar peligrosamente en las violentas curvas. Agarrado al asiento, Alfredo iba inclinado hacia adelante, mirando fijamente al camino y con las mandíbulas apretadas en firme determinación. A medida que se acercaban al lugar del siniestro, aumentaba el número de personas que corrían por la calle y el ruido ominoso de las bocinas de las bombas se dejaba oír con persistencia cada vez mayor. Por fin, enfilaron por una calle al fondo de la cual se vislumbraban algunas llamaradas que surgían hacia el cielo entre espeso humo. Julio detuvo el carro y ambos se bajaron precipitadamente y emprendieron una rápida carrera.

Atravesando un cordón de policía, los dos hermanos empezaron a recibir las órdenes entrecortadas de su Comandante. La confusión era tremenda: gritos por todas partes, gente corriendo, saliendo y entrando del local amenazado, mangueras culebreando por el suelo, ruido de vidrios rotos, objetos y muebles lanzados desde lo alto por los heroicos voluntarios y, en medio de todo, chorros de agua que rebotaban en las paredes y empapaban cuanto objeto y ser humano se encontraba en la calle.

Alfredo, sin perder tiempo, se encaramó por una escalera extendida desde un moderno y rojo carro de bombas y empezó a subir rápidamente por ella. Julio tomó una gruesa manguera que alguien le pasó y, sujetando el poderoso pitón con todas sus fuerzas, dirigió el enorme chorro de agua hacia la ventana por la que iba penetrando su hermano. Empujado por el impacto del húmedo elemento, Alfredo cayó de bruces dentro de la habitación, volando su casco por el suelo.

Se levantó, desabrochó como pudo un hacha de mano que llevaba a la cintura y se abalanzó contra una puerta que le impedía el paso. Después de unos cuantos golpes furiosos con el afilado instrumento, la puerta cedió, hecha astillas y Alfredo penetró en un corredor cargado de negro humo. Cubriendo su cara con la toalla mojada, siguió por el pasadizo y desembocó en una gran oficina. Esta estaba llena de humo.

--¡A ver'... ¡Esta caja de fondos'... ¡A la una... a las dos... y a las tres...! --exclamaban los voluntarios dándose ánimo. Y la pesada mole de fierro voló por una ventana hacia la calle.

--¡Los archivos! --gritó Alfredo, tosiendo por el humo --¡Hay que salvar los archivos!

Ayudado por dos o tres personas Alfredo llevó hacia la ventana el pesado mueble que contenía los archivos del Partido Y, empujando todos penosamente, lograron hacer pasar el voluminoso estante por la destrozada celosía. En su viaje por el espacio, se abrieron las puertas del armario el que, dejando una estela de papeles tras sí, se hizo añicos en el pavimento de la calzada.

--¡Al techoooo! --se oyó a alguien que gritaba a voz en cuello.

Alfredo y los demás, dejaron de hacer lo que en ese momento les ocupaba y partieron desbocados en dirección de una terraza. Sin saber cómo, escalando una pared por aquí, apoyándose en algún caño de agua por acá, Alfredo se encontró en el techo del edificio, cerca del lugar en que las llamas parecían salir con más furia. Blandiendo el hacha nuevamente, empezó a destrozar tejas y planchas de lata que daba gusto.

--¡¡¡Cuidadadoooo!!! --exclamó alguien angustiosamente.

Dándose cuenta instintivamente que el techo estaba a punto de derrumbarse, Alfredo se dejó resbalar y, con un salto cayó pesadamente en la terraza. Equilibrándose precariamente, corrió en seguida por una estrecha cornisa que conectaba este lugar con una explanada en el edificio vecino. No bien se había puesto fuera de peligro, cuando un estruendo horroroso le indicó que el techo, consumido sus cimientos por las voraces llamas, acababa de hundirse.

Pasadas algunas horas de arduo trabajo, los bomberos lograron finalmente circunscribir el fuego. Fuera de algunos que habían sufrido lesiones de carácter leve y uno que otro pequeño principio de asfixia, no hubo mayores daños personales que lamentar. Alfredo y Julio Fuentes, agotados por completo, regresaron a su hogar sin hablar palabra, hechos una sopa y sucios como carboneros.

A lo lejos, por encima de las colinas, la suave claridad del alba rompía ya la oscuridad de la noche.

51.41.2   Response drill

    1   ¿Por qué estaban de acuerdo los observadores políticos y la prensa imparcial de Surlandia
         en que estas elecciones serían de decisiva importancia para el país?

    2   ¿Cuáles eran los partidos políticos que se disputaban el predominio en las elecciones en
         Surlandia y cuáles eran sus fines políticos?

3 Enumere los distintos grupos de personas que formaban corrillos o se agolpaban frente a las improvisadas tribunas públicas desde las cuales peroraban los candidatos y dirigentes políticos.

4 ¿De qué medios se valían los distintos dirigentes de los partidos políticos para llamar la atención del público y ensalzar a sus candidatos o partidos?

   a) ¿Eran estos medios semejantes a los que usan en este país los dirigentes políticos? Explique si hay alguna diferencia.

5 ¿Cuál era el partido político de Julio y Alfredo Fuentes, y qué posiciones ocupaban ellos dentro del partido?

6 Explique las diferencias entre las ideas políticas de Don Ricardo Fuentes y sus hijos Alfredo y Julio.

7 Relate detalladamente lo que hicieron Don Manuel y sus hijos una vez terminada la discusión política.

8 ¿Por qué tuvieron que salir Julio y Alfredo cuando el lastimero aullido de una sirena de bomberos rompió el silencio de la noche?

9 Describa cómo se vistieron Julio y Alfredo ante el insistente llamado que el deber cívico les imponía.

10 ¿Por qué tuvo que bajarse Alfredo del carro, y de qué se dio cuenta en ese momento?

11 Relate la entrada de Alfredo a la casa y su encuentro con Don Ricardo.

12 Describa la confusión que reinaba en el lugar del siniestro.

13 ¿Qué fue lo primero que hicieron Alfredo y Julio al llegar al lugar del incendio?

14 ¿Pudieron Alfredo y los otros voluntarios salvar la caja de fondos y los archivos del partido? Explique lo que sucedió.

15 ¿Qué tuvo qué hacer Alfredo para que el techo no se derrumbara encima de él?

52.1   BASIC SENTENCES.   Jose sets the date.

ENGLISH SPELLING

SPANISH SPELLING

John:
Jose, you look depressed this morning. What's the trouble?

Juan:
José, te veo decaído esta mañana. ¿Qué te pasa?

depressed

decaído

Jose:

José:
Last night I had a serious talk with Carmen's mother. She hinted for me to set the date for our wedding.

Anoche tuve una conversación seria con la madre de Carmen. Me insinuó que fijara la fecha de nuestra boda.

the conversation   la conversación
the mother   la madre
to insinuate, to suggest, to hint   insinuar

to love

querer

John:
Well... Why don't you do it? You love her, don't you?

Juan:
Bueno... ¿Por qué no lo haces? Tú la quieres, ¿no?

the study   el estudio
the architecture   la arquitectura

Jose:
Of course I love her! She's not only a pretty girl, but she's also intelligent and good.

José:
¡Claro que la quiero! Es una chica no sólo bonita sino también inteligente y buena.

But, you understand, I'd like to finish my studies in architecture before getting married. Afterwards it would be more difficult.

Pero, tú comprendes, yo quisiera terminar mis estudios de arquitectura antes de casarme. Después sería más difícil.

John:

I didn't know you had studied architecture. How long has it been since you stopped studying?

Juan:

No sabía que tú habías estudiado arquitectura. ¿Cuánto tiempo hace que dejaste tus estudios?

    generous
    unselfish
    to sacrifice
    to continue

    generoso
    abnegado
    sacrificar
    continuar

Jose:

I stopped three years ago, when my father died. My mother is a generous and unselfish person and would have sacrificed everything so that I could continue; but I wouldn't accept it. (1)

José:

Los dejé hace tres años, cuando murió mi padre. Mi madre es una persona generosa y abnegada y lo habría sacrificado todo para que continuara; pero no quise aceptárselo.

    the resources
    to obtain, to get
    the scholarship

    los recursos
    conseguir
    la beca

John:

If you needed money, why didn't you try to get a scholarship?

Juan:

Si te faltaban recursos ¿por qué no trataste de conseguir una beca?

    the success
    the employment, job

    el éxito
    el empleo

Jose:
I did everything I could; but I didn't have any luck...Then this job came up... I had been working here six months when I met Carmen.

John:
Have you been working here long?

Jose:
It's been three years now, more or less.

John:
Then you must be earning a good salary, and by the time you get married you'll have a nice savings account. Furthermore, you have an interesting and secure job here. What more do you want?

    local
    the future
    the limit
    to progress
    the career

Jose:
I like my work and I'm not complaining; but you know that a local employee doesn't have much

---

José:
Hice todo lo que pude; pero no tuve exito... Luego me salió este empleo... Trabajaba aquí desde hacía seis meses cuando conocí a Carmen.

Juan:
¿Hace mucho tiempo que trabajas aquí?

José:
Ya hace tres años, más o menos.

Juan:
Entonces debes de ganar un buen sueldo y para la fecha de tu matrimonio tendrás una buena cuenta de ahorros. Además aquí tienes un trabajo interesante y seguro. ¿Qué más quieres?

    local
    el porvenir
    el límite
    progresar
    la carrera

José:
Mi trabajo me gusta y no me estoy quejando; pero tú sabes que un empleado local no

    the marriage   el matrimonio
    the account   la cuenta
    the savings   los ahorros

future. In the Embassy you get to a certain point and then you can't go any further. It's not the same as having a career.

tiene mucho porvenir. En la Embajada se llega hasta cierto límite y después no se puede progresar más. No es lo mismo que tener una carrera.

the investigator
in charge
the report
the firm

el investigador
encargado
el informe
la firma

Do you know Mr. Perez, the commercial investigator, who's in charge of the reports on commercial firms?

¿Conoces al Sr. Pérez, el investigador comercial, que está encargado de los informes sobre firmas comerciales?

the veterinarian

el veterinario

John:
Jesus Perez, the one they call "the veterinarian"?

Juan:
¿Jesús Pérez, a quien le dicen "el veterinario"?

the veteran

el veterano

Jose:
Not "veterinarian", but "veteran".

José:
No veterinario, sino veterano.

to understand, "catch on"

caer

John:
I know him very well. Now I get it! They call him "veteran" because he's worked here for a long time.

Juan:
Lo conozco muy bien. ¡Ahora caigo! le dicen "veterano" porque trabaja aquí desde hace mucho tiempo.

the grade, degree

el grado

the stimulus

el estímulo

Jose:
Well, just look at Mr. Perez. He's an excellent person; but it's been ten years since he reached the highest grade that a local employee can reach. Since then he's been lacking in incentive, and what is he now? Just a nice guy!

José:
Pues, fíjate en el Sr. Pérez. Es una excelente persona; pero hace diez años que alcanzó el grado más alto al que puede llegar un empleado local. Desde entonces le ha hecho falta estímulo y ¿qué es ahora? ¡Sólo un buen hombre! (2)

John:
Do you know what I wanted to be?

Juan:
¿Sabes lo que yo quería ser?

Jose:
I don't have the slightest idea.

José:
No tengo la menor idea.

    famous
    the explorer

    famoso
    el explorador

John:
Believe it or not, I would have liked to be a famous explorer.

Juan:
Aunque no lo creas, yo hubiera querido ser un famoso explorador.

    to explore
    the Amazon river
    to satisfy
    the liking, desire

    explorar
    el Amazonas
    satisfacer
    la afición

Jose:
Don't tell me! Well, while you're here you can explore the Amazon and satisfy your desire that way.

José:
¡No me digas! Pues, mientras estás aquí puedes explorar el Amazonas y así satisfacer tu afición.

John:
  the plan (drawing)
  the architect

Juan:
  el plano
  el arquitecto

John:
And you can draw the plans for your house. When you get married you can build it yourself, without the need of an architect or engineer.

Juan:
Y tú puedes hacer los planos para tu casa. Cuando te cases puedes construirla tú mismo, sin necesidad de arquitecto o ingeniero.

  original, unusual
  dangerous

  original
  peligroso

Jose:
Don't you think it's better for me to wait until I've graduated? I haven't seen a book on architecture for three years. If I made the plans it would turn out to be not only an unusual, but also a dangerous house. It would probably fall down.

José:
¿No crees que es mejor que espere hasta que me haya graduado? No he visto un libro de arquitectura desde hace tres años. Si yo hiciera los planos resultaría una casa no sólo original sino peligrosa. Probablemente se caería.

  to postpone

  aplazar

John:
Probably so. Getting back to the matter of your wedding, in the U.S. there are a lot of married students in college. I don't see why you have to postpone the wedding until you graduate. You can get married and try again to win yourself a scholarship.

Juan:
Eso es lo más probable. Volviendo al tema de tu boda, en los Estados Unidos se encuentran en las universidades muchos estudiantes casados. No veo por qué tienes que aplazar la boda hasta que te gradúes. Puedes casarte y volver a tratar de ganarte una beca.

  the lover
  inseparable

  el enamorado
  inseparable

Jose:
Actually, we'd better set the date. Carmen

José:
En realidad es mejor que fijemos la fecha. Carmen y yo somos un par de enamorados in-separables.

the patron	el patrón
happy	feliz
the proverb	el refrán
to take a risk	arriesgarse
to cross	cruzar

We could get married on St. Joseph's day. He's the patron of happy homes... As the proverb says: "Nothing ventured, nothing gained".

Podríamos casarnos el día de San José, que es patrón de los hogares felices... Como dice el refrán: "El que no se arriesga no cruza el mar."

the guest   el invitado

I needn't tell you that you'll be the first one on the guest list.

No necesito decirte que serás el primero en la lista de invitados.

52.10   Notes on the basic sentences

(1)   It was pointed out in 51.10, Note 1, that forms of the verb querer in Past I often convey the meaning 'tried to'. Note that, quite logically, negative forms of the same verb in Past I often translate 'refused to, wouldn't'.

(2)   While un buen hombre has the basic meaning 'a nice guy', in many contexts, as in this one, it carries the somewhat pejorative implication that the person being talked about is an average sort of individual, unable to offer anything very special beyond his pleasant personality.

52.2   DRILLS AND GRAMMAR

52.21   Pattern drills

52.21.1   Pero vs. sino; special uses of sino

A.   Presentation of pattern

ILLUSTRATIONS

It's not John, but (rather) Joe.   1   No veterinario, sino veterano.

                                                             2   No es Juan, sino José.

He didn't marry Mary, but (rather) Alice.   3   No se casó con María, sino con Alicia.

We're not going tomorrow, but (rather)   4   No vamos mañana, sino el miércoles.
on Wednesday.

                                                             5   No fue precisamente así, sino que te dije
                                                                 que aquí hay ciertas diferencias con el
                                                                 castellano de Madrid.

Mary doesn't dance, but (rather) she sings.   6   María no baila, sino que canta.

Mary doesn't dance, but (however) she does   7   María no baila, pero canta.
sing.

I don't like that one, but (rather) this   8   No me gusta ése, sino éste.
one.

I don't like that one, but I do like   9   No me gusta ése, pero éste sí.
this one.

                                                            10   Si yo ganara tanto dinero como mi hermana,
                                                                 no sólo iría a los Estados Unidos, sino que
                                                                 viajaría a Europa por dos meses.

11 Es una chica no sólo bonita sino también
    intelligente y buena

12 Si yo hiciera los planos resultaría una
    casa no sólo original sino peligrosa.

13 No podía captar sino la mitad de lo que me
    decías.

14 No hemos visitado sino un solo país.

We've visited only one country.

52.21.11 Patterned response drill I

Problem: Usted alquiló un cuarto, ¿verdad? (casa)

Answer: No, no alquilé un cuarto, sino una casa.

1 Ud. fue al parque, ¿verdad? (al centro)

2 Encontró a Marta ahí, ¿verdad? (a Doris)

3 Uds. dieron una vuelta, ¿verdad? (fuimos de
   compras)

4 Luego fueron al teatro, ¿verdad? (a un restorán)

5 Uds. pidieron rosbif, ¿verdad? (jamón)

6 Luego fueron a casa, ¿verdad? (al cine)

7 Fueron a pie, ¿verdad? (tomamos un taxi)

8 Llegaron tarde, ¿verdad? (temprano)

9 Fue una película francesa, ¿verdad? (alemana)

No, no fui al parque, sino al centro.

No, no encontré a Marta, sino a Doris.

No, no dimos una vuelta, sino que fuimos
de compras.

No, no fuimos al teatro, sino a un restorán.

No, no pedimos rosbif, sino jamón.

No, no fuimos a casa, sino al cine.

No, no fuimos a pie, sino que tomamos un taxi.

No, no llegamos tarde, sino temprano.

No, no fue francesa, sino alemana.

10 Y cuando salieron, llovía, ¿verdad? (nevaba)

No, no llovía, sino que nevaba.

11 Por eso, llamaron un taxi, ¿verdad? (decidimos caminar)

No, no llamamos un taxi, sino que decidimos caminar.

52.21.12 Translation drill

1 There they don't sell meat, but (rather) fish.
There they don't sell meat, but they (do) sell fish.

Allí no venden carne sino pescado.
Allí no venden carne pero venden pescado.

2 It's not my throat that hurts, but my chest.
My throat doesn't hurt, but my chest does.

No me duele la garganta sino el pecho.
No me duele la garganta pero me duele el pecho.

3 The house doesn't suit me, but the apartment does.
It's not the house that suits me, but the apartment.

No me conviene la casa pero me conviene el apartamento.
No me conviene la casa sino el apartamento.

4 I don't have the vaccination certificate, but I (do) have the health certificate.
I don't have the vaccination certificate, but (rather) the health certificate.

No tengo el certificado de vacuna, pero tengo el de salud.
No tengo el certificado de vacuna sino el de salud.

5 We didn't go to the University, but to the Air Force Mission.
We didn't go to the University, but we did go to the Air Force Mission.

No fuimos a la universidad sino a la Misión de la Fuerza Aérea.
No fuimos a la universidad pero fuimos a la Misión de la Fuerza Aérea.

6 I didn't eat olives, but (rather) little pastries.
I didn't eat olives, but I ate little pastries.

No comí aceitunas sino pastelitos.
No comí aceitunas pero comí pastelitos.

7   Carmen didn't eat salad, but pork-chops.

    She didn't eat salad, but she did eat pork-chops.

8   Antonio has no fever, but he has (a) cough.

    Antonio doesn't have a fever, but (rather) a cough.

9   I didn't run, but I did walk very fast.

    I didn't run, rather I walked very fast.

10 I didn't read it, but (however) I heard it on the radio.

    I didn't read it, rather I heard it on the radio.

11 They didn't cancel the appointment, rather they changed it.

    They didn't cancel the appointment, but they did change it.

12 We didn't play tennis, but we swam.

    We didn't play tennis, but (rather) we swam.

13 We didn't eat bread, but (however) we cooked chicken.

    We didn't eat bread, but (rather) we cooked chicken.

14 He didn't leave in his car, but (rather) he took a taxi.

    He didn't leave in his car, but (however) he did take a taxi.

15 I didn't say it, but (however) I did hint at it.

    I didn't say it, but (rather) I hinted at it.

Carmen no comió ensalada sino chuletas de cerdo.

Ella no comió ensalada pero comió chuletas de cerdo.

Antonio no tiene fiebre pero tiene tos.

Antonio no tiene fiebre sino tos.

No corrí, pero anduve con mucha prisa.

No corrí, sino que anduve con mucha prisa.

No lo leí, pero lo oí en la radio.

No lo leí, sino que lo oí en la radio.

No cancelaron la cita, sino que la cambiaron.

No cancelaron la cita, pero la cambiaron.

No jugamos tenis, pero nadamos.

No jugamos tenis, sino que nadamos.

No comimos pan, pero cocinamos pollo.

No comimos pan, sino que cocinamos pollo.

No salió en su coche, sino que tomó un taxi.

No salió en su coche, pero tomó un taxi.

No lo dije, pero lo insinué.

No lo dije, sino que lo insinué.

52.21.13 Patterned response drill II

Problem: ¿Tiene Ud. dos dólares? (uno)
Answer: No, no tengo sino uno.

1 ¿Gana Ud. más de trescientos pesos? (doscientos)

No, no gano sino doscientos.

2 ¿Tiene José muchos primos? (tres)

No, no tiene sino tres.

3 ¿Le falta a Ud. mucho dinero para comprarlo? (cincuenta pesos)

No, no me faltan sino cincuenta pesos.

4 ¿Tienen Uds. mucho tiempo? (cinco minutos más)

No, no tenemos sino cinco minutos más.

5 ¿Va a gastar Pablo dos mil dólares en otro carro? (novecientos)

No, no va a gastar sino novecientos dólares.

6 ¿Le gustan a su esposa las películas extranjeras? (americanas)

No, no le gustan sino las películas americanas.

7 ¿Te han pagado bastante? (veinte pesos)

No, no me han pagado sino veinte pesos.

8 ¿Trabajan ellos mucho? (seis horas al día)

No, no trabajan sino seis horas al día.

9 ¿Ve Ud. a Rosa muy a menudo? (dos veces a la semana)

No, no la veo sino dos veces a la semana.

10 ¿El se lo preguntó a Ud. varias veces? (una vez)

No, no me lo preguntó sino una vez.

11 ¿Ganaron todos? (Pedro y yo)

No, no ganamos sino Pedro y yo.

12 ¿Pidió Ud. para todos? (para mí)

No, no pedí sino para mí.

13 ¿Hizo Ud. todas las comidas? (el almuerzo)

No, no hice sino el almuerzo.

14 ¿Practica Ud. muchos deportes? (el fútbol)

No, no practico sino el fútbol.

15 ¿Perdieron Uds.? (Ricardo)

No, no perdió sino Ricardo.

16 ¿Faltó mucha gente? (cuatro)

No, no faltaron sino cuatro.

17 ¿Confesaron todos? (el más joven)   No, no confesó sino el más joven.

1̶8̶ ¿̶.̶.̶.̶.̶ ̶t̶o̶d̶a̶ ̶l̶a̶ ̶f̶a̶m̶i̶l̶i̶a̶?̶ ̶(̶.̶.̶.̶ ̶h̶e̶r̶m̶a̶n̶o̶)̶   N̶o̶,̶ ̶.̶.̶ ̶.̶.̶.̶.̶.̶.̶ ̶s̶i̶n̶o̶ ̶.̶.̶.̶ ̶h̶e̶r̶m̶a̶n̶o̶.̶

19 ¿Estudiaban Uds. día y noche? (de noche)   No, no estudiábamos sino de noche.

52.21.14 Construction substitution drill

   Problem: Habla inglés muy bien y conversa como americano.
   Answer: No sólo habla inglés muy bien sino que conversa como americano.

   1 Es un buen médico y cobra poco.   No sólo es un buen médico sino que cobra poco.

   2 Me acuesto tarde y me levanto   No sólo me acuesto tarde sino que me levanto
      temprano.   temprano.

   3 Falta mucho y tampoco avisa.   No sólo falta mucho sino que tampoco avisa.

   4 No pone atención e interrumpe a cada   No sólo no pone atención sino que interrumpe
      momento.   a cada momento.

   5 Gana poco y gasta mucho.   No sólo gana poco sino que gasta mucho.

   6 Habla mucho y no deja que nadie   No sólo habla mucho sino que no deja que
      hable.   nadie hable.

   7 No mandó las cartas y las perdió.   No sólo no mandó las cartas sino que las
                                                         perdió.

   8 Maneja mal y no tiene permiso.   No sólo maneja mal sino que no tiene permiso.

   9 Llega tarde y no da ninguna excusa.   No sólo llega tarde sino que no da ninguna
                                                         excusa.

   10 Bebe mucho y se emborracha casi todos   No sólo bebe mucho sino que se emborracha
      todos los días.   casi todos los días.

B. Discussion of pattern

In most cases, the English word 'but' is rendered in Spanish by pero. However, when 'but' introduces a correction or substitution for something which has just been denied, it is translated by sino, or
by sino que when a finite verb follows. Thus sino (que) can be considered to mean 'but (rather)', while
pero means 'but' in the sense of 'however'. Note that sino or sino que must always be preceded by a negative clause or phrase.

Sino (que) is also used with the following meanings:

'except':   Nadie puede hacerlo sino yo.   'Nobody but me can do it.'

'only':   No tengo sino dos dólares.   'I have only two dollars.'

'(not only)...but (also)...':   No sólo toca la guitarra, sino   'He not only plays the guitar,
                   que canta también.   but also sings.'

52.21.2   Constructions with desde, desde que, hace, desde hace, hacía, desde hacía.

A. Presentation of pattern

ILLUSTRATIONS

I've been here since yesterday.   1 ¿Desde cuándo está aquí?

                                       2 Estoy aquí desde ayer.

                                       3 ¿Desde cuándo se siente así?

                                       4 Hace tres días que tengo un dolor de cabeza
                                          que no se me quita.

                                       5 Si hace más de media hora que te ando buscando.

                                       6 Hace años que está muy abandonada.

¿Hace mucho tiempo que trabajas aquí?

I've been living here since my father died.

I had been working here six months
when I met Carmen.

7   ¿Hace mucho tiempo que trabajas aquí?

8   Vivo aquí desde que murió mi padre.

9   Trabaja aquí desde hace mucho tiempo.

10 Trabajaba aquí desde hace hacía seis meses cuando
    conocí a Carmen.

11 Hacía seis meses que trabajaba aquí cuando
    conocí a Carmen.

52.21.21 Patterned response drill I

Problem: ¿Desde cuándo estás resfriado?

Answer: Estoy resfriado desde ayer.

1   ¿Desde cuándo tienes fiebre?   Tengo fiebre desde ayer.

2   ¿Desde cuándo trabaja aquí?   Trabajo aquí desde el año pasado.

3   ¿Desde cuándo no estudia arquitectura?   No la estudio desde 1958.

4   ¿Desde cuándo tienes tu casa en venta?   La tengo en venta desde el mes pasado.

5   ¿Desde cuándo tienes dolor de cabeza?   Lo tengo desde ayer.

6   ¿Desde cuándo no ves a tu hermano?   No lo veo desde la navidad pasada.

7   ¿Desde cuándo está nevando?   Está nevando desde anoche.

8   ¿Desde cuándo es Ud. piloto?   Soy piloto desde el año 1941.

9   ¿Desde cuándo canta ella ópera?   Canta ópera desde 1958.

10 ¿Desde cuándo está viajando tu   Está viajando desde el mes pasado.
    hermano?

11 ¿Desde cuándo puede comer carne?   Puede comer carne desde enero.

12 ¿Desde cuándo sabe leer?   Sabe leer desde la edad de 4 años.

13 ¿Desde cuándo trae ese vestido puesto?   Lo traigo desde ayer.

14 ¿Desde cuándo quieres comprar carro?   Quiero comprar carro desde el día de
                                                        mi cumpleaños.

15 ¿Desde cuándo dices que está tu suegra en tu casa? Digo que está en mi casa desde el año
                                                        pasado.

16 ¿Desde cuándo gastas tanto dinero? (gano más)   Gasto tanto dinero desde que gano más.

17 ¿Desde cuándo ponen atención? (los regañé)   Ponen atención desde que los regañé.

18 ¿Desde cuándo hace vestidos? (aprendió a coser)   Hace vestidos desde que aprendió a coser.

19 ¿Desde cuándo vienen a tu casa? (tenemos teléfono) Vienen a mi casa desde que tenemos
                                                        teléfono.

20 ¿Desde cuándo se escriben Uds.? (somos novios)   Nos escribimos desde que somos novios.

52.21.22 Patterned response drill II

Problem: ¿Desde cuándo trabaja Ud. aquí? (or) ¿Cuánto tiempo hace que trabaja Ud. aquí?
Answer I: Hace cuatro años que trabajo aquí.
Answer.II: Trabajo aquí desde hace cuatro años.

1 ¿Desde cuándo tiene Ud. ese catarro?   Hace dos días que lo tengo.
                                                        Lo tengo desde hace dos días.

2. ¿Cuánto tiempo hace que no ve Ud. a   Hace un año que no los veo.
    sus padres?   No los veo desde hace un año.

3 ¿Desde cuándo se siente ella mal?

Hace varios días que se siente mal.
Se siente mal desde hace varios días.

4 ¿Cuánto tiempo hace que viven Uds. en este apartamento?

Hace seis meses que vivimos aquí.
Vivimos aquí desde hace seis meses.

5 ¿Desde cuándo le duele a Ud. el cuello?

Hace un día que me duele.
Me duele desde hace un día.

6 ¿Cuánto tiempo hace que conoce Ud. a José?

Hace cinco años que lo conozco.
Lo conozco desde hace cinco años.

7 ¿Desde cuándo es Ud. americano?

Hace un año que soy americano.
Soy americano desde hace un año.

8 ¿Cuánto tiempo hace que no hablan ellos alemán?

Hace mucho tiempo que no lo hablan.
No lo hablan desde hace mucho tiempo.

9 ¿Desde cuándo no visitan Uds. a sus amigos?

Hace una semana que no los visitamos.
No los visitamos desde hace una semana.

10 ¿Cuánto tiempo hace que piensa Ud. hacer eso?

Hace tres días que pienso hacer eso.
Pienso hacer eso desde hace tres días.

11 ¿Desde cuándo no vas a tu país?

Hace un año que no voy.
No voy desde hace un año.

12 ¿Cuánto tiempo hace que Guillermo no fuma?

Hace seis meses que no fuma.
No fuma desde hace seis meses.

Problem: ¿Cuánto tiempo hacía que Ud. trabajaba en la Embajada cuando conoció a Carmen?

Answer I: Hacía seis meses que trabajaba allí cuando la conocí.

Answer II: Trabajaba allí desde hacía seis meses cuando la conocí.

13 ¿Cuánto tiempo hacía que Ud. conocía a Sebastián cuando se casó con él?

Hacía un año que lo conocía cuando me casé con él.
Lo conocía desde hacía un año cuando me casé con él.

14 ¿Cuánto tiempo hacía que Ud. vivía en Colombia cuando le llegaron los muebles?
Hacía tres meses que vivía allí cuando me llegaron.
Vivía allí desde hacía tres meses cuando me llegaron.

15 ¿Cuánto tiempo hacía que Jorge tenía dolor de cabeza cuando llamó al médico?
Hacía casi un día que lo tenía cuando lo llamó.
Lo tenía desde hacía casi un día cuando lo llamó.

16 ¿Cuánto tiempo hacía que Marta estudiaba francés cuando empezó a estudiar español?
Hacía dos años que estudiaba francés cuando empezó a estudiar español.
Estudiaba francés desde hacía dos años cuando empezó a estudiar español.

17 ¿Cuánto tiempo hacía que Ud. dormía cuando lo despertaron?
Hacía una hora que dormía cuando me despertaron.
Dormía desde hacía una hora cuando me despertaron.

18 ¿Cuánto tiempo hacía que Uds. manejaban cuando tuvieron el accidente?
Hacía media hora que manejábamos cuando tuvimos el accidente.
Manejábamos desde hacía media hora cuando tuvimos el accidente.

19 ¿Cuánto tiempo hacía que ellos jugaban cuando los llamaron?
Hacía quince minutos que jugaban cuando los llamaron.
Jugaban desde hacía quince minutos cuando los llamaron.

20 ¿Cuánto tiempo hacía que Uds. miraban la televisión cuando oyeron la explosión?
Hacía unos pocos minutos que mirábamos la televisión cuando oímos la explosión.
Mirábamos la televisión desde hacía unos pocos minutos cuando oímos la explosión.

21 ¿Cuánto tiempo hacía que Marta cantaba en el coro cuando recibió el contrato?
Hacía cuatro años que cantaba en el coro cuando lo recibió.
Cantaba en el coro desde hacía cuatro años cuando lo recibió.

22 ¿Cuánto tiempo hacía que ellos salían juntos cuando decidieron casarse?
Hacía dos meses que salían juntos cuando decidieron casarse.
Salían juntos desde hacía seis meses cuando decidieron casarse.

23 ¿Cuánto tiempo hacía que él era dictador cuando estalló la revolución?
    Hacía tres semanas que era dictador cuando estalló la revolución.
    Era dictador desde hacía tres semanas cuando estalló la revolución.

24 ¿Cuánto tiempo hacía que Pablo estaba en Canadá cuando supo de la muerte de su madre?
    Hacía un día que estaba allí cuando supo eso.
    Estaba allí desde hacía un día cuando supo eso.

25 ¿Cuánto tiempo hacía que lo esperabas cuando pasó por ti?
    Hacía una hora que lo esperaba cuando pasó por mí.
    Lo esperaba desde hacía una hora cuando pasó por mí.

B.   Discussion of pattern

    A common pattern in Spanish is hace + period of time + que + present tense of another verb to indicate that something which has been going on for some time in the past is still going on. In the same way, hacía + period of time + que + Past II of another verb is used to indicate that at some point in the past, something which had been going on previously was still going on. In English these ideas are usually expressed by such patterns as 'He has been...ing for...' or 'We had been...ing for...'. Note that in such an example as:

        Hace diez años que trabaja aquí.   'He's been working here for ten years',

both Spanish and English clearly imply that the person in question has worked in the past and is still working now. However, Spanish specifically states only the second idea and English only the first.

    It was noted in 50.10 that forms of llevar + time expression are commonly used as substitutes for these patterns with hacer and a form of the verb estar.

    Closely related to these patterns are those involving present tense + desde + point in time or Past II + desde + point in time:

        Estudio español desde abril.   'I've been studying Spanish since April.'
        Vivíamos allí desde 1940.   'We had been living there since 1940.'

<u>Desde que</u> is used when the period of time or point in time is represented by a finite verb:

    Aprendo más desde que estudio.   'I've been learning more since I've been studying.'
    Está aquí desde que llegó.   'He's been here since he arrived.'

Patterns involving <u>desde hace</u> and <u>desde hacía</u> are also common:

    Estudio español desde hace seis meses.   'I've been studying Spanish for six months.'
    Vivíamos allí desde hacía tres años.   'We had been living there for three years.'

Note that the preceding examples involving <u>hacer</u> show either <u>hace</u> with another verb in the present tense or <u>hacía</u> with another verb in Past II. <u>Hace</u> + time expression with a <u>past</u> tense of another verb translates English 'ago':

    Llegaron hace una hora.   'They arrived an hour ago.'
    (or: Hace una hora que llegaron.)

    Hace diez minutos estaba en la sala.   'Ten minutes ago he was in the living room.'

Similarly, <u>hacía</u> + time expression is used with the past perfect of another verb to translate 'before:

    Habían llegado hacía una hora.   'They had arrived an hour before.'
    Hacía una hora que habían llegado.

52.21.3   Adjective position

A.   Presentation of pattern

ILLUSTRATIONS

1   Pepe es un hombre <u>hábil</u>.

2   Ellos patrocinan una variedad de actividades <u>culturales</u>.

3   Lo que tiene es una gripe <u>fuerte</u>.

4   ¿Cuál es tu deporte <u>favorito</u>?

5   Son estas maletas <u>verdes</u> y este baúl <u>pequeño</u>.

6   El es un <u>buen</u> jugador.

7 Tiene muy <u>bonita</u> vista.

Last night I met your attractive and
enchanting wife.

_____

_____

8 Tendrás una <u>buena</u> cuenta de ahorros.

9 Yo hubiera querido ser un <u>famoso</u> explorador.

We met in a wonderful modern building.

_____

.10 Es una <u>excelente</u> persona.

11 ¿Qué es ahora? Sólo un <u>buen</u> hombre.

12 Anoche conocí a tu <u>atractiva</u> y <u>encantadora</u>
    esposa.

_____

13 Nos reunimos en un <u>estupendo</u> y <u>moderno</u> edificio.

14 Mi madre es una persona <u>generosa</u> y <u>abnegada</u>.

15 Aquí tienes un trabajo <u>interesante</u> y <u>seguro</u>.

We bought a pretty Swiss watch.

We bought a pretty Swiss watch.

16 Compramos un <u>bonito</u> reloj <u>suizo</u>.

17 Compramos un reloj <u>suizo</u> <u>bonito</u>.

I gave her a beautiful red skirt.

I gave her a beautiful red skirt.

18 Le regalé una <u>hermosa</u> falda <u>roja</u>.

19 Le regalé una falda <u>roja</u> <u>hermosa</u>.

52.21.31 Patterned response drill I

Problem: ¿Vimos un cine ayer? (a terrific bullfight)

Answer: No, ayer vimos una estupenda corrida.

Problem: ¿Cómo fue la corrida que vimos ayer?

Answer: Fue una corrida estupenda.

1 Blanca es estudiante, ¿verdad? (a competent secretary)
   No, es una competente secretaria.
   ¿Qué clase de secretaria es Blanca?
   Es una secretaria competente.

2 ¿Tiene Carmen un perro? (a beautiful cat)
   No, tiene un hermoso gato.
   ¿Cómo es el gato de Carmen?
   Es un gato hermoso.

3 ¿El Mayflower es un club? (a luxurious hotel)
   No, es un lujoso hotel.
   ¿Qué clase de hotel es el Mayflower?
   Es un hotel lujoso.

4 ¿Es Washington un pueblo? (an interesting city)
   No, es una interesante ciudad.
   ¿Es Washington una ciudad aburrida?
   No, es una ciudad interesante.

5 ¿María es una señora? (a pretty girl)
   No, es una linda muchacha.
   ¿Cómo es esa muchacha?
   Es una muchacha linda.

6 Roberto tuvo una recepción anoche, ¿verdad? (a gay party)
   No, tuvo una alegre fiesta.
   ¿Cómo fue la fiesta que Roberto tuvo anoche?
   Fue una fiesta alegre.

7   ¿Manolete fue un artista de cine?   (a brave bullfighter)
    No, fue un valiente torero.
    ¿Fue un torero corriente?
    No, fue un torero valiente.

8   ¿Los estudiantes tuvieron una excursión la semana pasada?   (a boring lecture)
    No, tuvieron una aburrida conferencia.
    ¿Fue una conferencia interesante?
    No. Fue una conferencia aburrida.

9   ¿Pasa Ud. siempre por esa calle?   (a long avenue)
    No, siempre paso por una larga avenida.
    ¿Pasa Ud. por una callejuela corta?
    No. Siempre paso por una avenida larga.

10 ¿Juan se comió una manzana?   (a delicious pie)
    No, Juan se comió un delicioso pastel.
    ¿Se comió Juan un pastel malo?
    No, se comió un pastel delicioso.

11 Ese proyecto es sólo una diversión, ¿no?   (an important work)
    No, es un importante trabajo.
    ¿Es un trabajo cualquiera?
    No, es un trabajo importante.

12 ¿Roberto le parece un hombre de bien?   (a bad person)
    No, me parece que es una mala persona.
    ¿Qué clase de persona es Roberto?
    Roberto es una persona mala.

13 ¿De qué goza el Sr. Morales en la sociedad? (a decent position)
     El Sr. Morales goza de una decente posición.

   ¿Cómo es la posición de que goza el Sr. Morales?
     Es una posición decente.

52.21.32 Patterned response drill II

Problem: ¿Conoce a ese hombre de negocios? (intelligent, practical)
Answer: Sí, es un hombre de negocios inteligente y práctico.

Problem: ¿Dónde lo conoció? (in his elegant, modern office)
Answer: Lo conocí en su elegante y moderna oficina.

1 ¿Le gusta el curso? (easy and interesting)
     Sí, es un curso fácil e interesante.

   ¿Qué curso me recomienda? (the instructive, practical course on economics)
     Le recomiendo el instructivo y práctico curso de economía.

2 ¿Ha oído esa pieza? (pretty and popular)
     Sí, es una pieza bonita y popular.

   ¿Qué oyó anoche? (the pretty, well known selection 'Swan Lake')
     Oí la bonita y bien conocida pieza 'El Lago de los Cisnes'.

3 ¿Se enteró del crimen? (bloody, horrible)
     Sí. Fue un crimen sangriento y horrible.

   ¿Por qué condenaron al acusado? (for his vile, bloody crime)
     Lo condenaron por su vil y sangriento crimen.

4 ¿La Lagunilla es un barrio descuidado? (ugly, dirty)
     Sí, es un barrio feo y sucio.

   ¿Vive mucha gente allí? (in their old, uncomfortable houses)
     Sí, viven en sus viejas e incómodas casas.

5 ¿Me recomienda esa máquina? (a rapid and efficient machine)
    Claro. Es una máquina rápida y eficiente
¿Terminó el trabajo? (thanks to your rapid and efficient machine)
    Lo terminé,gracias a su rápida y eficiente máquina.

6 ¿Conoces esa revista? (a varied and entertaining publication)
    Sí, es una publicación variada y entretenida.
¿Qué quisieras que te mostrara? (the short, interesting article on politics)
    Quisiera que me mostraras el corto e interesante artículo sobre política.

7 ¿Puede ver a la bailarina? (an agile, graceful girl)
    Sí, es una chica ágil y graciosa.
¿Por qué felicitó Ud. a ese señor? (for the dancing of his agile, graceful daughter)
    Lo felicité por el baile de su ágil y graciosa hija.

8 ¿Le gustó Roma? (ancient, beautiful city)
    Por supuesto, es una ciudad antigua y preciosa.
¿Qué le gustó más? (its tall, imposing cathedrals)
    Me gustaron más sus altas e imponentes catedrales.

9 ¿Cómo es el Sr. Lleras? (distinguished, kind man)
    Es un hombre distinguido y amable.
¿Dónde vive el Sr. Lleras ahora? (luxurious, beautiful Miraflores section)
    Ahora vive en el lujoso y precioso barrio Miraflores.

* * * * * * * * * * * *

Problem: ¿Es un hombre joven? (triste)
Answer: Sí, es un hombre joven pero triste.

10 ¿Es un torero valiente? (cruel)
    Sí, es un torero valiente pero cruel.

11 ¿Es un médico viejo? (competente)
   Sí, es un médico viejo pero competente.

12 ¿Es un político astuto? (decente)
   Sí, es un político astuto pero decente.

13 ¿Es un joven gordo? (simpático)
   Sí, es un joven gordo pero simpático.

14 ¿Es un gasto fuerte? (necesario)
   Sí, es un gasto fuerte pero necesario.

52.21.33 Construction substitution drill

Problem: Celebraron la fiesta con una comida peruana que era sabrosa.
Answer I: Celebraron la fiesta con una comida económica humillante.
Answer II: Celebraron la fiesta con una sabrosa comida peruana.

1 El país pasó por una situación económica que fue humillante.
   Comparon un carro europeo bonito.
   El país pasó por una situación económica humillante.
   Comparon un bonito carro europeo.

2 Comparon un carro europeo que era muy bonito.
   Comparon un carro europeo bonito.
   El país pasó por una humillante situación económica.

3 Leyeron un artículo técnico que era muy interesante.
   Leyeron un artículo técnico interesante.
   Leyeron un interesante artículo técnico.

4 Compró un vestido amarillo que era precioso.
   Compró un vestido amarillo precioso.
   Compró un precioso vestido amarillo.

5 Sirvieron un postre frío que era delicioso.
   Sirvieron un postre frío delicioso.
   Sirvieron un delicioso postre frío.

6 **Leyeron** un libro español que era bueno.
   Leyeron un libro español bueno.
   Leyeron un buen libro español.

7 **Me casé** con una chica aldeana que era bella.
   Me casé con una chica aldeana bella.
   Me casé con una bella chica aldeana.

8 El ladrón mató a una mujer casada que era preciosa.
   El ladrón mató a una mujer casada preciosa.
   El ladrón mató a una preciosa mujer casada.

52.21.34 Translation drill - paired sentences

1 I have a new car.   (newly acquired)   Tengo un nuevo auto.
   I have a new car.   (brand new)   Tengo un auto nuevo.

2 He's a poor man.   (to be pitied)   Es un pobre hombre.
   He's a poor man.   (without money)   Es un hombre pobre.

3 He's a great general.   Es un gran general.
   He's a large general.   Es un general grande.

4 He's an old employee. (many years of   Es un viejo empleado.
                            service)
   He's an old employee. (aged)   Es un empleado viejo.

5 There are certain (some) signs of a revolution.   Hay ciertas señales de revolución.
   There are sure signs of a revolution.   Hay señales ciertas de revolución.

6 He's a pitiful [sad] farmer.   Es un triste campesino.
   He's a sad farmer. (unhappy).   Es un campesino triste.

7 She's a humble lady. (low class)   Es una humilde señora.
   She's a humble lady. (showing humility)   Es una señora humilde.

8 It's the same man.   Es el mismo señor.
   It's the man himself.   Es el señor mismo.

9 He's a high ranking boss.   Es un alto jefe.
   He's a tall boss.   Es un jefe alto.

10 It's pure (nothing but) water.   Es pura agua.
   It's pure (unpolluted) water.   Es agua pura.

B. Discussion or pattern

   For the purpose of determining relative position of adjectives and the nouns they modify, it is helpful to divide adjectives into two classes:

1. Limiting adjectives; i.e., those indicating number or quantity (diez, mucho, tantos, ¿cuánto?, etc.); demonstratives (este, aquellas, etc.); possessives (su, nuestra, etc.) and certain others such as otro, algunos, and mismo. Note that all these are non-descriptive; that is, they tell nothing about the nature of the noun they modify, but only limit it in some way. Such adjectives usually precede the noun.

2. Descriptive adjectives; i.e., those which do tell something about the nature of the noun they modify, as in un buen médico, una muchacha bonita, etc. Such adjectives most commonly occur after the noun in Spanish, but precede the noun in some cases. Several factors influence the placing of descriptive adjectives with respect to the noun.

The factor of relative newness or importance of information in determining word order was discussed in 46.21.2 with respect to order of subject and verb and in 46.21.3 in connection with position of verb modifiers. This same factor has an effect on the position of descriptive adjectives with respect to the elements they modify; that is, the adjective tends to take on more importance relative to the noun it modifies when it follows the noun. Thus the sentence El es un buen médico gives the impression that the identification of the subject's profession is the important information, while his ability is more incidental. El es un médico bueno, on the other hand, places more emphasis on his ability.

A descriptive adjective will regularly follow the noun if it has a differentiating function; that is, if it serves to set the noun apart from others of the same class. Note the contrast between the following pair of sentences:

Quiero alquilar una casa que tenga un pequeño jardín.
Quiero alquilar una casa que tenga un jardín pequeño.

In the first sentence, the speaker is expressing a desire for a house with a garden, which he is taking for granted will be small. In the second sentence, he is expressing a specific preference for a house with a small garden, rather than a large one.

Certain adjectives, such as those of classification by nationality, religion, profession, scientific class, etc. are inherently differentiating and hence will almost invariably follow the noun:

la embajada americana   'the American embassy'
una iglesia metodista   'a Methodist church'
la profesión médica   'the medical profession'
el sistema métrico   'the metric system'
ácido sulfúrico   'sulphuric acid'

A descriptive adjective tends to lose any differentiating quality when it precedes the noun. Note that in certain cases this is the only logical position for such an adjective, and placing it after the noun gives a ridiculous impression. If I say Acabo de conocer a su bonita esposa, I am basically conveying the information 'I have just met your wife'. The fact that she is pretty is only incidental information. If I were to say Acabo de conocer a su esposa bonita, the position of the adjective would give the impression that 'I have just met your pretty wife', implying that you have one or more others who are not pretty.

Descriptive adjectives used in a figurative sense precede the noun and may take on a somewhat different meaning than if they follow. Thus <u>Tengo un auto nuevo</u> means that my car is literally brand-new. <u>Tengo un nuevo auto</u> means that I have a newly-acquired car, which may, however, be a used one.

The occurrence of two or more adjectives modifying the same noun presents a special problem. Limiting adjectives will normally precede the noun and any descriptive adjectives which may be present. When two descriptive adjectives modify the same noun, the following cases are possible:

1. Both adjectives precede the noun and are separated by a coordinating conjunction (<u>y</u>, <u>o</u>, <u>pero</u>):   Ayer recibí tu larga e interesante carta.

   'Yesterday I received your long, interesting letter.'

   In this example both adjectives precede because they are clearly only descriptive and not differentiating. The conjunction <u>e</u> (a variant form of <u>y</u>) indicates that the two adjectives are parallel (both modify the noun in the same way). A similar function is served by the comma between the adjectives in English.

2. Both adjectives follow the noun and are connected by <u>y</u>, <u>o</u>, or <u>pero</u>:

   Era un hombre alto y delgado.   'He was a tall, thin man'.

   Here again the two adjectives are parallel. They follow the noun because they have a dif-ferentiating function.

3. One adjective precedes the noun and the other adjective follows:

   Es un famoso escritor argentino.   'He is a famous Argentine writer'.

   When one of the two adjectives (in this case, <u>argentino</u>) is of a type normally expected to follow the noun, the other adjective most commonly precedes the noun.

4. Both adjectives follow the noun, without a connecting conjunction:

   Es un escritor argentino famoso.   'He is a famous Argentine writer'.

   The difference between this sentence and the example of No. 3 above lies in the greater importance which the adjective <u>famoso</u> assumes in the final position. Note that it would not be possible to connect the two adjectives by <u>y</u> in this case because they clearly are not parallel; rather <u>famoso</u> can be thought of as modifying the entire phrase <u>un escritor argentino</u>. Neither would it be normal to reverse the position of the two adjectives, since the classifying adjective <u>argentino</u> must come immediately after the noun. Note the close parallel to English usage: neither 'a famous, Argentine writer' nor 'an Argentine famous writer' would be normal in English.

By contrast, note the example <u>la escuela realista mexicana</u> 'the Mexican realistic school' (of painters, etc.). Here it is clear that the adjective belongs in to the realistic school while specific attention is drawn to the Mexican branch of that group. In other words, <u>realista</u>, rather than the adjective of nationality, is the classifying adjective in this case and must <u>immediately</u> follow the noun.

From what has been said it is obvious that adjective placement in Spanish is a complex problem influenced by various factors, some of which sometimes appear to overlap. The student can best absorb the most common patterns by careful observation and imitation of the usage of native speakers.

52.22   Review drills

52.22.1   Past I and Past II

The following narration is essentially an exercise on the use of Past I and Past II. It should be presented orally in class and carefully studied outside of class. Notice the distribution of the two past tenses. You should be prepared to answer questions on the story and to relate selected portions of it, paying particular attention, of course, to Past I and Past II.

<u>Una Aventura en Nueva York</u>

Hice mis estudios de especialización en los Estados Unidos. En la época en que estudiaba, vivía con mi familia en Nueva Orleans. Mi esposa y yo teníamos una niña de cinco años.

Durante las vacaciones hacíamos viajes en auto para conocer las distintas ciudades de los Estados Unidos. Generalmente íbamos sólo los tres; pero en 1957 vino de Colombia, a visitarnos, mi hermana, quien era soltera y nos acompañó en un viaje a la ciudad de Nueva York.

En Nueva York fuimos a ver los lugares de interés, y como era de rigor, subimos al edificio más alto, de donde se podía ver casi toda la ciudad. Mientras nosotros admirábamos el paisaje mi hermana tomaba películas de cine, pues mi padre le regaló una cámara el día de su santo.

También fuimos a visitar la famosa Universidad de Columbia. Cuando nosotros entrábamos a la biblioteca vimos a un compatriota nuestro que en ese momento salía. ¡Qué sorpresa tan agradable fue verlo!

Por la noche, dejábamos a la niña con una amiga colombiana, que vivía en Nueva York, y visitábamos los mejores restoranes, cines, teatros y cabarets. Yo tenía muchos deseos de ir a Radio City. En realidad quería ver a las coristas; pero eso no se lo dije a mi esposa, sino que solamente le mencioné la buena música, pues sabía que a ella le gustaba mucho.

Una noche decidí sorprender a mi esposa y a mi hermana llevándolas. Compré los boletos y fuimos. Nos divertimos mucho. Había bailarinas, que se movían al compás de la música y una regia orquesta que interpretaba composiciones clásicas y populares.

Nos quedamos sólo tres días en esa interesante ciudad ya que todo allí era carísimo y muy pronto se nos acabó el dinero. Arreglamos nuestras maletas, pagué la cuenta del hotel y descubrí que me quedaban cincuenta centavos.

Cuando estábamos listos para salir, me di cuenta que el carro necesitaba gasolina. Busqué y busqué para ver si encontraba algún billete; pero no encontré nada de dinero, solamente mi libro de cheques (chequera). Entonces empecé a manejar, sin decirles a mi esposa y a mi hermana que estaba en apuros. Esperaba encontrar un banco o algún lugar donde me pudieran cambiar un cheque.

No conocía bien la ciudad; pasamos por varios bancos y vi que todos estaban cerrados. ¡No sabía qué hacer! Dejé el auto y a mi familia en una zona de estacionamiento y le dije a mi esposa que volvería en unos minutos. Entré en un hotel y pregunté si me cambiaban un cheque personal y me dijeron que lo sentían mucho, pero que no podían. Me metí a una tienda y le hice la misma pregunta al cajero; pero obtuve una respuesta idéntica a la anterior. Entonces una linda rubia que estaba haciendo cola detrás de mí, me aconsejó que fuera a la estación del ferrocarril. Me dijo que ella iba a ir en esa dirección y que si yo quería me podía llevar. Sin vacilar me subí a su auto y cuando íbamos hacia la estación pasamos por el lugar donde había dejado el auto con mi familia. Mi esposa me vio pasar con la rubia y yo apenas pude ver la cara que puso. Como no podía detenerme para darle explicaciones le dije adiós con un gesto de la mano, pensando que regresaría muy pronto. Pero no fue así....

Esto fue lo que en realidad me ocurrió: Llegamos a la estación y la señorita me dio instrucciones para volver al sitio donde estaba mi auto. Yo me bajé del auto, le agradecí su amabilidad a la señorita, me dirigí a la estación para cambiar el cheque; pero no logré que me lo cambiaran. Me sentí desrazonado. Entonces fui a tomar el autobús que la señorita me había indicado, pero con tan mala suerte que me confundí, me equivoqué de número y cuando iba por la calle 101 me di cuenta que estaba perdido. Le pregunté al chofer lo que debía hacer para volver al lugar donde se encontraba mi familia y él me lo indicó. Le preí volví en dirección contraria y noté que habían pasado más de dos horas.

Cuando por fin llegué al lugar donde estaba mi familia encontré a mi esposa enojadísima conmigo.
~~ ~~~~ ~~~~~~~~~~ ~~ ~~~ ~~ ~~~~~ ~~~~~~~ ~ ~~~~~~ ~~~~~~~~ ~~~ ~~ ~~~~~ ¡Qué va!
dijo que por qué no le había dicho antes que necesitaba dinero, y me dio veinte dólares que había guardado.

Creo que esta aventura contribuyó a que ella se convirtiera en una solterona empedernida.

Mi hermana le preguntó a mi esposa si los hombres casados se portaban siempre así, y a mí me

52.22.2   English-Spanish lack of construction correlation: English noun-noun; Spanish noun-relator-noun

1 Give me fruit salad.	Déme ensalada de frutas.
2 Give me chocolate ice cream.	Déme helado de chocolate.
3 Give me pork chops.	Déme chuletas de cerdo.
4 Give me vegetable soup.	Déme sopa de verduras.
5 Give me apple pie.	Déme pastel de manzana.
6 Give me chicken pie.	Déme pastel de pollo.
7 I used to work in the Health Department.	Trabajaba en el Ministerio de Salubridad.
8 I'm going to work in the control tower.	Voy a la torre de control.
9 I work in the Economics Section.	Trabajo en la Sección de Economía.
10 I bought myself a summer suit.	Me compré un traje de verano.
11 I'll see you at dinner time.	Te veo a la hora de la cena.
12 I bought her a leather belt.	Le compré un cinturón de cuero.
13 They're selling it at the newspaper stand.	Lo venden en el puesto de periódicos.
14 We called the fire department.	Llamamos al cuerpo de bomberos.
15 He put the bread in a paper bag.	Puso el pan en una bolsa de papel.
16 They don't have any winter clothes.	No tienen ropa de invierno.
17 A table lamp got broken.	Se rompió una lámpara de mesa.

18   She washed the pillow cases.   Lavó las fundas de almohada.
19   He likes sales work.   Le gusta el trabajo de ventas.
20   We asked for more office equipment.   Pedimos más equipo de oficina.

                                    *   *   *   *   *   *   *

21   We bought some tennis racquets.   Compramos unas raquetas para tenis.
22   They sell chicken feed there.   Allí se vende alimento para pollos.
23   I need some cough drops.   Necesito unas pastillas para la tos.
24   The doctor gave me some nerve medicine.   El doctor me dio una medicina para los nervios.
25   I bought face soap.   Compré jabón para la cara.
26   He gave me some hand cream.   Me regaló una crema para las manos.
27   They make church benches there.   Allí se hacen bancos para iglesias.

52.22.3   Sequence of tenses with subjunctive constructions

Problem: Quiero que ella limpie la cocina.
Answer: Quería que ella limpiara la cocina.

1   Prefiero que ellos lean en español.   Prefería que ellos leyeran en español.
2   Espero que Ud. se levante temprano.   Esperaba que Ud. se levantara temprano.
3   Dudo que Ud. apueste en las carreras.   Dudaba que Ud. apostara en las carreras.
4   Deseo que Uds. resuelvan su problema.   Deseaba que Uds. resolvieran su problema.
5   Temo que él esté equivocado.   Temía que él estuviera equivocado.
6   No permito que hagan preguntas.   No permitía que hicieran preguntas.
7   Le he pedido que vuelva.   Le había pedido que volviera.

8   Siempre he querido que ellos se casen.

    Siempre había querido que ellos se casaran.

9   He sugerido que vaya al dentista.

    Había sugerido que fuera al dentista.

Problem: No permito que me interrumpan.

Answer: No permití que me interrumpieran.

10   Ordena que visitemos la misión.

    Ordenó que visitáramos la misión.

11   Siento mucho que Ud. tenga dolor de cabeza.

    Sentí mucho que Ud. tuviera dolor de cabeza.

12   Me alegro de que gane su caballo.

    Me alegré de que ganara su caballo.

13   Es bueno que ellos nos cuenten chistes.

    Fue bueno que ellos nos contaran chistes.

14   Me aconseja que venga temprano.

    Me aconsejó que viniera temprano.

15   Es mejor que no lo sepan.

    Fue mejor que no lo supieran.

16   Me pide que lo ayude.

    Me pidió que lo ayudara.

17   El hace que recordemos todo.

    El hizo que recordáramos todo.

18   Nos dice que estemos listos a las ocho.

    Nos dijo que estuviéramos listos a las ocho.

52.3   CONVERSATION STIMULUS

NARRATIVE 1

Un Pequeño Accidente de Tránsito

    Esta mañana usted está manejando su auto por la calle Sarmientos, a una velocidad razonable. Esta calle es de una sola dirección. De pronto, un auto que viene muy rápido a su derecha, bruscamente dobla a la izquierda. Usted no puede frenar a tiempo, por lo que muy levemente choca el lado izquierdo posterior.

En pocos minutos hay muchos curiosos a su alrededor, quienes se ponen a hacer diferentes comentarios sobre las causas de este pequeño choque. Usted está muy nervioso discutiendo con el otro chofer. Después de media hora, finalmente, un policía aparece.

1. Explíquele al policía cómo ocurrió el accidente, la velocidad de ambos autos, etc.

2. Usted es uno de los circunstantes que vieron el accidente. Descríbanos lo que vió.

NARRATIVE 2

Una Entrevista en el Consulado

El Sr. José Ramírez Alvarado desea viajar a los Estados Unidos, y quiere obtener una visa de inmigrante. Su papá le va a dar la garantía.

El Sr. Ramírez quiere viajar a los Estados Unidos para continuar sus estudios en la Universidad, pero él desea visa de inmigrante, para así poder trabajar de día y estudiar de noche.

1. Pídale toda la información necesaria, sobre su profesión, cantidad de dinero que tiene en el banco, y si el papá va a contribuir a su sostenimiento mientras él esté sin trabajo en los Estados Unidos. También pregúntele con quién va a vivir y qué clase de trabajo piensa hacer.

2. Después, cuéntenos lo que pasó en la entrevista con el Sr. Ramírez.

NARRATIVE 3

La Oficina de Telégrafos

Como usted va a viajar mañana a la Capital, ha decidido mandar un telegrama a un amigo en ésa, avisándole de su viaje, número del vuelo y hora de llegada.

El mensaje que usted manda tiene quince palabras. Los mensajes ordinarios cuestan 20 centavos por palabra; los mensajes urgentes cuestan 25 centavos por palabra.

1. Pregúntele al empleado qué forma debe llenar, cuánto cuesta el mensaje, y cuándo será entregado exactamente.

2. Después, cuéntenos qué hizo en la oficina de telégrafos.

Elecciones Congresales: Las Votaciones

Los periódicos, a la mañana siguiente del incendio, publicaron a primera plana y con grandes titulares los detalles del siniestro que había reducido a cenizas el local que hasta la noche anterior fuera cuartel general del Partido Nacionalista. El Presidente del partido hacía declaraciones en que indignadamente proclamaba que el incendio había sido sabotaje y culpaba al gobierno de tener ingerencia en el asunto. En todo caso, el incidente contribuyó grandemente a caldear los ánimos en la víspera de las elecciones y el día llegó a su término entre una gran expectación. Corrían toda clase de rumores. Se decía por ahí que la policía ya había apresado a los culpables, mientras que otros repetían que, de muy buena fuente, se había sabido que el Ministro del Interior presentaría la renuncia por no haber podido impedir que la policía tomara cartas en el asunto. Manifiestos iban y venían en medio de los últimos y agitados preparativos para el día crucial que se avecinaba.

Muertos por el cansancio físico, Julio y Alfredo Fuentes, que muy poco habían dormido la noche anterior, habían pasado todo el día en el local de su partido político, pegados al teléfono, dando y recibiendo instrucciones sobre los miles de detalles que siempre preceden a una justa electoral. En camisa, con las mangas arremangadas, despeinados, el cuello abierto y la corbata corrida, comiendo un sandwich y tomando sorbos apresurados de una lata de cerveza, los encontró de nuevo la oscuridad de otra noche. Turnándose, uno dormía unas horas en un sofá mientras el otro seguía en la brega.

A las ocho de la mañana se abrieron en todo el país los comicios electorales y, desde temprano, los votantes acudieron en gran número a las mesas receptoras instaladas en los edificios públicos de pueblos y ciudades. La propaganda política había cesado y sólo quedaba esperar el veredicto popular.

No muy lejos del Liceo Regional de Hombres, local que servía de centro receptor de votos al Primer Distrito Electoral de Las Palmas, existía una gran casona colonial, propiedad de unos parientes políticos de Don Rafael Angel Valenzuela. En el amplio parque que se encontraba detrás de la casa podía verse una creciente cantidad de campesinos quienes, después de desembarcar de los camiones que los habían transportado desde fincas cercanas, se daban a la grata tarea de beber cerveza y comer las chuletas, tamales y empanadas que con cariño electoral les tenían preparado sus patrones. Después, con el estómago lleno y el corazón contento, eran guiados en pequeños grupos hasta los locales en que debían sufragar y depositar los votos en el lugar apropiado.

Cerca de la hora de almuerzo, Julio Fuentes, que había estado en la casa de su Partido hasta ese momento, llegó por fin al Liceo Regional de Hombres para sufragar. Entró por las anchas puertas del establecimiento que se hallaban custodiadas por un destacamento de soldados armados. Se abrió paso por entre la muchedumbre que entraba y salía del edificio y, cruzando pasadizos y patios interiores, arribó finalmente a las inmediaciones de la Mesa Receptora en la que le correspondía votar. Una larga cola de las más variadas especies humanas se movía lentamente a cumplir con sus deberes cívicos. Julio se agregó a la hilera de gente y esperó resignadamente a que le llegara su turno. La columna avanzaba con lentitud desesperante en medio del aire recargado del recinto. A Julio le pareció que de pronto todo se detenía en el espacio. Atacado súbitamente de una claustrofobia que estaba a punto de dar al traste con sus deberes ciudadanos, sintió la imperiosa necesidad de marcharse de aquel lugar, de salir a respirar el delicioso aire puro de las calles, de irse a algún lugar solitario y perderse del mundo. Un instante más y la lucha interna haría crisis.

--¡¡SINVERGÜENZA!!... ¡¡POLICÍAAAA!!...-- gritó alguien intempestivamente.

--¡¡ATÁJENLO, QUE SE ESCAPA!!... ¡¡POLICÍAAAA!!... ¡¡ATÁJENLOOO!!...-- exclamaron otras voces.

Como por encanto se disipó la opresión que aplastaba a Julio, reaccionando de inmediato ante tan novel situación. Más adelante en la cola, cerca de la estrecha puerta más allá de la cual se encontraba la Mesa Receptora, se había producido un tumulto que Julio automáticamente asoció con algún acto de cohecho, con algún ciudadano que reaccionaba violentamente ante la oferta de un comprador de votos. De pronto, del montón de gente que forcejeaba por impedir el paso al infeliz, que por lo visto se defendía a punta de golpes, emergió éste corriendo disparado en busca de su salvación y perseguido de cerca por algunos cuyas feroces expresiones indicaban a las claras que, de cogerlo, harían papilla del pobre diablo.

Zigzagueando por entre los atónitos espectadores no bien el hombre había ganado terreno en dirección a la calle cuando se vio obligado a cambiar de rumbo ante la aparición de unos policías armados. Sin saber cómo, Julio vio que el perseguido pasaría dentro de un instante por su lado; automáticamente se agachó un tanto y estiró una pierna al paso del azorado individuo, el que, tropezando con ella dio dos vueltas en el aire, cayendo al suelo con un sonido igual al que produce una bolsa de harina al estrellarse contra un pavimento. No bien había terminado el infeliz su trayectoria cuando ya tenía encima a unos policías que lo levantaron en vilo. Uno de los guardas, que por las jinetas de su uniforme parecía ser el que comandaba el pelotón, le registró rápidamente los bolsillos y extrajo triunfalmente una elegante cartera.

--¿Es esta su billetera?-- le preguntó a un señor que seguramente era el que había dado la voz de alarma.

--Sí, ésa es-- contestó éste con voz aún ahogada por el ultraje y por la maratón que se había visto obligado a correr tras el ladrón.

--No, no, señor-- exclamó el policía en contestación a la demanda de su dueño por que se le devolviera la cartera --Tiene que venir con nosotros Ud. también.

--¿Yo? ¿Por qué tengo que ir yo?-- dijo el señor, muy molesto.

--Ud. dice que esta cartera es suya y que este individuo trató de robársela, ¿verdad?-- respondió el policía con paciencia.

--¿Mía? ¡Claro que es mía!-- exclamó con desprecio el caballero.

--Entonces-- prosiguió el representante de la ley --Ud. tiene que venir con nosotros para reconocerla.

--Pero, ¿no le estoy diciendo que es mía?-- gritó exasperado el señor --¿Qué más reconocimiento quiere!

--Esto tiene que hacerse legalmente en la estación de policía y Ud. debe acompañarnos-- replicó el otro en tono de mayor autoridad. --Y tiene que llevar testigos-- terminó.

Al oír esta alusión a testigos, el grupo que rodeaba a los actores de este drama cotidiano desapareció como por encanto. Viendo que tenía la partida poco menos que perdida, el señor pensó que era mejor ir a la estación de policía y que a falta de testigos, que sabía no los podría encontrar, usaría ciertas influencias personales.

--Muy bien-- dijo el caballero con cierto despecho --iré, pero primero tengo que votar. Después pasaré por el cuartel. Mientras tanto pueden llevarse a esta tal por cual.

--Perdone, señor-- interpuso el policía, deteniendo al ultrajado caballero que, con ademán señorial y la cara roja por su orgullo pisoteado, se dirigía ya a tomar su puesto en la cola de gente --pero es que Ud. tiene que venir ahora mismo.

--¡¡¿¿AHORA MISMO??!!-- estalló el caballero sin poder ya contenerse --¡¡SEPA UD. SO ESTÚPIDO, QUE YO NO SOY UN CUALQUIERA Y QUE COMO CIUDADANO CONSCIENTE MI PRIMER DEBER ES EL VOTAR Y ADEMÁS...!!..

--¡¡QUEDA UD. DETENIDO POR ALTERAR EL ORDEN PÚBLICO!!-- gritó el policía, tratando de tomar al caballero de viva fuerza.

--¡¡RETIRE UD. SUS MANOS DE MI PERSONA... SEPA UD. QUE YO SOY EL LICENCIADO RODRIGO JINERA DEL VALLE Y VALENZUELA, ¿ME OYE?!.!

Al oír tal lista de ilustres apellidos el policía de inmediato, aunque a regañadientes, comenzó a ajustarse al nuevo nivel social establecido.

--Lo lamento, señor-- dijo --pero yo estoy tratando de cumplir con el reglamento.

--Váyase al diablo con sus reglamentos-- contestó el caballero, sabiéndose dueño ya de la situación --Y entrégueme mi cartera-- concluyó.

Julio, a todo esto, se había mantenido al margen del altercado, aunque pronto a intervenir a la primera oportunidad. Al ver que el policía vacilaba frente a la demanda del caballero, de cuya familia Julio Fuentes conocía una de las ramas--la de los Valenzuela--interpuso:

--Mire-- le dijo al policía, pasándole sus credenciales del Ministerio de Relaciones Exteriores --Yo respondo por este caballero.

Y dirigiéndose a este último se presentó.

--Aunque no tengo el gusto de conocerlo-- le dijo estrechándole la mano --le ruego que me perdone por mi intervención... En mi familia somos muy amigos de Don Rafael Angel--Rafael Angel Valenzuela-- de modo que me tiene a sus órdenes.

--Vaya...·no faltaba más-- respondió Don Rodrigo con una amable sonrisa --Muchísimas gracias. Lo que pasa es que esta gentuza no tiene ni siquiera dos dedos de frente para saber reconocer quién es quién.

--¿Me va a pasar mi cartera o no?-- dijo en seguida mirando al infeliz policía de arriba a abajo.

--Bueno-- respondió éste con un tono que indicaba estar más enojado consigo mismo por lo que él consideraba ser una metida de pata de primera magnitud --Si este otro señor se hace responsable y me firma aquí-- continuó, sacando una libreta y pasándosela a Julio --no hay inconveniente.

Julio estampó su rúbrica en el lugar indicado y el policía se volvió, con un gesto militar, hacia los otros guardias que sujetaban al ladrón. Después de dar una orden que más parecía un ladrido, se marchó el grupo en medio de los empellones que nuestro policía le daba, en desquite, al infeliz arrestado.

Julio y su nuevo amigo tomaron de nuevo su lugar y entraron en animada conversación en torno al incidente. Pronto, se encontraban ambos frente a la Mesa Receptora. Había cinco personas sentadas en torno a la mesa, en medio de la cual había una urna de madera cuya cerradura se veía sellada con una gruesa mancha de lacre. Julio, automáticamente, presentó al Presidente de la Mesa su carnet de identidad. A su vez el Presidente pasó el documento a las otras personas -- un Vocal y representantes oficiales de los partidos -- quienes lo examinaron cuidadosamente. En seguida, el Presidente abrió un grueso libro y buscó entre sus páginas el nombre de Julio. Encontrándolo, todos comprobaron nuevamente que el registro inscrito en el libro correspondía a la información contenida en el carnet y se aseguraron de que las firmas en ambos eran idénticas. Satisfechos de lo anterior, el Presidente le pasó una pluma a Julio y éste estampó su firma en el libro de registros en un casillero vacío. Completada esta formalidad, el Presidente entregó a Julio un sobre oficial, después de lo cual Julio Fuentes pasó a una cámara secreta.

Durante todo este proceso de complicadas formalidades, nadie dijo una sola palabra.

Una vez dentro de la cámara, Julio miró a su alrededor para asegurarse de que en las mesas allí colocadas había un número suficiente de cédulas de su partido, gesto automático de todo buen militante como precaución en contra del hábito común de los enemigos políticos de meterse en el bolsillo las cédulas de los partidos contrarios para así obligar a los votantes desinteresados a coger y meter en el sobre oficial una cédula que favoreciera al partido del que había efectuado el truco. Viendo Julio que todo estaba en orden, tomó una cédula, la examinó cuidadosamente para asegurarse de que no tenía adulteraciones que la invalidaran, hizo una cruz frente a uno de los nombres que en ella aparecían, dobló en seguida la cédula, la metió en el sobre, pasó rápidamente por su lengua la orilla engomada y, haciendo presión con el puño,

pegó el sobre. Salió Julio de la cámara y se dirigió a la **Mesa Receptora**. El Presidente y todos los demás funcionarios miraron el sobre por todos lados; luego firmaron ellos sus nombres en él y se lo entre-
garon a Julio. Este lo tomó y formalmente lo depositó en la urna.

Julio Fuentes, 27 años de edad, ciudadano de la República de Surlandia, natural de Las Palmas,
había cumplido con su deber.

52.41.2 **Response drill**

1 ¿Qué clase de rumores corrían respecto al incendio del cuartel general del Partido
   Nacionalista?

2 ¿Qué habían hecho Julio y Alfredo Fuentes la noche anterior, y cómo los encontró de nuevo
   la oscuridad de otra noche?

3 Describa lo que hacían los campesinos después de desembarcar de los camiones que los habían
   transportado desde fincas cercanas.

4 ¿Por qué fue Julio Fuentes al Liceo Regional de Hombres, y qué vió al entrar?

5 ¿Con qué asoció Julio el tumulto que se produjo más allá de la Mesa Receptora, y en qué
   forma se abría paso el pobre diablo que corría disparado en busca de salvación?

6 ¿Qué hizo Julio cuando el perseguido pasó por su lado?

7 **Relate** lo que le pasó al infeliz cuando cayó al suelo.

8 ¿Sería la actuación del representante de la ley surlandesa similar a la actuación de uno
   de los EE.UU. en un caso similar? Explique y compare.

9 ¿Por qué cambió de actitud el policía cuando el señor le dijo quien era?

10 ¿Qué hizo Julio cuando el caballero se identificó?

11 ¿Qué tuvo que hacer Julio para que el policía le devolviera la cartera al licenciado Rodrigo Jiner del Valle y Valenzuela?

12 ¿Qué había en medio de la Mesa Receptora?

13 Relate lo que hizo el Presidente de la Mesa y las otras personas cuando Julio presentó su carnet de identidad.

14 ¿Qué hizo Julio una vez dentro de la cámara secreta? ¿Por qué lo hizo?

15 Cuando Ud. cumple con sus deberes cívicos, ¿qué cualidades busca Ud. en el candidato de su gusto?

53.1   BASIC SENTENCES. White and Molina discuss literature.

ENGLISH SPELLING

the chance

White:

I need your help. The other day, while I was
in a cafe, I overheard the conversation of two
friends.

saying (to say)
you (fam. pl.)
(you) have (to have)
the author

One was saying to the other: "You Latin Americans
don't have any authors that are worthwhile."

the answer

Molina:
And what was his answer?

to begin to
the literature
Spanish-American
to recommend

SPANISH SPELLING

la casualidad

White:

Necesito que me ayudes. El otro día,
mientras estaba en un café, oí por
casualidad la conversación de dos amigos.

diciendo (decir)
vosotros
tenéis (tener)
el autor

Uno le estaba diciendo al otro: "vosotros
los latinoamericanos no tenéis autores que
valgan la pena".

la respuesta

Molina:
¿Y cuál fue su respuesta?

ponerse a
la literatura
hispanoamericano
recomendar

White:
I couldn't hear the answer very well, but afterwards I began to think that I really didn't know
anything about Spanish-American literature. Would
you recommend some books for me?

    the book store
    to select

Molina:
I'd be glad to. Let's go to a bookstore I know
and pick some out.

    the respect

White:
With respect to the conversation I heard, do
you suppose the man who was using the "vosotros"
form was Spanish?

    least
    the prayer
    the speech

Molina:
I don't have the slightest doubt of it. That form
is used here only for prayers or speeches.

    the continent
    the value

White:
No pude oír bien la respuesta, pero después me puse a pensar que en realidad yo
no sabía nada de la literatura hispano-
americana. ¿Quisieras recomendarme algunos libros?

    la librería
    seleccionar

Molina:
Con mucho gusto. Vamos a una librería
que conozco y seleccionemos algunos.

    el respecto

White:
Con respecto a la conversación que oí,
¿sería español el señor que hablaba de
"vosotros"?

    menor
    la oración
    el discurso

Molina:
No tengo la menor duda. Aquí solamente
se usa esa forma para oraciones o para
discursos.

    el continente
    el valor

White:
No all the Spanish think that there's nothing of
value in the literature of the American continent?

    to consider
    the writer
    the century
    the Golden Age

Molina:
Not all. There're some who think that only the
Spanish writers of the Golden Age are good.

    on the other hand
    even
    to compile
    the anthology

On the other hand there are others who know our
literature well and even have compiled anthol-
ogies of our authors.

    the work (of art)
    classical

White:
Don't you like the works of Spanish classical
authors like Cervantes?

    to constitute
    modern

White:
¿Todos los españoles piensan que no hay
nada de valor en la literatura del continente americano?

    considerar
    el escritor
    el siglo
    el Siglo de Oro

Molina:
No todos. Hay algunos que solamente con-
sideran buenos a los escritores castella-
nos del Siglo de Oro.

    en cambio
    hasta
    compilar
    la antología

En cambio hay otros que conocen bien
nuestra literatura y hasta han compilado
antologías de nuestros autores.

    la obra
    clásico

White:
¿No te gustan las obras de los autores
clásicos españoles como Cervantes?

    constituir
    moderno

towards
tha past
the present
the future

hacia
el pasado
el presente
el futuro

Molina:
I not only like them; I think they're magnificent.
Works like the <u>Quijote</u> constitute the base of our
language. But modern man shouldn't look only
towards the past, but also towards the present
and the future.

Molina:
No sólo me gustan, sino que me parecen mag-
níficas. Obras como el <u>Quijote</u> constitu-
yen la base de nuestro idioma. Pero el
hombre moderno no debe mirar solamente
hacia el pasado, sino también hacia el
presente y el futuro.

contemporary
social

contemporáneo
social

That's why I like the works of some contemporary
Spanish American writers, many of which deal
with very interesting social themes.

Por eso me gustan las obras de algunos escritores hispanoamericanos contemporáneos,
muchas de las cuales tratan de temas sociales de gran interés.

EN LA LIBRERIA

asking (to ask)
the commander, the governor

pidiendo (pedir)
el comendador (1)

Molina:
My North-American friend was asking me to
recommend him some books. Do you have
Peribáñez y el Comendador de Ocaña, by
Lope de Vega?

Molina:
Mi amigo norteamericano me estaba pidiendo
que le recomendara algunos libros. ¿Tiene
Peribáñez y el Comendador de Ocaña, de
Lope de Vega?

the edition
the luxury
de luxe

la edición
el lujo
de lujo

Employee:
Here you are, sir, in a de luxe edition.

Empleado:
Aquí lo tiene, señor, en edición de lujo.

the volume, the tome
to glance at, to leaf through

el tomo
hojear

Molina (to Juan):
I asked for this volume so that we could leaf
through it, although I wouldn't recommend that
you read it yet, because you'd find it difficult.

Molina (a Juan):
Pedí este tomo para que lo hojeáramos, aunque no te recomendaría que lo leyeras todavía, porque lo encontrarías difícil.

to judge
(you) can (to be able)
you (fam. pl. clitic)

juzgar
podéis (poder)
os

I'm going to read you some sentences so you can
judge: "Aquí podéis comenzar para que os ayude
el viento..."

Voy a leerte unas frases a fin de que juz-
gues: "Aquí podéis comenzar para que os
ayude el viento..."

lying (to lie)
the thread; the line of thought

mintiendo (mentir)
el hilo

White:
Don't go on. I'd be lying if I told you I understood. Besides, it's more difficult to understand
when someone else reads. I need to read myself in
order to be able to follow the thought.

White:
No sigas. Es~aría mintiendo si te dijera
que comprendí. Además es más difícil entender cuando otro lee. Necesito leer yo
mismo para poder seguir el hilo.

the poetry
the story

Molina:
Neither would I want you to begin by reading poetry, but I think you could read some short stories that deal with our America.

the show window
the whirlpool

White:
In the window I saw a book called "La Vorágine". Do you know it?

Colombian
the novel
since
the jungle

Molina:
La Vorágine by the Colombian Jose Eustasio Rivera. It's a very good novel. You ought to read it since it's about the jungle.

the description

White:
Is it only a description of the jungle?

to describe
admirable

---

la poesía
el cuento

Molina:
Tampoco quisiera que empezaras leyendo poesía, pero creo que podrías leer unos cuentos cortos que tratan de nuestra América.

la vitrina
la vorágine

White:
En la vitrina vi un libro que se llama "La Vorágine". ¿Lo conoces?

colombiano
la novela
ya que
la selva

Molina:
La Vorágine del colombiano José Eustasio Rivera. Es una novela muy buena. Deberías leerla ya que trata de la selva.

la descripción

White:
¿Es solamente una descripción de la selva?

describir
admirable

the inferno

the struggle

to pull out, tear out

the entrails, the bowels

the rubber

Molina:
Rivera described, in admirable fashion, that green hell that the jungle is, and the struggle of man to pull out of its depths the 'black gold', the name they gave to rubber.

the adventure

White:
Is it an adventure novel, then?

the being

human

the stage

the region

remote

the Vaupés river

the nature

the abuse

the exploiter

the epoch, the era

distant

el infierno

la lucha

arrancar

las entrañas

el caucho

Molina:
Rivera describió, de manera admirable, ese infierno verde que es la selva y la lucha del hombre para arrancarle de sus entrañas el 'oro negro', nombre que le daban al caucho.

la aventura

White:
¿Es una novela de aventuras, entonces?

el ser

humano

el escenario

la región

remoto

el Vaupés

la naturaleza

el abuso

el explotador

la época

lejano

Molina:
The book is more than that... It's a study of
man against the backdrop of those remote regions
between the Vaupés and the Amazon. There we see
American man in an open struggle against nature
and the abuses of the exploiters, in a not very
distant era.

    to inspire
    to become

White:
Apparently the theme inspires you. I'd better
buy the book before you turn into a poet.

Molina:
You know the proverb 'There's a bit of the poet,
the fool and the lunatic in all of us'.

White (to the clerk):
We've decided on La Vorágine, and I expect to
return for some others if I like this one.

53.10   Notes on the basic sentences

   (1) Appointed by the king, the Comendador was the administrative head of certain political
       subdivisions of Spain during the Golden Age. The title is roughly equivalent to <u>gov-</u>
       <u>ernor</u>.

Molina:
El libro es más que eso... Es un estudio
del ser humano en ese escenario de las
regiones remotas entre el Vaupés y el
Amazonas. Ahí vemos al hombre americano
en lucha abierta contra la naturaleza y
los abusos de los explotadores, en una
época no muy lejana.

    inspirar
    volverse

White:
Parece que el tema te inspira. Es mejor
que compre el libro antes que te vuelvas
poeta.

Molina:
Tú conoces el refrán 'De poeta, de tonto y
de loco, todos tenemos un poco'.

White (al vendedor):
Nos decidimos por La Vorágine y espero
volver por otros si éste me gusta.

53.2   DRILLS AND GRAMMAR

53.21   Pattern drills

53.21.1   Irregular -ndo forms

A.   Presentation of pattern

ILLUSTRATIONS

1   Uno le estaba diciendo al otro.....

2   Mi amigo norteamericano me estaba pidiendo
que le recomendara algunos libros.

3   Estaría mintiendo si te dijera que comprendí.

4   Tampoco quisiera que empezaras leyendo poesías.

5   ¿Estará durmiendo la siesta ya?

6   Divirtiéndote tanto, nunca vas a aprender.

7   Ana está vistiéndose.

8   Mi abuela se está muriendo.

9   Ella continúa viniendo muy tarde.

Having so much fun, you're never going
to learn.

Anna is getting dressed.

My grandmother is dying.

She continues to come very late.

EXTRAPOLATION

	Stem	3 pl Past I	-ndo endings
-ir stem-changing verbs	sentir dormir pedir etc.	sintie- durmie- pidie- etc.	
Verbs in -er, -ir preceded by vowel	caer construir oír etc.	caye- construye- oye- etc.	-ron
Verbs with modified stems in Past I	poder venir reír	pudie- vinie- rie-	
Individually irregular verbs	ir decir traer	ye- dicie- traye-	-ndo

53.21.11 Construction substitution drill

Problem: Si sirve la comida temprano, tiene tiempo para salir.

Answer: Sirviendo la comida temprano, tiene tiempo para salir.

1 Si se sigue el mismo método, se aburre
    uno mucho.

        Siguiendo el mismo método, se aburre uno
        mucho.

2 Si repetimos muchas veces, aprendemos
    bastante.

        Repitiendo muchas veces, aprendemos
        bastante.

3 Si Juan se viste rápidamente, llega a
    tiempo.

        Vistiéndose rápidamente, Juan llega a
        tiempo.

4 Si dice todo en español, se hace entender.

        Diciendo todo en español, se hace entender.

5 Si Juan duerme en el suelo, no descansa
    mucho.

        Durmiendo en el suelo, Juan no descansa
        mucho.

6 Si yo miento,no tengo la conciencia
    tranquila.

        Mintiendo, no tengo la conciencia tranquila.

7 Si José puede estudiar todo el día, aprende
    mucho.

        Pudiendo estudiar todo el día, José aprende
        mucho.

8 Si me río demasiado, me duele el estómago.

        Riéndome demasiado, me duele el estómago.

9 Si vienes con tanta prisa, no arreglas nada.

        Viniendo con tanta prisa, no arreglas nada.

10 Si vas en taxi, llegas a tiempo.

        Yendo en taxi, llegas a tiempo.

11 Si Ana lee en español, mejora su vocabulario.

        Leyendo en español, Ana mejora su vocabula-
        rio.

53.21.12 Patterned response drills

Problem:

    ¿Ya se vistió?

Answer:

    Se está vistiendo ahora mismo.

1 ¿Ya pidió la información?   La está pidiendo ahora mismo.

2 ¿Ya leyó la revista?   La está leyendo ahora mismo.

3 ¿Ya se lo dijo al coronel?   Se lo está diciendo ahora mismo.

4 ¿Ya se lo sugirió al capitán?   Se lo está sugiriendo ahora mismo.

5 ¿Ya sirvieron?   Están sirviendo ahora mismo.

6 ¿Ya se murió?   Se está muriendo ahora mismo.

7 ¿Ya se despidieron?   Se están despidiendo ahora mismo.

Problem:

    ¿Lo repitió?

Answer:

    Sí, y está repitiéndolo otra vez.

8   ¿Mintió?   Sí, y está mintiendo otra vez.

9   ¿Se rió?   Sí, y se está riendo otra vez.

10 ¿Siguieron al general?   Sí, y lo están siguiendo otra vez.

11 ¿Se refirió a la guerra?   Sí, y se está refiriendo a ella otra vez.

12 ¿Se durmió?   Sí, y está durmiéndose otra vez.

13 ¿Se divirtieron?   Sí, y se están divirtiendo otra vez.

14 ¿Lo pidió?   Sí, y está pidiéndolo otra vez.

B. Discussion of pattern

The following Spanish verbs show irregularities in the -ndo form:

1. All -ir stem-changing verbs have the same stem change that occurred in 3 sg and 3 pl of the Past I, i.e., e > i and o > u.

2. All verbs ending in -er or -ir preceded by a vowel change i to y in the ending. (Note that while in some dialect areas this is only a spelling modification, in others, such as the Rio Plate region, it also represents a phonological change.) The verb reír 'to laugh' is an exception.

3. Five verbs have individual irregularities: poder > pudiendo, venir > viniendo, reír > riendo, ir > yendo, and decir > diciendo. Note that the -ndo form of all these verbs except ir, decir, and traer can be obtained by dropping the -ron ending of the 3 pl Past I and adding -ndo. However, all irregular verbs in Past I except those listed above are regular in the -ndo form.

53.21.2 Relative pronouns

A. Presentation of pattern

ILLUSTRATIONS

1 Mira ese C-47 que está aterrizando.

2 La visita que le hice fue muy interesante.

3 Se ha ido a ver a su abuela que está muy enferma.

What's the name of the man we're going to visit?

4 ¿Quién era ese viejo que me dio la mano al entrar?

What's the name of the man you're going to employ?

5 ¿Cuál es el nombre del señor que vamos a visitar?

I saw the lady that I wanted to meet.

6 ¿Cuál es el nombre del señor a quien vas a emplear?

I saw the lady I was looking for.

7 Vi a la señora a quien quería conocer.

8 Vi a la señora que buscaba.

Who was the boy you went out with last night?

9 ¿Quién era el muchacho con quien salió Ud. anoche?

Who was the girl you were talking with yesterday?

10 ¿Quién era la muchacha con la que hablaba ayer?

It's our children we've thinking about now.

11 Son nuestros hijos en los que pensamos ahora.

He's the carpenter we were talking about yesterday.

12 Es el carpintero del que hablábamos ayer.

Here comes the French girl we were talking about.

13 Aquí viene la señorita francesa de la cual estábamos hablando.

The neighbors we left the keys with live across the street.

14 Los vecinos con quienes dejamos las llaves viven enfrente.

15 Por eso me gustan las obras de algunos escritores hispanoamericanos contemporáneos, muchas de las cuales tratan de temas sociales de gran interés.

They renewed his contract, which made him very happy.

Afterwards we're going to go to the bullfights, which doesn't excite me in the least.

16 Le renovaron el contrato, lo que le alegró mucho.

17 Después vamos a ir a los toros, lo cual no me entusiasma en absoluto.

53.21.21 Construction substitution drills

Problem:

    Vimos unas fotos de Madrid. Eran muy bonitas.

Answer:

    Vimos unas fotos de Madrid que eran muy bonitas.

1 Conocí a una señora. Era muy astuta.

Conocí a una señora que era muy astuta.

2 Alquilamos un apartamento. Daba al parque.

Alquilamos un apartamento que daba al parque.

3 Son unos turistas. No se adaptan bien al ambiente.

Son unos turistas que no se adaptan bien al ambiente.

4 Vimos a unos pobres. Caminaban sin zapatos.

Vimos a unos pobres que caminaban sin zapatos.

5 Vino un señor. Dijo que era diputado.

Vino un señor que dijo que era diputado.

6 Nos habló un obrero. No quería cooperar en la campaña.

Nos habló un obrero que no quería cooperar en la campaña.

7 Vi un auto nuevo. Quería comprarlo.

Vi un auto nuevo que quería comprar.

8 Nos sirvieron un postre horrible. Yo no lo comí.

Nos sirvieron un postre horrible que yo no comí.

9 Se me presentaron unas dificultades inesperadas. No pude resolverlas.

Se me presentaron unas dificultades inesperadas que no pude resolver.

10 Encontré la cadena de oro. La perdí hace un año.

Encontré la cadena de oro que perdí hace un año.

Problem:

    Vamos a emplear a ese muchacho.

Answer:

    Ese es el muchacho que vamos a emplear.
    Ese es el muchacho a quien vamos a emplear.

11 Vamos a ver a esa modista.

    Esa es la modista que vamos a ver.
    Esa es la modista a quien vamos a ver.

12 Voy a visitar a esa muchacha.

    Esa es la muchacha que voy a visitar.
    Esa es la muchacha a quien voy a visitar.

13 Deberíamos ir a escuchar a ese pianista.

    Ese es el pianista que deberíamos ir a escuchar.
    Ese es el pianista a quien deberíamos ir a escuchar.

14 Tienen que observar a ese jugador.

    Ese es el jugador que tienen que observar.
    Ese es el jugador a quien tienen que observar.

15 Tenemos que apuntar a esos estudiantes.

    Esos son los estudiantes que tenemos que apuntar.
    Esos son los estudiantes a quienes tenemos que apuntar.

16 Íbamos a reemplazar a ese señor.

    Ese es el señor que íbamos a reemplazar.
    Ese es el señor a quien íbamos a reemplazar.

17 Tengo que llevar a este niño esta tarde.

    Este es el niño que tengo que llevar esta tarde.
    Este es el niño a quien tengo que llevar esta tarde.

18 Ibas a acostar a esos niños a las ocho.

    Esos son los niños que ibas a acostar a las ocho.
    Esos son los niños a quienes ibas a acostar a las ocho.

19 Yo iba a olvidar a esa muchacha.

Esa es la muchacha que yo iba a olvidar.
Esa es la muchacha a quien yo iba a olvidar

20 Ud. debe llamar a esas señoras.

Esas son las señoras que Ud. debe llamar.
Esas son las señoras a quienes Ud. debe llamar.

Problem: Ahí va el médico. Hablé con él ayer.

Answer I: Ahí va el médico con quien hablé ayer.
Answer II: Ahí va el médico con el que hablé ayer.
Answer III: Ahí va el médico con el cual hablé ayer.

21 El es el mecánico. Trabajé con él en ese taller.

El es el mecánico con quien trabajé en ese taller.
El es el mecánico con el que trabajé en ese taller.
El es el mecánico con el cual trabajé en ese taller.

22 Esos son los alumnos. Hablamos de ellos ayer.

Esos son los alumnos de quienes hablamos ayer.
Esos son los alumnos de los que hablamos ayer.
Esos son los alumnos de los cuales hablamos ayer.

23 Ellas son las muchachas. Hice un verso para ellas.

Ellas son las muchachas para quienes hice un verso.
Ellas son las muchachas para las que hice un verso.
Ellas son las muchachas para las cuales hice un verso.

24 Esos son los muchachos. Jugamos contra ellos el domingo.

Esos son los muchachos contra quienes jugamos el domingo.
Esos son los muchachos contra los que jugamos el domingo.
Esos son los muchachos contra los cuales jugamos el domingo.

25 Aquí viene la españolita. Todos se fijan en ella.
   Aquí viene la españolita en quien todos se fijan.
   Aquí viene la españolita en la que todos se fijan.
   Aquí viene la españolita en la cual todos se fijan.

26 Ella es la profesora. No sé nada de ella.
   Ella es la profesora de quien yo no sé nada.
   Ella es la profesora de la que yo no sé nada.
   Ella es la profesora de la cual yo no sé nada.

27 Te doy el nombre del muchacho. Voy a responder por él.
   Te doy el nombre del muchacho por quien voy a responder.
   Te doy el nombre del muchacho por el que voy a responder.
   Te doy el nombre del muchacho por el cual voy a responder.

28 Quisiera presentarle al Embajador. Yo trabajaba para él.
   Quisiera presentarle al Embajador para quien yo trabajaba.
   Quisiera presentarle al Embajador para el que yo trabajaba.
   Quisiera presentarle al Embajador para el cual yo trabajaba.

Problem: No me pagaron bastante. Eso me desagradó muchísimo.
Answer: No me pagaron bastante, lo que me desagradó muchísimo.
          No me pagaron bastante, lo cual me desagradó muchísimo.

29 Me van a aumentar el sueldo. Eso me alegra muchísimo.
   Me van a aumentar el sueldo, lo que me alegra muchísimo.
   Me van a aumentar el sueldo, lo cual me alegra muchísimo.

30 Llegaron muy tarde. Eso causó mucha confusión.
   Llegaron muy tarde, lo que causó mucha confusión.
   Llegaron muy tarde, lo cual causó mucha confusión.

31 Estudiará medicina. Eso le asegura el porvenir.
    Estudiará medicina, lo que le asegura el porvenir.
    Estudiará medicina, lo cual le asegura el porvenir.

32 No nos saludó. Eso nos preocupa mucho.
    No nos saludó, lo que nos preocupa mucho.
    No nos saludó, lo cual nos preocupa mucho.

33 No me avisó a tiempo. Eso me molestó mucho.
    No me avisó a tiempo, lo que me molestó mucho.
    No me avisó a tiempo, lo cual me molestó mucho.

34 Lo dijo en un tono sarcástico. Eso no nos gustó.
    Lo dijo en un tono sarcástico, lo que no nos gustó.
    Lo dijo en un tono sarcástico, lo cual no nos gustó.

35 Lo tradujo al inglés. Eso nos ayudó mucho.
    Lo tradujo al inglés, lo que nos ayudó mucho.
    Lo tradujo al inglés, lo cual nos ayudó mucho.

36 No me ha escrito. Eso me tiene muy preocupado.
    No me ha escrito, lo que me tiene muy preocupado.
    No me ha escrito, lo cual me tiene muy preocupado.

37 Lo dijo en español. Eso me sorprendió mucho.
    Lo dijo en español, lo que me sorprendió mucho.
    Lo dijo en español, lo cual me sorprendió mucho.

38 Lo saludaron. Quiere decir que son conocidos.
    Lo saludaron, lo que quiere decir que son conocidos.
    Lo saludaron, lo cual quiere decir que son conocidos.

B. Discussion of pattern

The concept of clause relators was introduced in 41.21 B. The type of clause relators studied in the present unit are relative pronouns, which link a noun-modifying clause to the noun it modifies, called the antecedent of the clause. A relative pronoun serves as subject or object of the verb or as object of a preposition in the clause it introduces.

Noun-modifying clauses which are essential to the meaning of the sentence are called restrictive, while those which can be considered parenthetical are non-restrictive. In both English and Spanish, non-restrictive clauses are usually separated from the rest of the sentence, in speech by pauses and in writing, by commas.

By far the most common relative pronoun in Spanish is que. It can be used in almost every case, except after a preposition when the antecedent is a person. It is the relative always used (1) as either subject or direct object of the verb when the antecedent is a thing, and (2) as subject of the verb in a restrictive clause when the antecedent is a person. In various contexts que translates English that (referring to either persons or things), which, who, and whom.

After a preposition, when the antecedent is a person, the most common relative pronoun is quien-(es) 'who, whom, that'. Some speakers, however, may use el que (la que, los que, las que) or el cual (la cual, los cuales, las cuales) in this situation. Quien is also preferred to que by some native speakers as direct object when the antecedent is a person. In this case it is preceded by the personal a. Quien is used only when the antecedent is a person.

El que and el cual in their various forms are sometimes useful as substitutes for que or quien because by their inflection for both number and gender they remove possible ambiguities as to reference:

Reciben sueldos en moneda nacional, los que se pagan por semana.
'They receive salaries in national currency, which are paid by the week.'

They are also used, in preference to que after prepositions of more than one syllable when the antecedent is a thing, and are sometimes used after one-syllable prepositions as well.

When the antecedent is an entire clause (i.e., an idea rather than a single word), one of the neuter relatives lo que or lo cual must be used:

Ellos salieron temprano, lo cual nos sorprendió.   'They left early, which surprised us'.

53.21.3 Second person plural (vosotros).forms.

A. Presentation of pattern

ILLUSTRATIONS

_____   1   Vosotros los latinoamericanos no tenéis
                                        autores que valgan la pena.

Do you want a whiskey and soda?   2   ¿Queréis un whiskey con soda?

Where do you send your clothes?   3   ¿Dónde mandáis vuestra ropa?

Are you going to buy it second hand?   4   ¿Lo vais a comprar de segunda mano?

Why don't you come tonight and see where   5   ¿Por qué no venís esta noche y así veis
I live?   donde vivo?

You haven't studied very much.   6   No habéis estudiado mucho.

You told me you read the statement.   7   Me dijisteis que leísteis el manifiesto.

Did you find your friend?   8   ¿Encontrasteis a vuestro amigo?

Did you order more bread?   9   ¿Pedisteis más pan?

Did you go to New York?   10   ¿Fuisteis a Nueva York?

Did you know María Elena?

Did you use to speak Spanish real well?

Did you use to live in London?

You were model students.

It's better that you don't understand.

You may get fat.

They forbid you to go out.

I want you to help me.

Don't bring the passports.

Bring them.

Don't write the letter.

Write it.

Don't call Peter.

Call him.

Don't wait for Anna.

Wait for her.

Anna wanted you to take her downtown.

I was hoping you would eat something.

11 ¿Conocíais a María Elena?

12 ¿Hablabais español muy bien?

13 ¿Vivíais en Londres?

14 Erais unos alumnos modelos.

15 Es mejor que no entendáis.

16 Puede que engordéis.

17 Prohiben que vosotros salgáis.

18 Quiero que vosotros me ayudéis.

19 No traigáis los pasaportes.

    Traedlos.

20 No escribáis la carta.

    Escribidla.

21 No llaméis a Pedro.

    Llamadlo.

22 No esperéis a Ana.

    Esperadla.

23 Ana quería que vosotros la llevarais al
    centro.

24 Yo esperaba que vosotros comierais algo.

I was going to stay until you came.

It was better that you weren't here.

Will you leave before ten?

You'll go very fast in the other car.

You'll be luckier than they.

You wouldn't know what to do.

You'd take another trip.

You'd pay the bill.

_____

When do you move?

I can help you with the suitcases.

Do you want me to fix you another whiskey?

How's it going?

25 Iba a quedarme hasta que <u>vosotros vinierais</u>.

26 Fue mejor que no <u>estuvierais</u> aquí.

27 ¿<u>Saldréis</u> antes de las diez?

28 <u>Iréis</u> muy de prisa en el otro auto.

29 <u>Tendréis</u> más suerte que ellos.

30 <u>Vosotros no sabríais</u> qué hacer.

31 <u>Haríais</u> otro viaje.

32 <u>Pagaríais</u> la cuenta.

33 "Aquí <u>podéis</u> comenzar para que <u>os</u> ayude el
viento."

34 ¿Cuándo <u>os mudáis</u>?

35 Yo <u>os</u> puedo ayudar con las maletas.

36 ¿<u>Queréis</u> que <u>os</u> prepare otro whiskey?

37 ¿Cómo <u>os</u> va?

EXTRAPOLATION

	Infinitive		2 pl endings
Stem			
	habl	-ar	-áis
	com	-er	-éis
	viv	-ir	-ís

	1 sg Present Indicative		
Present Indicative	habl	-o	-áis
	com	-o	-éis
Present Subjunctive	escrib	-o	-áis

(Extrapolation continued)

.

	Stem			2 pl endings
	Infinitive			
Past I		habl	-ar	-asteis
		com	-er	-isteis
		viv	-ir	-isteis
	Infinitive			
Past II		habl	-ar	-abais
		com	-er	-íais
		viv	-ir	-íais
	3 pl Past I			
Past Subjunctive		habla		-rais(-seis)
		comie		
		vivie	-ron	
	Infinitive			
Future		hablar		-éis
		comer		
		vivir		
	Infinitive			
Conditional		hablar		-íais
		comer		
		vivir		
	Infinitive			
Command Form		habla	-r	-d
		come	-r	
		vivi	-r	

NOTES

a. The stem of the 2 pl form is the same as that of the 1 pl for all verbs in all tenses except for <u>haber</u>, which has 1 pl <u>hemos</u>, but 2 pl <u>habéis</u> in the Present Indicative.

b. In forming the affirmative familiar plural command form, reflexive verbs (except <u>irse</u>) drop the <u>d</u> ending before adding the reflexive clitic <u>os</u>.

c. Many speakers colloquially use the infinitive, rather than the form ending in <u>d</u>, for the affirmative familiar plural command.

d. Negative familiar plural commands are like 2 pl Present Subjunctive forms.

53.21.31 Number substitution drill

Problem:

    Y tú, ¿qué estás bebiendo?

Answer:

    Y vosotros, ¿qué estáis bebiendo?

1   ¿Ves los cafés tan llenos?   ¿Veis los cafés tan llenos?
2   Pero, ¿cuál practicas?   Pero, ¿cuál practicáis?
3   Así vas a engordar.   Así vais a engordar.
4   Al principio no necesitas.   Al principio no necesitáis.
5   ¿Cómo crees que vamos a poder?   ¿Cómo creéis que vamos a poder?
6   ¿Dónde los mandas a revelar?   ¿Dónde los mandáis a revelar?
7   No sabes en lo que me he metido.   No sabéis en lo que me he metido.
8   Tú sales temprano, ¿verdad?   Vosotros salís temprano, ¿verdad?
9   ¿Tienes otra cosa que hacer?   ¿Tenéis otra cosa que hacer?

10 ¿Sabes la última noticia?

11 ¿Conoces tú a Ted Barber?

12 ¿Vienes de verlo?

13 Sin embargo, voy a ver lo que tú dices.

14 Antes, ¿no quieres otro trago?

15 ¿Trajiste la guitarra?

16 Bueno, tú ganas. Me convenciste.

17 Los mandaste a revelar.

18 Hiciste bien en dejarlo.

19 ¿Le hablaste al coronel?

20 ¿Fuiste solo?

21 ¿Llegaste a conocerlo?

22 ¿No lo sabías?

23 Pero no me habías dicho que ibas a tomar
    fotos.

24 Tú eres el que no ibas a fumar.

25 ¿Echabas de menos a la familia?

26 ¿Llevabas mucho tiempo ahí?

27 Vivías en la Florida.

28 ¿Eras profesor?

29 Pero realmente es mejor que lo hagas.

30 No importa que no sepas.

31 Siento mucho que no puedas ir.

¿Sabéis la última noticia?

¿Conocéis vosotros a Ted Barber?

¿Venís de verlo?

Sin embargo, voy a ver lo que vosotros decís.

Antes, ¿no queréis otro trago?

¿Trajisteis la guitarra?

Bueno, vosotros g s. Me convencisteis.

Los mandasteis a revelar.

Hicisteis bien en dejarlo.

¿Le hablasteis al coronel?

¿Fuisteis solos?

¿Llegasteis a conocerlo?

¿No lo sabíais?

Pero no me habíais dicho que ibais a tomar
fotos.

Vosotros sois los que no ibais a fumar.

¿Echabais de menos a la familia?

¿Llevabais mucho tiempo ahí?

Vivíais en la Florida.

¿Erais profesores?

Pero realmente es mejor que lo hagáis.

No importa que no sepáis.

Siento mucho que no podáis ir.

32 Pablo duda que tú seas español.

33 Ana quiere que firmes.

34 Ojalá que ganes.

35 Espero que vengas temprano.

36 No seas flojo, hombre.

37 Chica, no lo digas ni en broma.

38 No le hagas caso.

39 Cuidado, no vayas a meter la pata.

40 No te confundas. Es la de ella.

41 No te preocupes.

42 Bueno, mujer, no te quejes.

43 Déjalo para las once.

44 Pon la cámara con las toallas a la sombra.

45 Entonces ven con nosotros.

46 Recuerda que tienes un compromiso esta noche.

47 Pregúntaselo a Carmen.

48 ¿Ves? Aprende tú también.

49 Oye, por fin, ¿a quién vas a llevar?

50 Bueno, al salir te llamo.

51 ¿Quién te limpia el apartamento?

52 Ven y te lo presento.

53 ¡Fíjate cómo está bailando esa morena!

54 Entonces te llevo y paso por ti a las ocho.

Pablo duda que vosotros seáis españoles.

Ana quiere que firméis

Ojalá que ganéis.

Espero que vengáis temprano.

No seáis flojos, hombres.

Chicas, no lo digáis ni en broma.

No le hagáis caso.

Cuidado, no vayáis a meter la pata.

No os confundáis. Es la de ella.

No os preocupéis.

Bueno, mujeres, no os quejéis.

Dejadlo para las once.

Poned la cámara con las toallas a la sombra.

Entonces venid con nosotros.

Recordad que tenéis un compromiso esta noche.

Preguntádselo a Carmen.

¿Veis? Aprended vosotros también.

Oíd, por fin, ¿a quién vais a llevar?

Bueno, al salir os llamo.

¿Quién os limpia el apartamento?

Venid y os lo presento.

¡Fijaos cómo está bailando esa morena!

Entonces os llevo y paso por vosotros a las ocho.

55 Si quieres, yo te puedo ayudar.   Si queréis, yo os puedo ayudar.
56 Que te salga todo bien.   Que os salga todo bien.
57 A las seis te espero. Y sé puntual.   A las seis os espero. Y sed puntuales.
58 Pasa adelante. Estás en tu casa. Siéntate. Pasad adelante. Estáis en vuestra casa.
                                             Sentaos.

53.21.32 Patterned response drills

         Problem: ¿Comimos demasiado?

         Answer: Sí, comisteis demasiado.

1 ¿Dijimos algo horrible?   Sí, dijisteis algo horrible.
2 ¿Perdimos mucho?   Sí, perdisteis mucho.
3 ¿Lo hicimos bien?   Sí, lo hicisteis muy bien.
4 ¿Vimos toda la ciudad?   Sí, la visteis toda.
5 ¿Llegamos a tiempo?   Sí, llegasteis a tiempo.
6 ¿Engordamos mucho?   Sí, engordasteis demasiado.
7 ¿Trajimos demasiada comida?   Sí, trajisteis demasiada.

         Problem: ¿Dónde comemos?

         Answer: Comed en el hotel.

8 ¿Qué compramos?   Comprad carne.
9 ¿Cuándo nos bañamos?   Bañaos esta noche.
10 ¿Qué traducimos?   Traducid el mensaje.

11 ¿Cuânto le damos?   Dadle cien pesos.

12 ¿A quién llamamos?   Llamad a María

13 ¿Cuándo nos vamos?   Idos ahora.

14 ¿Qué leemos?   Leed unas revistas.

Problem: ¿Estudiamos?

Answer: No, no estudiéis.

15 ¿Volvemos?   No, no volváis.

16 ¿Nos quejamos?   No, no os quejéis.

17 ¿Nos vamos?   No, no os vayáis.

18 ¿Le damos una propina?   No, no le deis una propina.

19 ¿Le ponemos un reparo?   No, no le pongáis un reparo.

20 ¿Nos matriculamos?   No, no os matriculéis.

21 ¿Se lo decimos al comandante?   No, no se lo digáis.

Problem: ¿Quieres que estudiemos o que trabajemos?

Answer: Quiero que trabajéis.

22 ¿Deseas que nos vayamos o que nos quedemos?   Deseo que os vayáis.

23 ¿Es mejor que tomemos o que comamos?   Es mejor que comáis.

24 ¿Quieres que abramos la puerta o que la   Quiero que la cerréis.
    cerremos?

25 ¿Es necesario que lo leamos o que lo   Es necesario que lo
    sepamos de memoria?   sepáis de memoria.

26 ¿Prefieres que sigamos con éste o que   Prefiero que sigáis con éste.
    empecemos con otro?

27 ¿Quieres que mintamos o que digamos la   Quiero que digáis la verdad.
    verdad?

28 ¿Quieres que nos acostemos o que nos bañemos?   Quiero que os acostéis.

    Problem: ¿Cuánto nos debes?

    Answer: Os debo cuatro pesos.

29 ¿Qué nos das?   Os doy una cerveza.

30 ¿Cuándo nos llevas al centro?   Os llevo esta tarde.

31 ¿Quién nos regaló esto?   El señor Ramírez os lo regaló.

32 ¿Qué se nos olvidó?   Se os olvidó la llave de la casa.

33 ¿Qué se nos perdió?   Se os perdió el pasaporte.

34 ¿Quién nos va a mandar la información?   El Departamento os la va a mandar.

35 ¿Cuándo nos vas a ayudar?   Os voy a ayudar mañana.

B. Discussion of pattern

    2 pl.fam. forms, with vosotros as subject, have not been introduced previously because of their
limited usefulness. In Latin America these forms are not used in ordinary conversation; rather the 2-3
pl forms are used as either formal or familiar plural. When 2 pl forms are used in Latin America,
either in formal speeches or in writing, they have a definitely stylistic, literary effect. In Spain,
however, the vosotros form is normally used in speaking collectively to two or more people who would be
addressed individually as tú.

    The 2 pl clitic form os is used for either direct, indirect, or reflexive clitics. The possessive
form is vuestro (-a, -os, -as).

53.22   Review drills

53.22.1 ___ ___ ___

Nosotros vamos para Chile.

1	Yo ___	Yo voy para Chile.
2	___ dos años.	Yo voy por dos años.
3	___ trabajo ___.	Yo trabajo por dos años.
4	___ el gobierno.	Yo trabajo para el gobierno.
5	___ dinero.	Yo trabajo por dinero.
6	Ella ___	Ella trabaja por dinero.
7	___ comer.	Ella trabaja para comer.
8	___ la mañana.	Ella trabaja por la mañana.
9	___ duerme ___	Ella duerme por la mañana.
10	___ voy ___	Yo voy por la mañana.
11	___ estudiar.	Yo voy para estudiar.
12	___ avión.	Yo voy por avión.
13	Nosotros ___	Nosotros vamos por avión.
14	___ apostar.	Nosotros vamos para apostar.
15	___ Chile.	Nosotros vamos para Chile.

53.22.2 The indirect command

Problem: Carlos y Emilio no desean hacerlo.

Answer: Que no lo hagan.

1 Ella quiere lavar los platos.   Que los lave.

2 Marta no quiere asistir a clase hoy.   Que no asista.

3 El piensa ir a Nueva York.   Que vaya.
4 No quisiera matricularse en el curso.   Que no se matricule.
5 Espera leer las dos novelas.   Que las lea.
6 No tienen ganas de nadar.   Que no naden.
7 A ella le gustaría aprender a coser.   Que aprenda.
8 Los niños desean comerse las naranjas.   Que se las coman.
9 La señorita no quiere salir hoy.   Que no salga.
10 No quieren tomar leche.   Que no tomen.
11 No quisieran traérselo a Ud. esta noche.   Que no me lo traigan.
12 Quiere levantarse ya.   Que se levante.
13 Tiene ganas de casarse.   Que se case.
14 Piensan invitar a los Fuentes.   Que los inviten.
15 Ellos desean buscar otro trabajo.   Que lo busquen.

53.22.3 Future and Conditional

Problem: Dice que se acostumbrarán.
Answer: Dijo que se acostumbrarían.

1 Dice que él tomará las armas.   Dijo que él tomaría las armas.
2 Dice que ellos serán muy rigurosos.   Dijo que ellos serían muy rigurosos.
3 Dice que tú manejarás.   Dijo que tú manejarías.
4 Dice que él no dudará lo del negocio.   Dijo que él no dudaría lo del negocio.
5 Dice que ayudará al agricultor.   Dijo que ayudaría al agricultor.
6 Dice que nos divertiremos mucho.   Dijo que nos divertiríamos mucho.
7 Dice que comerá cualquier cosa.   Dijo que comería cualquier cosa.

8   Dice que podremos graduarnos.   Dijo que podríamos graduarnos.

9   Dice que faltará mích costa.   Dijo que faltaría mích costa.

10 Dice que habrá millones de votantes.   Dijo que habría millones de votantes.

11 Dice que hará las camas.   Dijo que haría las camas.

12 Dice que no te gustará.   Dijo que no te gustaría.

13 Dice que saldrá mañana.   Dijo que saldría mañana.

14 Dice que no valdrá la pena.   Dijo que no valdría la pena.

15 Dice que nunca sabremos.   Dijo que nunca sabríamos.

53.3   CONVERSATION STIMULUS

NARRATIVE 1

Un Pequeño Arreglo en su Auto

Usted ha notado que las luces del cambio de direcciones de su auto unas veces funcionan y otras
veces no. Usted cree que tal vez los foquitos estén muy viejos o sueltos, por lo que decide llevar el
auto al garage para que se lo arreglen.

Después de una ligera revisión, el mecánico le dice que lo más probable es que necesite un nuevo
generador. Usted no cree que el mecánico tenga razón.

1. Pídale al mecánico, muy cortésmente, que ponga dos foquitos nuevos en el cambio de direc-
    ciones antes que arregle el generador.

2. Después, cuéntenos lo que le pasó en el garage.

NARRATIVE 2

Tres Tipos Sospechosos

Son las 9 de la noche y usted está tranquilamente en su casa leyendo el periódico. Su señora le avisa que ella ha observado por varios minutos a tres hombres que están merodeando cerca de su casa.

Después de una hora, usted nota que ellos continúan en los alrededores de su casa. Ellos tienen un aspecto un poco sospechoso. Todos están en mangas de camisa; uno de ellos no lleva zapatos.

Como ya ha pasado una hora y ellos continúan ahí, usted decide llamar a la policía.

1. Dé la descripción física de estos hombres y todos los detalles que sean necesarios, y pregúntele al oficial de turno si puede mandar un policía a investigar en seguida.

2. Usted es el policía que recibió la llamada. Díganos lo que le dijo el Sr. X. sobre los tres hombres sospechosos.

No por Mucho Madrugar Amanece más Temprano

--Lo siento mucho, Sr. Rojas, pero su nombre no aparece en la lista de pasajeros para este vuelo -- dijo la muchacha después de haber repasado una larga lista en el formulario que tenía ante sí.

--Señorita-- exclamó con impaciencia Luis Alberto --mi apellido no es Rojas, sino Valenzuela, Valenzuela Rojas. La reservación para este vuelo me la hicieron en Surlandia hace varios días... ¿Ve...? Aquí lo dice bien claro en el pasaje.

Luis Alberto tenía que llegar ese mismo día a Las Palmas. Sí, señor, ese mismísimo día. No sólo se inauguraban en la capital surlandesa los Juegos Olímpicos Panamericanos, sino que además el día siguiente

53.4   READINGS

53.41   Life in Surlandia

53.41.1 Reading selection

era el día de su cumpleaños. En su casa lo esperaban esta noche con una gran fiesta. Era explicable, por lo tanto, la irritación y nerviosidad de nuestro joven amigo frente a este inesperado contratiempo.

La guapa chica--algo que Luis Alberto no había podido dejar de observar a pesar de su impaciencia--volvió a repasar la lista. Pero nada. Ni como Valenzuela, ni como Rojas ni cosa parecida encontró la muchacha la reservación de Luis Alberto. La atribulada chica llevaba pocos días trabajando con esa compañía de aviación y su natural nerviosidad había aumentado ya que Luis Alberto constituía el tercer cliente cuyo nombre no aparecía en la lista de pasajeros para este vuelo. La pareja que recién se había visto obligada a rechazar había formado un pequeño escándalo frente al mostrador y se encontraba ahora en la oficina del gerente protestando por la falta de seriedad de la compañía.

Esta confusión era, desgraciadamente, algo inevitable. Con motivo de los Juegos Panamericanos la afluencia de turistas era tal, que las diversas compañías de aviación con conexiones a Surlandia no daban abasto. Además, muchos de los que iban a presenciar aquella gran competencia deportiva habían mandado comprar sus pasajes en Surlandia para evitar así el pago de fuertes impuestos en los Estados Unidos, operación que acrecentaba inevitablemente la posibilidad de errores en cuanto a las listas de pasajeros.

--Lo siento en el alma-- repitió la empleada --Sencillamente, su nombre no está en la lista y yo nada puedo hacer. El avión está completamente lleno. Hable con el gerente; a lo mejor él puede hacer algo por Ud.

--¿Cuándo es el próximo vuelo?-- preguntó Luis Alberto.

--Mañana por la mañana, pero ése también está completo, y todos los que le siguen también. No le puedo hacer una reservación hasta el martes-- replicó la muchacha, y agregó señalando hacia una puerta al fondo del hall. --Esa es la oficina del gerente. Vaya y hable con él.

Luis Alberto hizo un gesto que indicaba a las claras lo que pensaba de toda esta situación. Y sin decir nada abandonó el mostrador y se dirigió hacia la oficina que le había indicado la muchacha pensando en la inutilidad de hablar con nadie. Llegó hasta la puerta, vio un letrero que decía: Entre sin Llamar y, después de una corta vacilación llevó la mano hacia la perilla y, empujando la puerta, penetró en la oficina. Allí estaba el gerente escuchando a la pareja que reclamaba de similar trato.

La que más vociferaba era la mujer, una señorona de proporciones amazónicas y actitud arrogante. Su marido era un hombre diminuto que, por el contraste físico que hacía con su esposa, daba la impresión de no ser él sino ella quien llevaba la batuta en aquella desproporcionada orquesta familiar. Lo cierto del caso era que este remedo de hombre dejaba paciente y resignadamente que su mujer se las entendiera con el gerente.

--¡¡Uds. son unos irresponsables...!!-- decía la furiosa madona con gestos amenazantes. --¡¡Nos han arruinado las vacaciones y...!!

--Pero, señora...-- alcanzó a decir el gerente, con voz conciliadora.

--¡¡No hay pero que valga!!-- interrumpió la dama abruptamente --¡¡Vamos a entablar una demanda hoy mismo, ¿lo oye? Hoy mismo, ¿verdad, Bonifacio?!!...

--Sí, querida, hoy mismo-- dijo sobresaltado el hombre.

--¡¡Sí nosotros no estamos en Surlandia mañana, mi abogado...!!-- empezó de nuevo la señora, esgrimiendo el puño en la misma cara del gerente, el que, un tanto atemorizado, se echó un poco más atrás en su sillón de cuero.

En ese momento se oyó por el altoparlante una voz que anunciaba la partida del vuelo. Era inútil esperar más. En todo caso, la señora, al oír el anuncio, cobró nuevos bríos y volvió a emprenderías con el gerente. Luis Alberto tomó su maleta, salió de la oficina y se dirigió cabizbajo hacia la puerta principal para tomar un taxi. De pronto, le pareció oír su nombre. Volvió automáticamente la cabeza y se dio cuenta de que, en efecto, la empleada con quien había hablado antes le hacía grandes gestos como queriéndole indicar que fuera corriendo hacia ella. Presintiendo un cambio inesperado en su situación, se aproximó de dos saltos al mostrador. La muchacha, casi gritándole, le dijo:

--¡Señor Valenzuela...!... ¡Corra! ¡Acaban de cancelar un pasaje para este vuelo...!

--¿Para qué vuelo...?... fue todo lo que se le ocurrió decir a Luis Alberto.

--¡Este, éste, el que acaban de anunciar...!-- respondió la muchacha con impaciencia.

Recuperándose de su estupor, y sintiéndose como si se hubiera sacado el premio gordo de la lotería, Luis Alberto, con manos que le temblaban de los nervios, empezó a buscar atolondradamente el pasaje en los bolsillos.

--¿Dónde diablos...? ¡Ah, aquí está...!-- dijo, entregándole a la muchacha un papel.

--No es éste-- exclamó la muchacha --¡Señor, apresúrese, que va a perder el avión!

--Ah, sí, perdone... A ver... Parece que éste es...-- dijo Luis Alberto después de trajinarse dos o tres bolsillos más.

--Menos mal-- respondió la muchacha al cerciorarse que, efectivamente, tenía en sus manos el documento deseado. La empleada, con diestras maniobras, garabateó algo en el pasaje, tomó un timbre y estampó con él unas cuantas marcas azules, después de lo cual le pasó el boleto a Luis Alberto. El pobre se lo arrebató de las manos y emprendió una loca carrera en dirección a la rampa en que se encontraba el avión listo para despegar.

Ya empezaban a retirar la plateada escalera del costado del avión cuando llegó Luis Alberto a grandes zancadas. Volvieron a colocar la escalera y se abrió de nuevo la puerta de la cabina, la que, después de tragarse a nuestro héroe, se cerró definitivamente. Rugieron los motores y el lujoso cuadri-motor empezó a deslizarse por la rampa para tomar su posición en la pista de despegue.

Agotado por el esfuerzo físico y mental, Luis Alberto se desplomó en el asiento hasta el cua` lo había guiado una bella y coqueta asistente de vuelo.

--Abroche su cinturón, señor-- le dijo la muchacha, al ver que Luis Alberto no daba indicación alguna de cumplir con este acostumbrado ritual.

--¿Me habló Ud.?-- respondió Luis Alberto, al que aún le daba vueltas la cabeza por la confusión y apresuramiento de los últimos momentos. Y sacando a la vez un cigarrillo se disponía a encenderlo.

--Que abroche su cinturón, señor. Y no fume hasta que se apague la señal, por favor-- repitió la muchacha con el mismo tono de voz, suave pero firme, de una enfermera profesional.

--Ah, sí, claro... Lo que pasa es que... Bueno... Perdone Ud.-- balbuceó el joven Valenzuela, volviendo a la realidad. La asistente de vuelo le dirigió una mirada comprensiva y, con una sonrisa que dejó entrever la perfección de su blanca dentadura, continuó por el pasillo cerciorándose de que los pasajeros cumplían con tan vitales reglamentos de despegue.

La pesada aeronave corría por la pista a gran velocidad y pronto se encontraba en el aire, toman-do altura rápidamente. Los pasajeros se inclinaban hacia las ventanillas para observar el paisaje que se escapaba bajo sus pies, mientras Luis Alberto tragaba saliva y hacía mover sus mandíbulas para ajustar la presión que hacía crujir sus oídos. Por fin, volando a nivel, el piloto apagó la señal que prohibía fumar y los pasajeros procedieron a desabrochar sus cinturones y a encender cigarrillos. Muy pronto, se oían risas y conversaciones de pasajeros que se disponían a disfrutar el viaje.

Mientras el joven Valenzuela hacía vagar sus ojos por la cabina del avión, su mente registraba distraídamente caras y detalles sin importancia. Observando con mayor cuidado la nuca del pasajero en el asiento que tenía por delante, trataba Luis Alberto de decidir si los asientos al lado de las ventanillas representaban una realidad objetiva o una idea ilusoria. El caso era que esos codiciados asientos siempre los conseguían otros y...

Sus divagaciones fueron interrumpidas por un súbito bamboleo del avión. Luis Alberto miró hacia el tablero en el fondo de la cabina, pero la señal permanecía apagada. Acomodándose en su asiento, se disponía él a tomar una revista del bolsón al respaldo del asiento delantero, cuando el señor que iba a su lado junto a la ventanilla le dirigió la palabra:

--¿Tiene Ud. un fósforo?-- preguntó éste.

Reparando por primera vez en su compañero de viaje, Luis Alberto se apresuró a ofrecerle su encendedor:

--Sí, cómo no. Aquí tiene Ud.-- replicó. Y vio con disgusto que el señor ése se disponía a fumarse un habano que, por sus apariencias, amenazaba crear a corto plazo una atmósfera irrespirable.

El señor tomó el encendedor. Salivó profusamente una punta de su puro, afirmó fuertemente entre los dientes la parte mojada y luego empezó a prender el habano entre grandes bocanadas de insalubre humo. No cabía duda alguna; el señor era algún campesino ricachón que seguramente volvía a su país después de un viaje de negocios. Su particular acento arrastrado denotaba a las claras su procedencia andiviana.

--Ud. es de Surlandia, ¿verdad?-- preguntó el señor.

--Sí, de Las Palmas-- respondió lacónicamente Luis Alberto, a quien el individuo ése se le empezaba a hacer antipático.

--¿Está estudiando en los Estados Unidos?-- insistió el señor.

--Sí, estoy estudiando-- replicó el joven Valenzuela haciendo un esfuerzo.

--Me gusta ver estudiar a la gente joven como Ud.-- prosiguió el señor --Pero tome el consejo de una persona con experiencia como yo: no se dedique a pasar la vida metido en los libros. Sexto año … ɯ̃umɑ̃rɪɑ̃... primero y segundo año de universidad... con eso basta. Después, métase en negocios. Eso es lo que vale. Yo, por ejemplo, tengo el criadero de ganado más grande de Andivia.

--Ah, qué bien-- masculló Luis Alberto.

--Yo no soy muy leído que digamos-- continuó el señor (y Luis Alberto estuvo a punto de responderle con un se le nota)-- pero vea Ud. que lo que importa es el progreso real que le da a uno la experiencia de la vida. Acabo de comprar el Champion de la exposición nacional de los Estados Unidos.

Y sin darle tiempo a Luis Alberto de decir nada, el señor sacó unas fotos de un toro, tomadas de distintos ángulos, y en las que se veía al ponderado animal adornado con cintas azules, escarapelas y otros galardones. Sin saber por qué, Luis Alberto asoció grotescamente la figura del engalanado vacuno con una nativa hawaiana disponiéndose a bailar una hula.

--¿Qué le parece?-- preguntó el señor con un son de triunfo.

--Pues... ésteee... Precioso animal-- respondió Luis Alberto por decir algo. El joven Valenzuela no sólo no entendía nada de animales sino que ni tenía el menor interés por las cosas de campo. Y esto, a pesar de los esfuerzos de su padre--rico hacendado surlandés--por hacer de él el continuador de sus intereses latifundistas.

--¿Verdad que sí?-- continuó el señor, orgulloso. --Lo malo es que el gobierno no le da al agricultor el estímulo de producir más y mejor. Impuestos... trabas de todas clases.... Eso es lo que nos mata. Ya no se puede uno ganar la vida honradamente. Viene un mal año, lluvias... precios bajos... Una enfermedad cualquiera y se pierde todo lo adelantado...

Echando con fuerza el humo de su habano por ambos orificios de su grande y porosa nariz, el señor prosiguió discurseando sobre su tema ganaderil:

--El año pasado, por ejemplo, gasté un dineral en forraje, vacunas y otra serie de mejoras en los establos. ¿Y para qué? Dinero botado a la calle. Vinieron unos inspectores y me obligaron a matar unas vacas porque decían que estaban tuberculosas. Y después, que tenía que vacunar a todos los animales contra la fiebre aftosa, carbunclo, y qué sé yo. Pamplinas, digo yo. ¿Qué saben ellos de crianza? ¡Habráse visto!... Cuando el gobierno se mete se acaba la tranquilidad... Y después los políticos hablan de democracia...

La agitación de las últimas horas, el pesado humo del habano, la cháchara inacabable del tipo ése y el bamboleo del avión, que desde unos minutos se había hecho más pronunciado, empezaron a producir su fatal efecto en Luis Alberto Valenzuela. La ligera pesadez que sentía en un principio se había convertido en un fuerte dolor de cabeza y, lo que era más alarmante, esto empezaba a coincidir con una inquietud muy particular en la región del estómago. De pronto, una oleada de sangre le nubló los ojos y un gusto amargo le invadió la boca.

--Perdone Ud.-- alcanzó a decir Luis Alberto-- Creo que estoy mareado.

Sintiendo una fría transpiración por todo el cuerpo, el joven Valenzuela se levantó precipitadamente de su asiento y salió disparado, desapareciendo por el fondo del pasillo.

Mientras transcurrían los minutos el balanceo del aeroplano se hacía cada vez más violento. Los pasajeros se habían abrochado calladamente sus cinturones y esperaban resignadamente que el avión terminara de cruzar la racha de mal tiempo por donde se había metido.

--Atención, señores pasajeros-- se oyó la voz de uno de los pilotos a través de los altoparlantes-- En estos momentos estamos pasando un frente tropical. No hay motivo de alarma y dentro de pocos minutos estaremos volando bajo un cielo despejado. Rogamos a Uds. tener un poco de paciencia y les recordamos de abrochar sus cinturones. Gracias.

Sin embargo, el vuelo no daba indicaciones de ponerse menos agitado. A medida que pasaba el tiempo, algunos pasajeros empezaron a sentirse atemorizados y la muchacha asistente de vuelo, sujetándose como podía, iba de un asiento a otro, tranquilizando a éste, repartiendo píldoras contra el mareo a este otro, al de acá y al de acullá. Luis Alberto se sentía a morir mientras su compañero de viaje, silencioso ahora, resoplaba ruidosamente.

--Les habla el piloto, señores-- empezó de nuevo la voz por los parlantes. --El frente se ha extendido y el aeropuerto de Las Palmas está totalmente cerrado. Hace unos momentos hemos tomado rumbo sureste y trataremos de aterrizar en Andivia. Gracias.

A Luis Alberto ya no le importaba llegar a Surlandia o a ninguna parte ese día ni nunca. Con la cabeza baja, apoyada entre sus manos, gemía suavemente y deseaba con toda su alma que se acabara el mundo de una vez para poder así descansar de tan horrible malestar. Pasó otra media hora sin que hubiera ningún cambio en la situación. Y de nuevo, la voz del piloto:

--Lamentamos anunciar que, debido a nuevas condiciones climatéricas sobre Andivia, nos será imposible hacer escala en ese país. Volamos en estos momentos rumbo al noroeste y dentro de breve tiempo estaremos de vuelta en el punto original de partida. Gracias.

Efectivamente, transcurridas unas dos o tres horas, el cuadrimotor aterrizaba en Miami, bajo un cielo azul y un sol esplendoroso. Luis Alberto, después de desembarcar, se dirigió hacia el recinto. Al cruzar frente al mostrador de la compañía que después de tantos pesares le había autorizado el vuelo, vio dos caras conocidas que se aproximaban. Eran las figuras inolvidables de la arrogante amazona con el hombrete de su marido, saliendo de la oficina del gerente.

53.41.2 Response drill

1 ¿Por qué tenía que llegar Luis Alberto ese mismo día a Las Palmas?

2 ¿Por qué muchos de los viajeros que salían de los EE.UU. habían mandado comprar sus pasajes en Surlandia?

3 Describa a la pareja que estaba en la oficina del gerente.

4 ¿En qué forma llamó la empleada a Luis Alberto y por qué lo llamó?

5 Relate la accidentada entrada de Luis Alberto al avión y la conversación que tuvo con la asistente de vuelo.

6 ¿Qué hacía Luis Alberto para ajustar la presión que hacía crujir sus oídos?

7 ¿Cuáles eran las divagaciones del joven Valenzuela cuando la pesada nave empezó a volar a nivel?

8 ¿Qué hizo el compañero de viaje de Luis Alberto cuando éste le ofreció su encendedor?

9 ¿Qué le aconsejó a Luis Alberto el rico hacendado de Andivia?

10 ¿Qué había comprado el señor de Andivia en los EE.UU.?

11 ¿Cómo estaba adornado el toro en la foto y con qué lo asoció Luis Alberto?

12 Explique si la política del gobierno norteamericano con los agricultores es similar a la política del gobierno de Andivia con los agricultores de ese país.

13 ¿Qué le pasó a Luis Alberto con el pesado humo del habano, la conversación del hacendado y el bamboleo del avión?

14 ¿Por qué tuvo que cambiar el piloto el sitio de aterrizaje?

15 Después de haber leído esta historia explique por qué el autor la tituló: "No por mucho madrugar amanece más temprano".

54.1   BASIC SENTENCES.   A wedding present.

John White is buying a wedding present. He is helped by an Argentinian girl friend who works at the gift shop.

ENGLISH SPELLING

SPANISH SPELLING

chum
you (fam.) do (to do)
you (fam.)

che (1)
hacés (hacer)
vos

White:
How goes it?

White:
¿Qué tal, mi amiga?

Girl friend:
Hi, chum. What are you doing around here?

Amiga:
Hola, che. ¿Qué hacés vos por aquí?

the century
you (fam.) come (to come)

el siglo
venís (venir)

Girl friend:
You haven't come to see me for ages.

Amiga:
Hace como un siglo que no venís a verme.

you (fam.) walk, do (to walk, to do)

andás (andar)

What are you doing around here?

¿En qué andás por acá?

incidentally

de paso

White:
I've come to see you, and incidentally, to buy a wedding gift.

White:
Vengo a verte, y de paso, a comprar un regalo de boda.

to get married

casarse

Girl friend:
Who's getting married?

Amiga:
¿Quién se casa?

White:
José Molina.

White:
José Molina.

don't (fam.) say (to say)
in love, enamored
engaged

no digás (decir)
enamorado
comprometido

Girl friend:
You don't say! They seemed very much in love.
Have they been engaged long?

Amiga:
¡No me digás! Se veían muy enamorados.
¿Ya llevan mucho tiempo comprometidos?

White:
Yes, it's been two years now. And you know
that neither his parents nor hers want to
wait any longer.

White:
Sí, ya hace dos años. Y tú sabes que ni
los padres de él ni los de ella quieren
esperar más tiempo.

the invitation

la invitación

Girl friend:
Did you receive the invitation yet?

Amiga:
¿Ya recibiste la invitación?

White:
Not yet. It's been scarcely three days since
they decided the date.

White:
Todavía no. Si hace apenas tres días que
decidieron la fecha.

you (fam.) want (to want)

querés (querer)

Girl friend:
And what do you want to give them?

Amiga:
¿Y qué querés regalarles?

useful

White:
Something useful for the house but not too expensive.

        stingy
        you (fam.) have (to have)

Girl friend:
Don't be stingy. You have a good salary.

        the more... the more
        to suffice, to be enough

White:
Yes, but the more I earn the more I spend, and I never have enough money.

        the lamp
        the floor lamp

Girl friend:
What do you think of a floor lamp?

White:
Well... let's see something else.

        look (fam.)(to look)
        the china set
        the porcelain

Girl friend:
Look. We've just gotten some very pretty porcelain china sets.

útil

White:
Algo que sea útil para la casa pero no muy caro.

        tacaño
        tenés (tener)

Amiga:
No seás tacaño. Vos tenés un buen sueldo.

        entre más... más
        alcanzar

White:
Sí, pero entre más gano, más gasto, y nunca me alcanza el dinero.

        la lámpara
        la lámpara de pie

Amiga:
¿Qué te parece una lámpara de p-e?

White:
Pues... veamos otra cosa.

        mirá (mirar)
        la vajilla
        la porcelana

Amiga:
Mirá. Hemos recibido unas vajillas de porcelana muy bonitas.

White:
That's a wonderful idea.

White:
Eso es una magnífica idea.

   come (fam.) (to come)

   vení (venir)

Girl friend:
Let's look at them. Step over here. Look at these. I like them a lot.

Amiga:
Vamos a verlas. Vení por acá. Mirá éstas. A mí me gustan mucho.

   the leaf
   fine, of good quality

   la hoja
   fino

White:
Hmm... So do I. This one with the leaves is very nice. Send it to them, won't you?

White:
Mmm... Y a mí también. Esta de las hojas es muy fina. Mándasela, ¿quieres?

   you (fam.) get married (to get married)

   te casás (casarse)

Girl friend:
And you, when are you getting married?

Amiga:
Y vos, ¿cuándo te casás?

White:
Whenever you say "yes".

White:
Cuando tú me digas que "sí".

   'bye'
   the client, customer

   chao (1)
   el, la cliente

Girl friend:
'Bye', old boy. That customer is waiting for me.

Amiga:
Chao, viejo. Me está esperando esa cliente.

54.10 Notes on the basic sentences

(1) ~~Che and ~~chau~~ are commonly heard in Argentina, Paraguay, Uruguay and some parts of Chile.~~

54.2 DRILLS AND GRAMMAR

54.21 Pattern drills

54.21.1 Some common short-answer patterns of agreement and contrast; ya and todavía.

A. Presentation of pattern

_____ : _____.

ILLUSTRATIONS

He doesn't like this room.
She doesn't either.

1 Mirá éstas. A mí me gustan.
  Y a mí también.

2 A él no le gusta este cuarto.
  A ella tampoco.
  A mí sí.

Paul would like to study medicine.
So would Henry.
I wouldn't, but my brother would.

3 Pablo quisiera estudiar medicina.
  Enrique también.
  Yo no, pero mi hermano sí.

Are you planning to visit Spain?
  Mary: I am.
  Hector: I am too.
  Robert: I'm not.
  Humberto: I'm not either.
  Theresa: Neither am I.

4 ¿Piensan Uds. visitar España?
  María: Yo sí.
  Héctor: Yo también.
  Roberto: Yo no.
  Humberto: Yo tampoco.
  Teresa: Ni yo tampoco.

Paul: I'm not going to the dance. How
      about Robert?
Victor: Neither is he.

5 Pablo: Yo no voy al baile. ¿Y Roberto?
  Víctor: Tampoco.

Mary: I'm planning to leave at three. How about Helen?

Ann: So is she.

6 María: Yo pienso salir a las tres. ¿Y Elena?

Ana: También.

Hasn't Víctor left yet?

Not Yet.

Yes, he's gone.

7 ¿No se ha ido Víctor todavía?

Todavía no.

Sí, ya se fue.

Did Víctor go already?

Not Yet.

Yes, he's gone.

8 ¿Ya se fue Víctor?

Todavía no.

Sí, ya se fue.

Do you still work there?

Yes, I still work there.

No, no longer.

9 ¿Trabaja Ud. ahí todavía?

Sí, todavía trabajo ahí.

No, ya no.

Don't you work there any more?

Yes, I still work there.

No, no more.

10 ¿Ya no trabaja Ud. ahí?

Sí, todavía trabajo ahí.

No, ya no.

54.21.11 Response drills

Problem: Yo creo que el español es muy fácil.

Sample answers:

José: Yo no.
Carlos: Yo tampoco.
Luis: Yo sí.
Juan: Yo también.

1 A mí no me pone nervioso el ruido del
tráfico.

   Carlos: A mí tampoco.
   José: Ni a mí tampoco.
   Carmen: A mí sí.
   Alicia: A mí también.

2 A mí me gusta ir a la playa.

   Ana: A mí también.
   Marta: Y a mí también.
   Carmen: A mí no.
   Josefina: A mí sí.

3 Yo hablo muy rápido.

   Pablo: Yo también.
   Carlos: Y yo también.
   Juan: Yo no.
   Luis: Yo tampoco.

4 A mí no me gusta fumar.

   Ana: A mí tampoco.
   Marta: Ni a mí tampoco.
   Luisa: A mí sí.
   Alicia: A mí también.

5 A mí me conviene vivir en este edificio.

   Carlos: A mí también.
   José: Y a mí también.
   Juan: A mí no.
   Luis: A mí sí.

6 A Marta le parece buena la lavandería de
la esquina.

   Carlos: A mí no.
   José: A mí sí.
   Juan: A mí también.
   Luis: Y a mí también.

7 Yo no vendo mi coche.

   Carlos: Yo tampoco.
   Juan: Ni yo tampoco.
   José: Yo sí voy a vender el mío.
   Luis: Yo también.

8 A mí me gusta almorzar ahí.

   Luisa: A mí también.
   María: A mí no.
   Carmen: A mí sí.
   Alicia: A mí también.

54.21.12   Patterned response drill

Problem I: ¿No ha comido Pablo todavía?
Answers: Todavía no.
               Sí, ya comió.

1   No ha ganado Oscar todavía?
    Todavía no.
    Sí, ya ganó.

3   ¿No ha hablado con él todavía?
    Todavía no.
    Sí, ya hablé con él.

5   ¿No han comprado el carro todavía?
    Todavía no.
    Sí, ya lo compraron.

7   ¿Ya salió Pablo?
    Todavía no.
    Sí, ya salió.

9   ¿Ya te bañaste?
    Todavía no.
    Sí, ya me bañé.

11 ¿Ya fuiste al doctor?
    Todavía no.
    Sí, ya fui.

Problem II: ¿Ya comió Pablo?
Answers: Todavía no.
               Sí, ya comió.

2   ¿No has conocido el teatro todavía?
    Todavía no.
    Sí, ya lo conocí.

4   ¿No ha llegado a Bolivia todavía?
    Todavía no.
    Sí, ya llegó.

6   ¿No ha solicitado el permiso todavía?
    Todavía no.
    Sí, ya lo solicité.

8   ¿Ya entraron ellos?
    Todavía no.
    Sí, ya entraron.

10 ¿Ya regresaron de Colombia?
    Todavía no.
    Sí, ya regresaron.

12 ¿Ya leyó la novela?
    Todavía no.
    Sí, ya la leyó.

Problem I: ¿Víctor es profesor todavía?

Answers: Sí, todavía es.
No, ya no.

13 ¿María estudia todavía?
Sí, todavía estudia.
No, ya no.

15 ¿Margarita trabaja allí todavía?
Sí, todavía trabaja allí.
No, ya no.

17 ¿José es el director todavía?
Sí, todavía es el director.
No, ya no.

19 ¿Ya no viven ellos aquí?
Sí, todavía viven aquí.
No, ya no.

21 ¿Ya no tienen Uds. problemas?
Sí, todavía tenemos problemas.
No, ya no.

23 ¿Ya no enseña ella aquí?
Sí, todavía enseña.
No, ya no.

Problem II: ¿Víctor ya no es profesor?

Answers: Sí, todavía es.
No, ya no.

14 ¿Carlos está soltero todavía?
Sí, todavía está soltero.
No, ya no.

16 ¿Juega Pablo fútbol todavía?
Sí, todavía juega.
No, ya no.

18 ¿Entiende Ud. español todavía?
Sí, todavía lo entiendo.
No, ya no.

20 ¿Ya no viaja Ud. a Nueva York?
Sí, todavía viajo allí.
No, ya no.

22 ¿Ya no vas a la escuela?
Sí, todavía voy.
No, ya no.

24 ¿Ya no está lloviendo?
Sí, todavía está lloviendo.
No, ya no.

B. Discussion of pattern

Short-answer patterns of the type presented in this unit are such a common feature of everyday conversations that students should become thoroughly familiar with them. Note particularly the common use of también and tampoco in isolation, where the equivalent in English would be an utterance such as He has too, Neither do I, etc.

Note also that an affirmative question involving ya will be answered affirmatively with ya or negatively with todavía no. Similarly an affirmative question with todavía will elicit an affirmative answer with ya or a negative answer with ya no.

54.21.2 Correlatives

A. Presentation of pattern

ILLUSTRATIONS

                   1   Ni los padres de él ni los de ella quieren esperar más tiempo.

Neither Charles nor Paul came.   2   Ni Carlos ni Pablo vinieron.

We're neither working nor studying.   3   Ni trabajamos ni estudiamos.

I have neither seen him nor talked with him.   4   Ni lo he visto ni he hablado con él.

He's neither strong nor weak.   5   No es ni fuerte ni débil.

You either go out or you study.   6   O sale o estudia.

He's coming either tomorrow or the day after tomorrow.   7   Viene o mañana o pasado mañana.

Either your sister buys it or I'll buy it.   8   O lo compra tu hermana o lo compro yo.

Either John or Susan is going.   9   O Juan o Susana van.

Both he and I are happy.   10   Tanto él como yo estamos contentos.

Both Albert and his cousin listened to the program.   11   Tanto Alberto como su primo escucharon el programa.

Both she and he are thoroughly familiar with the topic.   12   Tanto ella como él dominan el tema.

____ ____ __ _____, ___ ____ __ _____.

The more you eat, the more you want.

The less he works, the less he earns.

The more I sat in that armchair, the lazier I got.

The more I see her, the less I like her.

The longer you stay in this country, the more you'll like it.

The more you attend class, the more you'll learn.

13 Entre <u>más</u> gano, <u>más</u> gasto.

14 ____ ___ _____, ___ _____.

15 <u>Cuanto más</u> come, <u>más</u> quiere.

16 <u>Mientras menos</u> trabaja, <u>menos</u> gana.

17 <u>Mientras más</u> me sentaba en ese sillón, <u>más</u> perezoso me ponía.

18 Entre <u>más</u> la veo, <u>menos</u> me gusta.

19 <u>Cuanto más</u> te quedes en este país, <u>más</u> te va a gustar.

20 <u>Mientras más</u> asista a clase, <u>más</u> va a aprender.

54.21.21 Construction substitution drill

Problem: Pablo no va. Juan no va tampoco.

Answer: Ni Pablo ni Juan van.

1 Carlos no fue. Yo no fui tampoco.

2 Mi esposa no estaba en casa. Tampoco estaban mis niños.

3 El presidente no asistió a la recepción. El secretario no asistió tampoco.

4 Los estudiantes no sabían qué hacer. El profesor no sabía tampoco.

5 Juan no juega tenis. Su hermano no juega tampoco.

Ni Carlos ni yo fuimos.

Ni mi esposa ni mis niños estaban en casa.

Ni el presidente ni el secretario asistieron a la recepción.

Ni los estudiantes ni el profesor sabían qué hacer.

Ni Juan ni su hermano juegan tenis.

6 Ella no es americana. Yo no soy   Ni ella ni yo somos americanos.
   americano tampoco.

7 No me voy a quejar. Tampoco se va   Ni mi esposa ni yo vamos a quejarnos.
   a quejar mi esposa.

8 No leímos. No estudiamos tampoco.   Ni leímos ni estudiamos.

9 No bebieron. No bailaron tampoco.   Ni bebieron ni bailaron.

10 No asiste a clases. Tampoco trabaja.   Ni asiste a clases ni trabaja.

Problem: No habla bien. No habla mal tampoco.

Answer: No habla ni bien ni mal.

11 No empezamos temprano. No empezamos tarde   No empezamos ni temprano ni tarde.
   tampoco.

12 No es fea. No es bonita tampoco.   No es ni fea ni bonita.

13 No es gordo. Tampoco es flaco.   No es ni gordo ni flaco.

14 No es alto. Tampoco es bajo.   No es ni alto ni bajo.

15 No entiende español. No entiende   No entiende ni español ni francés.
   francés tampoco.

Problem: Gana más y quiere más.

Answer: Mientras (cuanto, entre) más gana, más quiere.

1 Estudia más y aprende más.   Cuanto más estudia, más aprende.

2 Vienen más a menudo y obtienen más   Mientras más a menudo vienen, más información
   información.   obtienen.

3 Llegan más tarde y salen más tarde.   Entre más tarde llegan, más tarde salen.

4 Discutía el asunto más y lo entendía
menos.

5 La veía a menudo y me enamoraba más de
ella.

6 Apostaba más y ganaba más.

7 Pregunto más y me confundo más.

Problem: Si llega más temprano, sale más temprano.
Answer: Mientras (cuanto, entre) más temprano llegue, más temprano sale (va a salir, saldrá).

1 Si vivimos aquí más, pagamos menos.

2 Si estudia menos, aprenderá menos.

3 Si hay menos americanos, aprendes
más español.

4 Si come más, se engorda más.

5 Si la miras más, menos caso te va a hacer.

6 Si gastan más dinero, tendrán menos.

7 Si practicas español más, te va a gustar
más.

Problem: Si no la lleva Jaime, la llevo yo.
Answer: O Jaime o yo la llevamos.

1 Si Margarita no llega esta tarde, llega
su prima.

2 Si no le ayudan las muchachas, le ayudan
los muchachos.

3 Si no voló anoche el capitán, voló el
coronel.

Cuánto más discutía el asunto, menos lo
entendía.

Mientrás más la veía, más me enamoraba de
ella.

Entre más apostaba, más ganaba.

Cuanto más pregunto, más me confundo.

Mientras más vivamos aquí, menos pagamos.

Cuanto menos estudie, menos aprenderá.

Mientras menos americanos haya, más español
aprendes.

Entre más coma, más se engorda.

Cuanto más la mires, menos caso te va a hacer.

Cuanto más dinero gasten, menos tendrán.

Mientras más practiques español, más te va a
gustar.

O Margarita o su prima llegan esta tarde.

O las muchachas o los muchachos le ayudan.

O el capitán o el coronel volaron anoche.

54.14

4   Si no compramos los abrigos, compramos los
    sombreros.

O compramos los abrigos o compramos los
sombreros.

5   Si él no está durmiendo, está jugando tenis.

O está durmiendo o está jugando tenis.

6   Si no acepta éste, le damos otro.

O acepta éste o le damos otro.

7   Si no practicas, te van a ganar.

O practicas o te van a ganar.

8   Si no bailaba, cantaba.

O bailaba o cantaba.

9   Si no estudiaba, leía.

O estudiaba o leía.

10 Si no se estaba afeitando, se estaba bañando.

O se estaba afeitando o se estaba bañando.

11 Si no ha llegado ya, va a llegar muy pronto.

O ha llegado ya o va a llegar muy pronto.

12 Si no han hecho el viaje ya, lo harán la
    próxima semana.

O han hecho el viaje ya, o lo harán la
próxima semana.

13 Si no ha estado practicando basketball,
    ha estado nadando.

O ha estado practicando basketball o ha
estado nadando.

Problem: Los hombres fueron. Las mujeres fueron también.
Answer: Tanto los hombres como las mujeres fueron.

1   Los niños asistieron a la reunión. Los
    maestros asistieron también.

Tanto los niños como los maestros asistieron a la reunión.

2   Alfredo hablaba español. María lo hablaba
    también.

Tanto Alfredo como María hablaban español.

3   Yo sé manejar. Mi esposa sabe también.

Tanto mi esposa como yo sabemos manejar.

4   El radio funciona. La televisión funciona
    también.

Tanto el radio como la televisión funcionan.

5   Mis primos conocieron la ciudad. Mis sobri-
    nos la conocieron también.

Tanto mis primos como mis sobrinos conocieron la ciudad.

6 Alicia leyó los capítulos. Cristina los   Tanto Alicia como Cristina leyeron los
   leyó también.   capítulos.

7 Yo quería matricularme. Rodolfo quería   Tanto Alicia como Cristina leyeron los
   matricularse también.   capítulos.

                                                    Tanto Rodolfo como yo queríamos matricular-
                                                    nos.

B. Discussion of pattern

We have illustrated in this unit some of the most common patterns involving correlatives. Note
the following points:

(1) The correlatives ni... ni, when they come after the verb, require no (or some other nega-
     tive) before the verb.

(2) The concordance of the verb presents some problems when the elements modified by the
     correlatives are the subject. In this case tanto...como always requires that the verb
     take the plural form that it would have if the two elements were connected by y:

                    Tanto él como yo estamos...   Tanto Juan como José tienen...

The same is true of o...o and ni...ni in most cases, and will always be true if one of
the two elements is plural or if either of the two is not third person. In short, students will be best advised always to use a plural form of the verb with these correlatives,
since this form is always acceptable and often preferable to a singular verb agreeing with
one of the elements of the subject.

54.21.3 The familiar vos forms (the voseo)

A. Presentation of pattern

                                                    ILLUSTRATIONS

                                                    1 ¿Qué hacés vos por aquí?
                                                    2 Hace como un siglo que no venís a verme.
                                                    3 ¿En qué andás por acá?
                                                    4 ¿Y qué querés regalarles?

5 Vos tenés un buen sueldo.
6 Y vos, ¿cuándo te casás?
7 ¡No me digás!
8 No seás tacaño.
9 Vení por acá. Mirá éstas.
10 Ojalá que ganés.
11 Quiero que lo conozcás.
12 Es mejor que no vengás.
13 Esto es para vos.

Hope you win.
I want you to meet him.
It's better for you not to come.
This is for you.

EXTRAPOLATION

Stem	Infinitive	Vos endings
Present Indicative	tom -ar	-ás
	vend -er	-és
	viv -ir	-ís
1 sg Present Indicative		
Present Subjunctive	tom -o	-és
	vend -o	-ás
	viv -o	-ás
	pong -o	-ás
Past I	Infinitive	
	tom -ar	-aste(s)
	vend -er	-iste(s)
	viv -ir	-iste(s)
Command form	Infinitive	
	tom -ar	-á
	vend -er	-é
	viv -ir	-í

NOTES

a. Like the <u>vosotros</u> forms, <u>vos</u> forms have the same stem as that of the 1 pl for all verbs in all tenses except for haber in the present indicative, which too is the form used.

b. Negative commands in <u>voseo</u> use the <u>vos</u> form of the Present Subjunctive.

c. <u>Voseo</u> has no affirmative command form for the verb <u>ir</u>. <u>Vos</u> speakers normally use the form <u>andá</u> as a substitute.

54.21.31 Substitution drill

Problem: ¿Puedes ayudarme?
Answer: ¿Podés ayudarme?

1   ¿Quieres un whiskey con soda?   ¿Querés un whiskey con soda?
2   ¿Dónde mandas tu ropa?   ¿Dónde mandás tu ropa?
3   ¿Por qué no vienes esta noche y así ves   ¿Por qué no venís esta noche y así ves
      donde vivo?   donde vivo?
4   Al principio no necesitas.   Al principio no necesitás.
5   No sabes en la que me he metido.   No sabés en la que me he metido.
6   Pero, ¿cuál practicas?   Pero, ¿cuál practicás?
7   ¿Tienes otra cosa que hacer?   ¿Tenés otra cosa que hacer?
8   ¿Sabes la última noticia?   ¿Sabés la última noticia?
9   ¿Conoces tú a Ted Barber?   ¿Conocés vos a Ted Barber?
10 Sin embargo, voy a ver lo que tú dices.   Sin embargo, voy a ver lo que vos decís.
11 ¿Trabajas aquí?   ¿Trabajás aquí?
12 ¿Vienes de verlo?   ¿Venís de verlo?
13 Antes, ¿no quieres otro trago?   Antes, ¿no querés otro trago?
14 ¿Cómo te sientes?   ¿Cómo te sentís?

15 Te vistes muy bien.

16 ¿Tú eres el que no ibas a fumar?

17 ¿Cuándo vuelves?

18 No puedes impedirlo.

19 Has hecho muy bien.

20 ¿Lo vas a comprar de segunda mano?

21 ¿Cómo estás?

22 Pero realmente es mejor que lo hagas.

23 No importa que no sepas.

24 Siento mucho que no puedas ir.

25 Pablo duda que tú seas español.

26 Ana quiere que firmes.

27 Ojalá que ganes.

28 Espero que vengas temprano.

29 No importa que se lo pidas.

30 Es mejor que no vuelvas.

31 Me alegro de que te sientas mejor.

32 No creo que hayas ganado.

33 No quiero que te vayas.

34 Ojalá que no tengas para rato.

35 Que lo pases bien.

36 Sugiero que te levantes más temprano.

37 Lástima que no te encuentres a gusto.

Te vestís muy bien.

¿Vos sos el que no ibas a fumar?

¿Cuándo volvés?

No podés impedirlo.

Has hecho muy bien.

¿Lo vas a comprar de segunda mano?

¿Cómo estás?

Pero realmente es mejor que lo hagás.

No importa que no sepás.

Siento mucho que no podás ir.

Pablo duda que vos seás español.

Ana quiere que firmés.

Ojalá que ganés.

Espero que vengás temprano.

No importa que se lo pidás.

Es mejor que no volvás.

Me alegro de que te sentás mejor.

No creo que hayás ganado.

No quiero que te vayás.

Ojalá que no tengás para rato.

Que lo pasés bien.

Sugiero que te levantés más temprano.

Lástima que no te encontrés a gusto.

38 Me quedo hasta que te acuestes.

39 Juan llama para que le digas algo.

40 Estoy ahorrando a fin de que puedas comprar un coche.

41 Tienes que ayudarnos aunque no quieras.

42 La reconocerás cuando la veas.

43 Vamos a empezar antes de que tú llegues.

44 Me voy a bañar tan pronto como salgas.

45 Te hablo despacio de modo que entiendas.

46 Pasa adelante.
No pases por María hoy.

47 Entonces ven con nosotros.
No vengas tan temprano.

48 Pon la cámara con las toallas a la sombra.
No te pongas nervioso.

49 Hazlo por mí.
No le hagas caso.

50 Déjalo para las once.
No lo dejes para mañana.

51 Dímelo.
Chica, no lo digas ni en broma.

52 Pregúntaselo a Carmen.
No me lo preguntes a mí.

53 ¿Ves? Aprende tú también.
No aprendas chino.

54 Oye, por fin, ¿a quién vas a llevar?
No oigas la radio.

Me quedo hasta que te acostés.

Juan llama para que le digás algo.

Estoy ahorrando a fin de que podás comprar un coche.

Tenés que ayudarnos aunque no querás.

La reconocerás cuando la veás.

Vamos a empezar antes de que vos llegués.

Me voy a bañar tan pronto como salgás.

Te hablo despacio de modo que entendás.

Pasá adelante.
No pasés por María hoy.

Entonces vení con nosotros.
No vengás tan temprano.

Poné la cámara con las toallas a la sombra.
No te pongás nervioso.

Hacelo por mí.
No le hagás caso.

Dejalo para las once.
No lo dejés para mañana.

Decímelo.
Chica, no lo digás ni en broma.

Preguntáselo a Carmen.
No me lo preguntés a mí.

¿Ves? Aprendé vos también.
No aprendás chino.

Oí, por fin, ¿a quién vas a llevar?
No oigás la radio.

55 Pídeselo a Marta.
    No se lo pidas a José.

    Pedíselo a Marta.
    No se lo pidás a José.

56 Andá y dile que me espere.
    No andes tan rápido.

    Andá y decile que me espere.
    No andés tan rápido.

57 Interrúmpelo, si es necesario.
    No me interrumpas.

    Interrumpilo, si es necesario.
    No me interrumpás.

58 Ten la bondad de avisarme.
    No tengas miedo.

    Tené la bondad de avisarme.
    No tengás miedo.

59 Quítate la camiseta.
    No te quites los zapatos.

    Quitate la camiseta.
    No te quités los zapatos.

60 Quédate aquí.
    No te quedes más.

    Quedate aquí.
    No te quedés más.

61 Vístete en seguida.
    No te vistas todavía.

    Vestite en seguida.
    No te vistás todavía.

62 Trae a tus abuelos.
    No traigas sino un lápiz.

    Traé a tus abuelos.
    No traigás sino un lápiz.

63 Trabaja hoy, juega mañana.
    No juegues, si no quieres.

    Trabajá hoy, jugá mañana.
    No jugués, si no querés.

54.21.32 Response drills

    Problem: ¿Pregunto demasiado?
    Answer: Sí, preguntás demasiado.

    1 ¿Conozco al general?
    2 ¿Puedo nadar también?
    3 ¿Me quejo demasiado?
    4 ¿Me visto bien?
    5 ¿Lo necesito?

    Sí, lo conocés.
    Sí, podés.
    Sí, te quejás demasiado.
    Sí, te vestís muy bien.
    Sí, lo necesitás.

6   ¿Hablo bien?   Sí, hablás bien.

7   ¿Soy americano?   Sí, sos americano.

8   ¿Manejo mejor ahora?   Sí, manejás mejor.

9   ¿Leo bien?   Sí, leés muy bien.

10   ¿Tengo que pagarle?   Sí, tenés que pagarle.

Problem: ¿Dónde como?

Answer: Comé aquí.

11   ¿Qué compro?   Comprá una blusa.

12   ¿Dónde me siento?   Sentate allí.

13   ¿Cuándo me baño?   Bañate mañana por la mañana.

14   ¿Qué sirvo?   Serví arroz con pollo.

15   ¿Cuándo paso por vos?   Pasá por mí a las siete.

16   ¿A quién llamo?   Llamá a Jorge.

17   ¿Dónde pongo el coche?   Ponelo en el garaje.

18   ¿A quién se lo pido?   Pedíselo a Guillermo.

19   ¿Cuándo almuerzo?   Almorzá a la una.

20   ¿Cuándo me voy?   Andate ahora.

Problem: ¿Querés que me quede?

Answer: Sí, quiero que te quedés.

21   ¿Querés que trabaje?   Sí, quiero que trabajés.

22   ¿Querés que te lo preste?   Sí, quiero que me lo prestés.

23   ¿Es mejor que lo deje?   Sí, es mejor que lo dejés.

24   ¿Es mejor que no lo diga?   Sí, es mejor que no lo digás.

25 ¿Preferís que maneje yo?   Sí, prefiero que manejés.

26 ¿Es importante que lo sepa?   Sí, es importante que lo sepás.

27 ¿Es necesario que llegue un poco temprano?   Sí, es necesario que llegués un poco
                                                      temprano.

28 ¿Es preciso que lea ese artículo?   Sí, es preciso que lo leás.

29 ¿Sugerís que traiga a los niños?   Sí, sugiero que los traigás.

30 ¿Es posible que yo sea el director algún   Sí, es posible que seás el director
    día?   algún día.

B. Discussion of pattern

     In addition to the four forms of address already studied (Ud., Uds., tú, vosotros), a fifth
form using the subject pronoun vos exists. This form of address, often referred to as voseo, is used
extensively in Argentina, Uruguay, Paraguay, and Central America, and less widely in parts of Mexico
and various countries of South America.

     In countries where its use is limited, voseo is often considered a rustic form, not to be used
by cultured people. On the other hand, in Costa Rica it is the standard familiar singular form, so that
anyone using the tú form is immediately recognized as a foreigner. In countries where both tú and vos
are used (e.g., Nicaragua), the latter seems to denote a greater degree of familiarity.

     The line between voseo and tuteo is not always clearly drawn. For example, many vos speakers
use the forms hablastes, fuistes, etc., while others consider hablaste, fuiste, etc. (i.e., the tú form)
more "correct". In all tenses except those listed in the Extrapolation, voseo uses forms identical to
those used with the subject tú.

     The voseo form of address has no distinctive clitic form, but uses te as either direct or in-
direct object. The prepositional object form is vos. This leads to what seems a curious mixture of
forms, as in the indignant shout of a Buenos Aires taxi driver to a motorist who had narrowly missed a
collision: "¡A vos hay que ponerte anteojos!"

     Possessive forms used with voseo are the same as those used with the tú form of address.

54.22   Review drills

54.22.1   Subjunctive after clause relators

Problem: El traje no está listo todavía. ¿Ud. va a esperar?

Answer: Sí, voy a esperar hasta que esté listo.

1   No tengo la información todavía. ¿Va a   Sí, voy a esperar hasta que la tenga.
    esperar Ud.?

2   Graciela no lo sabe de memoria todavía. ¿Va   Sí, voy a seguir enseñándoselo hasta
    Ud. a seguir enseñándoselo?   que lo sepa.

3   Pablo no es doctor todavía. ¿Va a continuar   Sí, va a continuar estudiando hasta que
    estudiando?   sea doctor.

4   Ellos no se sienten bien todavía. ¿Van a   Sí, van a tomar más medicina hasta que
    tomar más medicina?   se sientan bien.

5   No puedo resolver este problema. ¿Vas a   Sí, te voy a ayudar hasta que lo puedas
    ayudarme?   resolver.

Problem: Si no le gusta a Ud. el auto, ¿lo va a comprar?

Answer: Sí, lo voy a comprar aunque no me guste.

6   Si Pablo no quiere la cuenta, ¿vas a dársela?   Sí, voy a dársela aunque no la quiera.

7   Si no llega el jefe, ¿Ud. va a empezar el   Sí, voy a empezarlo aunque no llegue.
    trabajo?

8   Si Ud. no se siente bien, ¿va a ir?   Sí, voy a ir aunque no me sienta bien.

9   Si llueve esta tarde, ¿vas a la fiesta?   Sí, voy a la fiesta aunque llueva.

10 Si Pablo no les paga a ustedes, ¿van a   Sí, vamos a entregárselo aunque no nos
    entregarle el auto?   pague.

Problem: ¿Vas a salir después de recibir tus órdenes?

Answer: Sí, voy a salir tan pronto como (en cuanto) las reciba.

11 ¿Vas a llamarme después de verla?   Voy a llamarte tan pronto como la vea.

12 ¿Vas a avisarme después de llamarlo?   Sí, te voy a avisar en cuanto lo llame.

13 ¿Vas a empezar después de comer?   Sí, voy a empezar tan pronto como coma.

14 ¿Vas a salir después de terminar el curso?   Sí, voy a salir en cuanto lo termine.

15 ¿Vas a llamarme después de hacer el trabajo?   Sí, te voy a llamar tan pronto como lo
                                                                         haga.

Problem: ¿Me presta su auto si se lo lavo?

Answer: Sí, se lo presto con tal que me lo lave.

16 ¿Vas a estudiar español si te mandan a Latinoamérica?   Sí, voy a estudiar con tal que me manden a Latinoamérica.

17 ¿Se queda trabajando con nosotros si le subimos el sueldo?   Sí, me quedo trabajando con Uds. con tal que me suban el sueldo.

18 ¿Van Uds. a almorzar conmigo si pago el almuerzo?   Sí, almorzamos con Ud. con tal que pague el almuerzo.

19 ¿Va Ud. a comprar el auto si le rebajan cien dólares?   Sí, voy a comprarlo con tal que me rebajen los cien dólares.

20 Si el niño hace la tarea temprano, ¿puede salir a jugar?   Sí, puede salir a jugar con tal que haga la tarea temprano.

Problem: ¿Vas a comprar la casa si no te prestan el dinero?

Answer: No, no voy a comprarla a menos que me lo presten.

21 ¿Va a manejar si no se siente bien?   No, no voy a manejar a menos que me sienta
                                                                       bien.

22 ¿Pueden jugar si no hace buen tiempo?   No, no pueden jugar a menos que haga buen
                                                                       tiempo.

23 ¿Puedes entrar si no tienes la llave?

No, no puedo entrar a menos que la tenga.

24 ¿Vas a poder ir a la escuela si no consigues
    una beca?

No, no voy a poder ir a menos que consiga
una beca.

25 ¿Puede uno trabajar aquí si no sabe mate-
    máticas?

No, uno no puede trabajar aquí a menos
que sepa matemáticas.

Problem: ¿Para qué le dijo Ud. eso a él? (El debía saber la lección)

Answer: Se lo dije para que supiera la lección.

26 ¿Para qué le dice Ud. eso a él? (El debe saber la lección)

Se lo digo para que sepa la lección.

27 ¿Para qué le sugiere eso a él? (No debe
    hacer ese error otra vez)

Se lo sugiero para que no haga ese error
otra vez.

28 ¿Para qué le explica eso a ella? (Ella no
    debe perder el camino)

Se lo explico para que no pierda el
camino.

29 ¿Para qué le trae el libro a ella? (Debe
    leerlo esta semana)

Se lo traigo para que lo lea esta semana.

30 ¿Para qué le compró el auto a él? (El quería
    irse a México)

Se lo compré para que se fuera a México.

31 ¿Para qué la llevó al centro? (Quería
    comprarse dos vestidos)

La llevé al centro para que se comprara
dos vestidos.

32 ¿Para qué le dijo eso a él? (El no debía
    salir más con ella)

Se lo dije para que no saliera más con
ella.

33 ¿Para qué le aconsejó eso a ella? (Ella no
    debía meter la pata)

Se lo aconsejé para que no metiera la
pata.

¿Para qué la llamó por teléfono? (Ella debía
esperarme a las cuatro)

La llamé por teléfono para que me esperara
a las cuatro.

34 ¿Para qué les escribió esa carta a ellos?
   (Ellos querían saber la verdad)

Se la escribí para que ellos supieran
la verdad.

35 ¿Para qué llevó a los niños? (Ellos
   querían divertirse)

Los llevé para que se divirtieran.

36 ¿Para qué va a trabajar Ud.? (Su hijo
   quiere estudiar)

Voy a trabajar para que mi hijo estudie.

37 ¿Para qué va a estudiar Ud.? (Sus hijos
   quieren vivir mejor)

Voy a estudiar para que mis hijos vivan
mejor.

54.3   CONVERSATION STIMULUS

D E B A T E

La clase se divide en dos grupos; un grupo toma el lado afirmativo y el otro grupo toma el lado
negativo. Una vez que todos los estudiantes hayan expuesto sus puntos, los dos grupos deben hacerse preguntas entre ellos y refutar los argumentos dados.

(No es necesario que Ud. esté de acuerdo con los puntos que va a atacar o defender; éste es un
debate teórico. También Ud. puede agregar otros puntos que no estén indicados aquí, ya sea en pro o en
contra de la tesis.)

TESIS: LAS MADRES CON HIJOS QUE NO HAN LLEGADO A LA EDAD ESCOLAR NO DEBEN TRABAJAR

Sugerencias para defender esta tesis:

1- La presencia de la madre es muy importante durante los primeros años de vida del
   niño; de otra forma los muchachos se crían con complejos.

2- El lugar de la mujer es el hogar. Una mujer que trabaja nunca puede ser ni buena
   madre ni buena esposa. Debido a la constante actividad de los niños y el trabajo
   que ellos necesitan, ninguna mujer puede hacer bien dos trabajos a la vez.

3- Bajo un punto de vista económico no resulta el que la madre trabaje, ya que después de pagar por el cuidado de los niños, los vestidos de la madre, los almuerzos fuera de la casa, el transporte, etc. ella lleva a casa muy poco dinero.

Sugerencias para atacar esta tesis:

1- El alto costo de la vida no permite hoy día que el esposo cumpla con todas las obligaciones económicas.

2- La vida rutinaria del hogar es muy monótona. Si la esposa encuentra quien le cuide a los hijos, es conveniente un cambio de ambiente, y así puede ser mejor madre y esposa.

3- Es una lástima que mujeres con educación no pongan en práctica lo que han estudiado en vez de embrutecerse con los trabajos domésticos.

TESIS: <u>UNA PERSONA DE 18 AÑOS DE EDAD DEBE VOTAR</u>

Sugerencias para defender esta tesis:

1- Si una persona a los 18 años está en edad de morir por su patria, con mayor razón está en edad para votar por los dirigentes políticos del país.

2- Los estudiantes de las escuelas secundarias y las universidades generalmente a los 18 años de edad están estudiando cursos de historia y gobierno del país. Sus derechos de ciudadano, por lo tanto, están estrechamente ligados con su entrenamiento.

3- La edad de 21 años es una edad arbitraria. La mayoría de la gente no tiene más juicio o madurez a la edad de 21 que a la edad de 18. Si una persona no ha llegado a su madurez antes de los 21 años, nunca llegará.

Sugerencias para atacar esta tesis:

1- Una persona adquiere verdadera experiencia de la vida entre la edad de los 18
y los 21 años.

2- Los muchachos a los 18 años de edad son muy alocados, impetuosos y desordenados.
Ellos no quieren responsabilidades y tampoco se las merecen.

3- La tradición legal en nuestra sociedad dice que antes de llegar a los 21 años el
individuo no es un adulto todavía. Todos estos cientos de años de tradición no
pueden estar equivocados de la noche a la mañana.

Francisco del Valle González

y

María del Carmen Gómez

participan a Ud(s) el próximo enlace de su hija

Carmen

con el señor don José Molina de la Cruz

19 de Marzo de 19...

Asunción C. Vda. de Molina

participa a Ud(s) el próximo enlace de su hijo

José

con la señorita Carmen del Valle Gómez

19 de marzo de 19...

Francisco del Valle González

María del Carmen de del Valle

y

María Asunción C. Vda. de Molina

tienen el honor de invitar a Uds.

al enlace de sus hijos

Carmen y José

que se verificará el 19 de los corrientes

a las 11:00 horas en la Catedral Metropolitana

La recepción seguirá a la
ceremonia religiosa en la
residencia del Valle.

Avenida Gral. Bulnes 1274

RSVP: 42-33-74

54.41   Life in Surlandia

La Boda

El 18 de marzo, un maravilloso día de otoño, es la víspera de la boda de Carmen del Valle y José Molina.

En casa de la familia del Valle hay una actividad inusitada. Entran y salen sirvientes trayendo y llevando sillas, flores, regalos, licores y toda clase de alimentos para preparar la fiesta.

En uno de los aposentos interiores vemos a Carmen, rodeada de un grupo de amigas, y a la modista, que se afana con los últimos toques del traje. Este es de raso,color perla,con una falda muy ancha. El diseño, creación de Balenciaga, fue copiado por una hábil modista del país. El velo, muy amplio, de finísimo encaje belga, ha sido el velo de varias generaciones de novias de la familia del Valle. Carmen va a llevar además un ramo de orquídeas blancas y de azahares, símbolo de la pureza de la novia. En otras habitaciones hay varias costureras y bordadoras que acaban los últimos detalles del ajuar. Carmen termina de probarse el traje y sus amigas le dicen que luce verdaderamente bella.

El grupo se alista para dirigirse a la catedral. Han llegado ya flores en profusión: calas, lirios, azucenas, orquídeas tropicales, etc.

En la iglesia, muy pronto manos femeninas decoran el altar y se puede ver el esplendor de la catedral colonial con sus adornos de oro y plata. Ya empieza el ensayo de la ceremonia, ya se oyen los primeros acordes de la marcha nupcial, ya viene el cortejo desfilando por el centro de la nave de la catedral: Carmen del brazo de su padre, precedida por las damas de honor, pajes, etc. José debía estar ante el altar esperando a la novia; pero no está allí todavía. Nadie lo ha visto esta mañana. Empieza a notarse cierta inquietud en el ambiente. Esa pesadilla de toda novia, la triste figura de una novia que se queda plantada ante el altar porque el novio se arrepiente a última hora, comienza a cobrar forma en la imaginación de Carmen. ¿Dónde estará José? se preguntan todos. Si no se ha presentado para el ensayo quién sabe si se presente a la boda.

Mientras tanto José...

Acaba de levantarse. La noche anterior sus amigos le habían dado una despedida de soltero y cuando llegó a casa no se sentía muy bien, a pesar de que se había divertido con moderación. Eso era lo peor del caso, que todos iban a creer que había parrandeado mucho, ya que esas despedidas generalmente se convierten en tremendas francachelas. Dejan el recuerdo de la última calaverada de la cual el festejado puede acordarse en la vejez con una sonrisa socarrona. Pero José se sentía muy cansado esa noche y se fue temprano de la fiesta.

Cuando llegó a su casa su madre no se había acostado todavía y al verlo le dijo que tenía muy mal aspecto y quería saber lo que le pasaba. El le contó que hacía días que se sentía muy cansado y que por eso se había ido temprano de la fiesta. No podía dormir bien; se ponía a pensar en el trabajo que tenía que terminar en la oficina y en los mil detalles que había que arreglar para la ceremonia y el viaje, y se desvelaba.

Su madre, que se preocupaba mucho por su hijo, le aconsejó que se tomara dos cápsulas de Nembutal para que descansara bien y al día siguiente se sintiera como nuevo. José apenas oyó lo que le dijo su madre; se tomó más cápsulas de la cuenta y al poco rato dormía como un lirón. Siguió durmiendo como un bendito cuando sonó el despertador por la mañana, una hora antes del ensayo. Más tarde la señora Molina, que ya volvía de hacer unas compras, fue a despertarlo muy alarmada y aunque probó todos los medios conocidos, como echarle agua fría en la cara, poner el radio a todo volumen, etc., tuvo mucha dificultad para lograrlo.

Cuando ya Carmen estaba decidida a volverse a casa, entró José a la iglesia muy azorado, a toda prisa y balbuceando disculpas. El padre de Carmen le echó una mirada fulminante de reojo y el pobre José hubiera querido ¿desaparecer en ese momento. Empezó el ensayo con tan mala suerte que al irle a poner el anillo a Carmen, éste se le cayó y rodó debajo del altar. José se puso en cuatro pies para buscarlo y en ese momento tropezó con un florero que se hizo añicos, chorreándolo de agua y empapándole el traje. Siguió el ensayo, y mientras el remojado José hacía lo que debía, se decía para su capote: "¿Quién habrá inventado todas estas ceremonias? ¡Cómo me habría gustado escaparme con Carmen y casarnos secretamente en una ceremonia sencilla! ¿pero no debo pensar así; estas bodas les encantan a las mujeres y en este momento Carmen tiene tal expresión de felicidad y de triunfo que vale la pena. Además, de hoy en adelante voy a sentar cabeza y vamos a formar un hogar muy digno." En esto se sonrió satisfecho y le dirigió a Carmen una mirada de gran ternura. Ella, al ver la sonrisa, se puso a pensar: "¿Qué le habrá pasado a José que llegó tan tarde?...él que a veces parece norteamericano por lo puntual. Debe ser que se divirtió mucho anoche en la despedida... él es bastante formal, pero no deja de ser hombre y ¿quién sabe qué sucede en esas despedidas? Recuerdo que cuando se casó el primo de José, Vicente Molina, ya estábamos todos en la iglesia listos para la ceremonia y él no aparecía. José tuvo que ir a buscarlo y hasta la fecha no ha querido decir dónde lo encontró; ¡y en qué estado tan lastimoso llegó a la ceremonia! Pero José no es de ésos... Es tan bueno y lo quiero tanto. Por fin lo pesqué para siempre. Ahora ninguna rubia de ésas que coqueteaban con él va a poder quitármelo."

El resto de los preparativos se llevaron a cabo sin más contratiempos y esa noche todos se durmieron pensando en el gran día que les esperaba.

La boda fue una de las más elegantes del año por su sencillez, como podemos ver por la crónica que apareció en el periódico:

LA PRENSA

Una bella novia, la señorita Carmen del Valle, llegó llena de emoción, ante el altar de la Catedral **Metropolitana** para enlazar su destino al del distinguido caballero señor don José Molina, miembro de una rancia familia capitalina, en un acto religioso de mucha brillantez y solemnidad.

Destacadísimas personas de nuestra Sociedad y del Honorable Cuerpo Diplomático, dieron realce a la ceremonia con su presencia. El atavío de la señorita del Valle llamó la atención de los numerosos invitados por su extraordinaria sencillez y elegancia. El templo lucía magníficamente iluminado y adornado.

Los padres de los contrayentes, el Embajador de los EE.UU. Sr. Smith y su bella señora, el prominente político señor don José Lucho y su distinguida señora, y el Vice-Cónsul de los EE.UU. y la virtuosa señorita Luz Gafas, fueron los padrinos.

La pareja fue agasajada posteriormente en la residencia de la familia del Valle con una suntuosa recepción en la que se brindó por la eterna dicha de los contrayentes. Unimos nuestros votos a los de sus amigos por la felicidad de tan distinguida pareja.

_____

Ya en el avión, al empezar el viaje de bodas, José le dijo a Carmen, todavía sacudiéndose el arroz de la ropa: "Por fin..."

54.41.2   Response drill

1   ¿En qué difieren las participaciones de matrimonio en Surlandia de las de los Estados Unidos?

2   Explique por qué el 18 de marzo es un día de otoño en Surlandia.

3   Describa la actividad que había en la casa de la familia del Valle la víspera de la boda?

4   ¿Cómo era el traje de Carmen?

5   ¿Por qué asocia el autor el ramo de orquídeas blancas y de azahares que llevaba la novia con el símbolo de la pureza de ésta?

6   ¿En qué forma se llevó a cabo el ensayo de la ceremonia?

7   ¿Qué pesadilla comenzó a cobrar forma en la imaginación de Carmen?

8   ¿Qué le pasó a José la noche anterior?

9   Compare las despedidas de soltero de Surlandia con las de los EE.UU.

10   ¿Por qué le aconsejó la Sra. de Molina a su hijo que tomara dos cápsulas de Nembutal?

11   ¿Cómo entró José a la iglesia y qué clase de mirada le echó el futuro suegro?

12   Describa lo que le pasó a José con el anillo y lo que le sucedió al buscarlo.

13   ¿Qué pensaba José para su capote durante el ensayo?

14   ¿Cree Ud. que Carmen tenía razón, cuando pensó "que había pescado a José para siempre"? ¿Es el matrimonio un contrato para toda la vida, o debe de tener sus excepciones?

15   Relate en sus propias palabras el artículo que apareció en la sección social de La Prensa.

55.1   BASIC SENTENCES.

At the wedding party, Jose's and Carmen's friends are commenting...

ENGLISH SPELLING

Jean:
You ought to have seen how pretty Carmen was.

Harris:
And you should've seen how nervous she was too.

to be touched, moved

Jean:
The way Jose's mother was crying touched me.

the groom
to tremble

White:
And what about the groom? The poor fellow
was trembling.

Harris:
The same thing happened to me when I got married.

quite
serene, calm

SPANISH SPELLING

Jean:
Había que ver lo bonita que estaba Carmen.

Harris:
Y había que ver lo nerviosa que estaba
también.

impresionarse

Jean:
A mí me impresionó cómo lloraba la madre
de José.

el novio
temblar

White:
¿Y dónde me dejan al novio? El pobre
estaba temblando.

Harris:
A mí me pasó lo mismo cuando me casé.

de lo más
sereno

Jean:
You? Why you were quite calm.

   to be about to

I was the one who was about to die.

   the newlyweds

White:
And where are the newlyweds? I don't see them.

   the congratulation

Harris:
I suppose that they are still being congratulated.

   to kiss
   the bride

And you, gosh! You really kissed the bride.

White:
And how everyone looked at me....

   the moon
   the honey
   the honeymoon

Jean:
Where are they spending their honeymoon?

Jean:
¿A ti? Si tú estabas de lo más sereno.

   estar que

Yo era la que estaba que me moría.

   los novios

White:
¿Y los novios, que no los veo?

   la felicitación

Harris:
Supongo que todavía estarán recibiendo felicitaciones.

   besar
   la novia

Y Ud., ¡caramba! Cómo besó a la novia.

White:
Y cómo me miró la gente...

   la luna
   la miel
   la luna de miel

Jean:
¿Dónde van a pasar la luna de miel?

White:
.Jose's mother gave them a trip to Andivia.

Jean:
What luck!

Harris:
Jean, White, look. There go the newlyweds.

Have a nice trip!!!

to come (have a) look

55.2   DRILLS AND GRAMMAR

55.21   Pattern drills

55.21.1 Some common derivational suffixes

A.   Presentation of pattern

White:
La madre de José les regaló un viaje a Andivia.

Jean:
¡Qué suerte!

asomarse

Harris:
Jean, White, asómense. Ya se van los novios.

¡¡¡Feliz viaje!!!

ILLUSTRATIONS

1   Se puso <u>nerviosa</u> con el tráfico y el ruido.

2   Ese cuadro es muy <u>famoso</u>.

3   ¡Sean <u>cuidadosos</u> con sus juguetes!

4   Resultaría una casa no sólo original sino <u>peligrosa.</u>

5   Esto es un <u>cenicero.</u>

That picture is very famous.

Be careful with your toys.

6 Este cheque **viajero**.

7 **Me** la lleva el **lechero**.

8 El **torero** se juega la vida.

_____

_____

_____

9 Vamos a una **librería** que yo conozco.

10 Las camisas las mando a la **lavandería**.

11 Estoy aquí en la **confitería** 'Las Flores'.

_____

_____

_____

12 Iban a una **velocidad** fantástica.

13 ¡Qué **barbaridad**! ¡Dos muertos!

14 En **realidad** debe ser muy cómodo el apartamento.

_____

_____

_____

15 Tengo una **oportunidad** muy buena.

_____

16 A mí lo que más me gusta es la **animación** de la playa.

_____

17 Gracias por la **información**.

18 No sé como, con la **preocupación** que tengo.

19 Esa **manifestación** se disuelve en un dos por tres.

_____

_____

_____

20 Póngale agua al **radiador**.

21 El es un buen **jugador**.

_____

_____

He's a very famous athlete.

There's a lot of poverty in that country.

Her thinness alarms me.
He always speaks very rapidly.

My friend always has bad thoughts.
When she fell from the tree she lost consciousness.

22 ¡Hola muchachos! ¡Qué madrugadores!

23 .... un famoso explorador.

24 Con el dentista sabes cuando entras pero no sabes cuando sales.

25 Es un deportista muy famoso.

26 ¿Qué les ha parecido la base? Muy interesante.

27 Entonces necesita una visa de inmigrante.

28 Pues para mí lo más emocionante son las carreras de caballos.

29 Por lo pronto necesita lo siguiente.

30 Ahí vemos al hombre americano en lucha abierta contra la naturaleza.

31 Hay mucha pobreza en ese país.

32 Me alarma su delgadez.
33 Siempre habla con mucha rapidez.

34 Mi amigo siempre tiene malos pensamientos.
35 Cuando se cayó del árbol perdió el conocimiento.

55.21.1.1 The noun-forming suffix -idad

Patterned response drills

Problem: ¿Es honesto?

Answer: ¿Que si es honesto? Es conocido por su honestidad.

1 ¿Es sincero?   ¿Que si es sincero? Es conocido por su sinceridad.
2 ¿Es intenso el método?   ¿Que si es intenso? Es conocido por su intensidad.
3 ¿Es una persona muy puntual?   ¿Que si es puntual? Es conocida por su puntualidad.
4 ¿Es una persona hábil?   ¿Que si es hábil? Es conocida por su habilidad.
5 ¿Es generoso?   ¿Qué si es generoso? Es conocido por su generosidad.
6 ¿Es tranquila la ciudad?   ¿Que si es tranquila? Es conocida por su tranquilidad.
7 ¿Es ingenuo?   ¿Que si es ingenuo? Es conocido por su ingenuidad.

Problem: ¿Es un jugador muy ágil?

Answer: ¡Si tuviera yo su agilidad!

8 ¿Es bastante popular?   ¡Si tuviera yo su popularidad!
9 ¿Es una persona digna?   ¡Si tuviera yo su dignidad!
10 ¿Es un jefe muy capaz?   ¡Si tuviera yo su capacidad!
11 ¿Crees que es muy sagaz?   ¡Si tuviera yo su sagacidad!
12 ¿Es una persona íntegra?   ¡Si tuviera yo su integridad!
13 ¿Es una persona formal?   ¡Si tuviera yo su formalidad!
14 ¿Es una persona muy curiosa?   ¡Si tuviera yo su curiosidad!

Patterned completion drill

Problem: El avión es veloz. Sin duda vuela con ____.

Answer: Sin duda vuela con velocidad.

1 El plan es útil. Sin duda tiene ____.   Sin duda tiene utilidad.

2 El estudiante es capaz. Sin duda tiene ____.   Sin duda tiene capacidad.

3 Esa persona es formal. sin duda lo hace todo
   con ____.   Sin duda lo hace todo con formalidad.

4 El gobernante es hostil. Sin duda gobierna
   con ____.   Sin duda gobierna con hostilidad.

5 El director es una persona superficial.
   Todo lo hace con ____.   Todo lo hace con superficialidad.

6 Este carro es muy seguro. Siempre ha
   funcionado con ____.   Siempre ha funcionado con seguridad.

7 El jefe es muy imparcial. Todo lo hace
   con ____.   Todo lo hace con imparcialidad.

8 Mi amigo es muy original en sus cosas.
   Actúa con ____.   Actúa con originalidad.

9 Después de la operación está muy débil.
   Sufre por su ____.   Sufre por su debilidad.

10 Esa persona es muy feliz. Sin duda está
   llena de ____.   Sin duda está llena de felicidad.

Substitution drill

1 Cuando alguien es adaptable se habla de su adaptabilidad.

_____ culpable _____   Cuando alguien es culpable se habla de su
                                      culpabilidad.

_____ amable _____   Cuando alguien es amable se habla de su amabi-
                                      lidad.

_____ flexible _____   Cuando alguien es flexible se habla de su flexi-
                                      bilidad.

_____ afable _____   Cuando alguien es afable se habla de su afabi-
                                      lidad.

_____ sensible _____   Cuando alguien es sensible se habla de su sensi-
                                      bilidad.

_____ compatible _____   Cuando alguien es compatible se habla de su com-
                                      patibilidad.

_____ responsable _____   Cuando alguien es responsable se habla de su res-
                                      ponsabilidad.

55.21.1.2   The noun-forming suffixes -ero and -ería

1 El que vende libros es librero y por lo común trabaja en una librería.

_____ joyas _____   El que vende joyas es joyero y por lo común
                                      trabaja en una joyería.

_____ boletos _____   El que vende boletos es boletero y por lo común
                                      trabaja en una boletería.

_____ leche _____   El que vende leche es lechero y por lo común
                                      trabaja en una lechería.

_____ hace camisas _____   El que hace camisas es camisero y por lo común
                                      trabaja en una camisería.

_____ zapatos _____

_____ pasteles _____

_____ cerveza _____

_____ objetos de plata _____

El que hace zapatos es zapatero y por lo
común trabaja en una zapatería.

El que hace pasteles es pastelero y por lo
común trabaja en una pastelería.

El que hace cerveza es cervecero y por lo
común trabaja en una cervecería.

El que hace objetos de plata es platero y
por lo común trabaja en una platería.

Patterned response drills

Problem: ¿Cómo se llama el que atiende las mesas?
          (¿Cómo se le dice al que atiende a las mesas?)

Answer: Se llama mesero.
          (Se le dice mesero).

1 ¿Cómo se llama el que distribuye cartas?   Se llama cartero.

2 ¿Cómo se llama el que cuida las vacas?   Se llama vaquero.

3 ¿Cómo se le dice al que trabaja en la caja?   Se le dice cajero.

4 ¿Cómo se le dice al que hace viajes?   Se le dice viajero.

5 ¿Cómo se le dice al que cría ganado?   Se le dice ganadero.

6 ¿Cómo se llama el que atiende la cárcel?   Se llama carcelero.

7 ¿Cómo se le dice al que abre y cierra las   Se le dice portero.
   puertas de un edificio?

8 ¿Cómo se llama el que trabaja en una bodega?   Se llama bodeguero.

9 ¿Cómo se le dice al que hace y vende joyas?   Se le dice joyero.

10 ¿Cómo se le dice al que trabaja en la cocina?   Se le dice cocinero.

11 ¿Cómo se llama el que trabaja en las minas?   Se llama minero.

12 ¿Cómo se le dice al que trabaja en un molino?   Se le dice molinero.

Problem: ¿Dónde pongo las cenizas?

Answer :   Póngalas en el cenicero.

13 ¿Dónde pongo las flores?   Póngalas en el florero.

14 ¿Dónde pongo la sal?   Póngala en el salero.

15 ¿Dónde pongo la ropa?   Póngala en el ropero.

16 ¿Dónde pongo la tinta?   Póngala en el tintero.

17 ¿Dónde pongo la basura?   Póngala en el basurero.

18 ¿Dónde pongo los papeles?   Póngalos en el papelero.

19 ¿Dónde pongo la costura?   Póngala en el costurero.

20 ¿Dónde pongo los granos?   Póngalos en el granero.

21 ¿Dónde pongo las frutas?   Póngalas en el frutero.

22 ¿Dónde pongo las fichas?   Póngalas en el fichero.

55.21.1.3 The noun-and-adjective-forming suffixes -ante and -(i)ente

Substitution drills

1 El que acompaña es acompañante.

____ principia ____

____ pretende ____

____ canta ____

____ ama ____

____ camina ____

____ dirige ____

____ aspira ____

____ negocia ____

____ reside ____

____ manifiesta ____

2 Lo que interesa es interesante.

____ calma ____

____ pica ____

____ conviene ____

____ irrita ____

____ sobresale ____

____ impresiona ____

____ importa ____

El que principia es principiante.

El que pretende es pretendiente.

El que canta es cantante.

El que ama es amante.

El que camina es caminante.

El que dirige es dirigente.

El que aspira es aspirante.

El que negocia es negociante.

El que reside es residente.

El que manifiesta es manifestante.

Lo que calma es calmante.

Lo que pica es picante.

Lo que conviene es conveniente.

Lo que irrita es irritante.

Lo que sobresale es sobresaliente.

Lo que impresiona es impresionante.

Lo que importa es importante.

55.21.1.4 The noun-forming suffix -dor(a)

Patterned completion drill

Problem: El que boxea es _____.

Answer: El que boxea es boxeador.

1 El que gobierna un estado es _____.

El que gobierna un estado es gobernador.

2 El que observa es _____.

El que observa es observador.

3 El que administra es _____.

El que administra es administrador.

4 El que reparte cosas es _____.

El que reparte cosas es repartidor.

5 El que acomoda a la gente en un teatro es _____.

El que acomoda a la gente en un teatro es acomodador.

6 La que organiza es _____.

La que organiza es organizadora.

7 La que nada es _____.

La que nada es nadadora.

8 La que peca es _____.

La que peca es pecadora.

9 La que teje es _____.

La que teje es tejedora.

10 La máquina que lava la ropa es una _____.

La máquina que lava la ropa es una lavadora.

11 La máquina que limpia es una _____.

La máquina que limpia es una limpiadora.

12 La máquina que aspira el polvo es una _____.

La máquina que aspira el polvo es una aspiradora.

13 La máquina que mezcla cemento es una _____.

La máquina que mezcla cemento es una mezcladora.

14 La máquina que bate la crema es una _____.

La máquina que bate la crema es una batidora.

15 Lo que computa el tiempo es un _____.

Lo que computa el tiempo es un computador.

16 Lo que regula la temperatura es un _____.

Lo que regula la temperatura es un regulador.

17 Lo que genera la electricidad es un _____.

Lo que genera la electricidad es un generador.

55.21.1.5 The noun-forming suffix -ción
Patterned completion drill

Problem: Decimos que cuando alguien colabora, hay _____.

Answer: Decimos que hay colaboración.

1 Decimos que cuando alguien coopera, hay _____.
Decimos que hay cooperación.

2 Decimos que cuando alguien confirma algo, hay _____.
Decimos que hay confirmación.

3 Decimos que cuando alguien autoriza algo, hay _____.
Decimos que hay autorización.

4 Decimos que cuando alguien asimila algo, hay _____.
Decimos que hay asimilación.

5 Decimos que cuando alguien participa en algo, hay _____.
Decimos que hay participación.

6 Decimos que cuando alguien se preocupa de algo, tiene _____.
Decimos que tiene preocupación.

7 Decimos que cuando alguien se inspira, tiene _____.
Decimos que tiene inspiración.

8 Decimos que cuando alguien pronuncia bien, tiene buena _____.
Decimos que tiene buena pronunciación.

9 Decimos que cuando alguien acusa a alguien, hay una _____.
Decimos que hay una acusación.

10 Decimos que cuando alguien recomienda a alguien, da una _____.
Decimos que da una recomendación.

11 Decimos que cuando alguien informa algo, da _____.
Decimos que da información.

12 Decimos que cuando alguien narra algo, da una _____.
Decimos que da una narración.

13 Decimos que cuando alguien orienta a otro, le da una _____.
Decimos que le da una orientación.

14 Decimos que cuando alguien alimenta a los animales, les da _____.
Decimos que les da alimentación.

15 Decimos que cuando un pueblo se civiliza, tenemos _____.
Decimos que tenemos civilización.

16 Decimos que cuando algo se continúa, hay _____.
Decimos que hay continuación.

17 Decimos que cuando la policía investiga un crimen, hay una _____.
Decimos que hay una investigación.

18 Decimos que cuando se ratifica un tratado, hay _____.
Decimos que hay ratificación.

55.21.1.6   The noun-forming suffix -miento

Problem: ¿Cuándo se casa Carmen?

Answer: El casamiento es la próxima semana.

1 ¿Cuándo nació Jesús?   El nacimiento de Jesús fue el 25 de
                                                           diciembre.

2 ¿Cuándo se descubrió América?   El descubrimiento de América fue en 1492.

3 ¿Cuándo empezaron los rusos a lanzar   El lanzamiento de proyectiles rusos empezó
   proyectiles?   hace varios años.

4 ¿Cuándo se derrumbó el Imperio Romano?   El derrumbamiento del Imperio Romano fue
                                                           en el siglo IV.

5 ¿Dónde se hundieron esos barcos?   El hundimiento de esos barcos ocurrió en
                                                           el mar Pacífico.

6 ¿Cuándo se restablecieron las relaciones   El restablecimiento de relaciones se hizo
   con Surlandia?   hace unos meses.

7 ¿Cuándo se racionaron mucho los alimentos   El racionamiento de alimentos fue durante
   en los EE.UU.?   la Segunda Guerra Mundial.

8 ¿A qué hora empiezan a entrenarse los   El entrenamiento comienza a las nueve.
   jugadores?

9 ¿Dónde se puede estacionar el auto?   El estacionamiento está a la derecha.

55.21.1.7   The noun-forming suffix -ista

1 El que escribe novelas es novelista.

   _____ juega fútbol   .   El que juega fútbol es futbolista.

   _____ toca el piano   .   El que toca el piano es pianista.

   _____ toca el violín   .   El que toca el violín es violinista.

———— trabaja en una oficina ————.	El que trabaja en una oficina es oficinista.
———— trabaja en dibujos ————.	El que trabaja en dibujos es dibujista.
———— trabaja en asuntos de estado ————.	El que trabaja en asuntos de estado es estadista.
———— hace obras de arte ————.	El que hace obras de arte es artista.
———— da conciertos ————.	El que da conciertos es concertista.
———— trabaja en lenguas ————.	El que trabaja en lenguas es lingüista.
———— es partidario de la derecha ————.	El que es partidario de la derecha es derechista.
———— es partidario de la izquierda ————.	El que es partidario de la izquierda es izquierdista.
———— practica el anarquismo ————.	El que practica el anarquismo es anarquista.
———— cree en el socialismo ————.	El que cree en el socialismo es socialista.
———— favorece el modernismo ————.	El que favorece el modernismo es modernista.
———— predica a favor del comunismo ————.	El que predica a favor del comunismo es comunista.
———— defiende el regionalismo ————.	El que defiende el regionalismo es regionalista.
———— habla con pesimismo ————.	El que habla con pesimismo es pesimista.

55.21.1.8 The noun-forming suffix -ez

Problem: Si una persona es madura, hablamos de su _____.

Answer: Hablamos de su madurez.

1   Si alguien es honrado, hablamos de su _____.   Hablamos de su honradez.

2   Si un jugador es rápido, hablamos de su _____.   Hablamos de su rapidez.

3   Si una ley es rígida, hablamos de su _____.   Hablamos de su rigidez.

4   Si la carne está escasa, hablamos de su _____.   Hablamos de su, escasez;

5   Si alguien es intrépido, hablamos de su _____.   Hablamos de su intrepidez.

6   Si una persona es vieja, hablamos de su _____.   Hablamos de su vejez.

7   Si una señora es sencilla, hablamos de su _____.   Hablamos de su sencillez.

8   Si un hombre es sensato, hablamos de su _____.   Hablamos de su sensatez.

9   Si un hombre es altivo, hablamos de su _____.   Hablamos de su altivez.

10 Si una mujer es pálida, hablamos de su _____.   Hablamos de su palidez.

55.21.1.9 The noun-forming suffix -eza

Problem: Decimos que cuando una mujer es bella, tiene _____.

Answer: Decimos que tiene belleza.

1   Decimos que cuando una mujer es sutil, tiene _____.   Decimos que tiene sutileza.

2   Decimos que cuando un cuento es triste, está lleno de _____.   Decimos que está lleno de tris-
                                                                      teza.

3   Decimos que cuando un pueblo es pobre, hay _____.   Decimos que hay pobreza.

4   Decimos que cuando un jefe es gentil, trata a la gente
    con _____.   Decimos que trata a la gente
                                                                   con gentileza.

5 Decimos que cuando una persona es franca, habla con _____.

Decimos que habla con franqueza.

ᵔ ᵔᵔᵔᵔᵔᵔ ᵔᵔᵔ ᵔᵔᵔᵔᵔ ᵔᵔᵔᵔᵔᵔ ᵔᵔ ᵔᵔᵔᵔ, ᵔᵔᵔᵔᵔ

ᵔᵔᵔᵔᵔᵔ ᵔᵔᵔ ᵔᵔᵔᵔᵔ ᵔᵔᵔᵔᵔᵔ.

7 Decimos que cuando una señora es delicada, hace las cosas con _____.

Decimos que hace las cosas con delicadeza.

8 Decimos que cuando un presidente es firme, gobierna con _____.

Decimos que gobierna con firmeza.

9 Decimos que cuando una persona es torpe, actúa con _____.

Decimos que actúa con torpeza.

55.21.1.10 The adjective-forming suffix -oso(a)

Problem: El que tiene mucho cuidado es _____.

Answer: El que tiene mucho cuidado es cuidadoso.

1 El que tiene muchos escrúpulos es _____.

El que tiene muchos escrúpulos es escrupuloso.

2 El que hace mucho escándalo es _____.

El que hace mucho escándalo es escandaloso.

3 El que tiene fama es _____.

El que tiene fama es famoso.

4 El que tiene mucho miedo es _____.

El que tiene mucho miedo es miedoso.

5 El que tiene mucha pereza es _____.

El que tiene mucha pereza es perezoso.

6 El que tiene poder es _____.

El que tiene poder es poderoso.

7 La que tiene vergüenza es _____.

La que tiene vergüenza es vergonzosa.

8 La que tiene mucha gracia es _____.

La que tiene mucha gracia es graciosa.

9 La que tiene rencor es _____.

La que tiene rencor es rencorosa.

10 La que tiene envidia es _____.

La que tiene envidia es envidiosa.

11   La que tiene pecas es _____.   La que tiene pecas es pecosa.

12   La que da lata es _____.   La que da lata es latosa.

13   Lo que da lástima es _____.   Lo que da lástima es lastimoso.

14   Lo que refleja duda es _____.   Lo que refleja duda es dudoso.

15   Lo que tiene grasa es _____.   Lo que tiene grasa es grasoso.

16   Lo que causa un desastre es _____.   Lo que causa un desastre es desastroso.

17   Un contrato que tiene ventajas es ___.   Un contrato que tiene ventajas es ventajoso.

18   Una herida que causa dolor es ___.   Una herida que causa dolor es dolorosa.

19   Las flores que despiden olor son ___.   Las flores que despiden olor son olorosas.

20   Los países con muchas montañas son___.   Los países con muchas montañas son montañosos.

21   Un cuarto con mucho espacio es ___.   Un cuarto con mucho espacio es espacioso.

22   Una situación que causa peligro es___.   Una situación que causa peligro es peligrosa.

B.   Discussion of pattern

One of the quickest and most practical ways of widening one's range of vocabulary is by observation of patterns of word derivation. Attention is called in this unit to a few of the most common patterns in Spanish.

Some of these derivational patterns illustrate a general characteristic of Spanish: the tendency
to diphthongize e to ie and o to ue under stress. When the stress is displaced, the diphthongization does
not occur. Thus in verb forms we have cierro, cierra, etc., but cerramos; duermes, duermen, etc., but
dormimos. Note such examples as viejo-vejez, puerta-portero, and vergüenza-vergonzoso in the present unit.

55.22   Review drill

55.22.1   Response drill - Content review of units 31-55
(... ... ... exercise).

1   ¿Quién invitó a White y a Carmen a comer
    en la casa de Molina?

2   ¿Qué sirvió la señora Molina?

3   ¿Estaba Carmen desganada?

4   ¿Cuál era el plato típico de Surlandia?

5   ¿Qué fue lo que más le llamó la atención
    a White de la casa de la Sra. Molina?

6   White les pidió un favor a José y a Carmen.
    ¿De qué se trataba?

7   ¿Qué tal estuvo la comida?

8   ¿Qué les dijo la Sra. Molina cuando ellos
    se despidieron de ella?

9   ¿Quién tenía a su cargo lo del Punto Cuarto?

10 ¿Qué clase de técnicos necesitaba Surlandia?

11 ¿Lo iba a poner todo Estados Unidos?

12 El Día de la Raza, ¿adónde fueron?

13 ¿Quería Carmen que el coronel tocara o
    cantara La Paloma?

14 ¿Qué le contestaron a Carmen del bar El
    Gato Cojo?

15 ¿De dónde llamó la Sra. Harris a Carmen?

16 ¿Por qué dudaba Carmen que pudieran ir
    al coctel?

17 ¿Quiénes fueron los primeros en llegar al
    coctel?

La señora Molina los invitó.

Sirvió arroz con pollo.

No, Carmen no estaba desganada.

El plato típico era el arroz.

Lo que más le llamó la atención a White
fueron las ventanas con rejas.

Se trataba de la iglesia que él quería
conocer.

La comida estuvo buenísima.

Les dijo que tuvieran mucho cuidado y que
no fueran muy rápido.

El Sr. Barber tenía a su cargo lo del Punto
Cuarto.

Surlandia necesitaba técnicos para mejorar
la agricultura y desarrollar la industria
y el comercio.

No. EE.UU. mandaba técnicos y Surlandia
pagaba una parte de los gastos.

Fueron a un pícnic.

Ella quería que el coronel la cantara.

Le contestaron que estaba equivocada.

La llamó de la confitería 'Las Flores'

Carmen dudaba que pudieran ir porque José
no estaba de humor para ponerse el smoking.

Carmen y José fueron los primeros en llegar.

18 Juan quería otro whiskey. ¿Qué le dijo a Carmen? — Le dijo que le pusiera bastante hielo; también le dijo que le pasara los pastelitos y aceitunas.

19 ¿Tuvo que irse el invitado temprano? — Sí, tuvo que irse temprano.

20 ¿Por qué quería Juan dejar de fumar? — Porque quería ahorrar para comprarse un auto.

21 ¿Estaba muy enferma la abuela de Carmen? — Sí, estaba muy enferma.

22 José y Juan fueron al cine. ¿Qué daban? — Daban un par de películas buenas.

23 ¿Recuerda Ud. cuánto pedía el dueño por el auto? — Sí, pedía dos mil dólares.

24 ¿Qué tal estaba el auto? — El auto no estaba mal de color y tapicería.

25 ¿Llegaron Juan y el dueño a un acuerdo? — Sí, llegaron a un acuerdo.

26 ¿Por qué pidió José el día libre? — Porque a Carmen se le había muerto la abuela.

27 ¿Por qué iba a ir José a la casa de la abuela de Carmen? — Porque tenía que haber alguien que les ayudara.

28 ¿A qué hora fue el entierro? — El entierro fue a las cuatro.

29 ¿A qué se debía la huelga de estudiantes? — Se debía a los nuevos reglamentos para los exámenes.

30 ¿Quién querían los estudiantes que fuera el rector? — Querían que fuera el Decano de la Facultad de Derecho.

31 ¿Cómo quería White que el barbero le cortara el pelo? — Quería que se lo dejara corto a los lados y atrás.

32 Cuando el barbero le preguntó a White 'Le pongo brillantina?', ¿qué le dijo el Sr. White? — Le dijo que no le pusiera brillantina.

33 Cuando Juan llegó a la estación de gasolina, ¿qué le dijo al empleado? — Le dijo que le pusiera 30 litros de gasolina.

34 ¿Qué pasaba con la llanta derecha de atrás? — La llanta derecha de atrás estaba más baja que las demás.

35 ¿Cuántos muertos hubo en el accidente de que hablaban Juan y el empleado de la estación de gasolina? — Hubo dos muertos.

36 Juan quería tomarle una foto al grupo
    en la plaza. ¿Recuerda Ud. qué les
    dijo él?

37 ¿Cómo estaba la marea ese día?

38 Con respecto al bautizo, ¿qué favor le
    pidió una de las mecanógrafas al señor
    White?

39 ¿Qué clase de regalo tenía pensado Juan
    darle al niño?

40 Quién fue la madrina?

41 ¿Qué le aconsejó el doctor a José?

42 ¿Qué clase de medicina le dio el doctor
    a José?

43 Para qué llamaron a Juan de la Embajada?

44 ¿Qué exclamó José cuando Juan le dijo
    que su pronunciación no era ninguna
    maravilla?

45 ¿A quién habría llevado el coronel al
    recital de Amado Nervo si se hubiera
    acordado?

46 ¿Por qué no sabía Cecilia como andaban las
    cosas por el Centro Binacional?

47 ¿Qué haría Cecilia si ganara tanto dinero
    como su hermana?

48 ¿Quién era Pepe Lucho?

49 ¿Qué rumores había?

50 ¿Le costó al señor White adaptarse al
    ambiente?

Sí, les dijo que se pusieran en grupo.

Ese día la marea estaba alta.

Le pidió que fuera el padrino de su hijo.

Tenía pensado darle un juguete.

Una cuñada de la mecanógrafa fue la madrina.

Le aconsejó que descansara.

Le dio unas pastillas.

Lo llamaron para que sirviera de intérprete.

El dijo que cómo era posible que él hablara
mal su propio idioma.

El coronel habría llevado a su esposa si se
hubiera acordado.

Porque había dejado de asistir a clases.

Si ella ganara tanto dinero como su hermana
viajaría a los Estados Unidos y a Europa.

Pepe Lucho era primo de Carmen.

Había rumores de que habría una revolución
para impedir las elecciones.

Sí, le costó mucho.

51 ¿Qué le pasaba al principio?

Al principio desconfiaba de cualquiera que
tratara de ayudarlo.

52 ¿Adónde fue Isabel?

Isabel fue al dentista.

53 ¿Qué le dijo Isabel a Enrique cuando
lo llamó?

Le dijo que se fueran porque el paciente
anterior tenía para rato.

54 ¿Cómo quedó el carro después del accidente?

El carro quedó hecho pedazos.

55 ¿Qué le insinuó la mamá de Carmen a José?

Le insinuó que fijara la fecha para la boda.

56 ¿Qué día podrían casarse ellos?

Podrían casarse el día de San José.

57 ¿Hablaba de 'vosotros' uno de los señores
que discutía la literatura latinoamericana?

Sí, él hablaba de 'vosotros'.

58 ¿Qué obra de Lope de Vega vieron Molina y
White en la librería?

Vieron 'Peribáñez y El Comendador de Ocaña'.

59 De los tres libros que Molina mencionó,
¿cuál compró White?

White compró 'La Vorágine'.

60 ¿Quién le ayudó a White a comprar el
regalo de bodas?

Una muchacha argentina lo ayudó.

61 ¿Qué le sugirió la muchacha a Juan que
les regalara a los novios?

Le sugirió que les regalara una lámpara de
pie o unas vajillas de porcelana.

62 ¿Trató la argentina a White de 'tú' o
de 'vos'?

Lo trató de 'vos'.

63 ¿Cómo estaba Carmen el día de la boda?

Estaba muy bonita y también muy nerviosa.

64 ¿Quién les regaló a Carmen y a José el
viaje de bodas?

La madre de José se lo regaló.

65 ¿Dónde pasaron la luna de miel los
recién casados?

Pasaron la luna de miel en Andivia.

55.3   CONVERSATION STIMULUS

TESIS:

TODOS LOS EMPLEADOS DEBEN RETIRARSE CUANDO LLEGAN A LOS 65 AÑOS DE EDAD

Sugerencias para defender esta tesis:

1- Es necesario un cambio. Hay que darles oportunidades a los empleados jóvenes,
    pues de otra manera no tendrían oportunidades de ascender en su trabajo a puestos
    de mayor responsabilidad. Es un método eficiente de combatir el desempleo.

2- Cuando un empleado llega a cierta edad no puede rendir tanto en el trabajo como
    un empleado joven. Los viejos por lo general son más conservadores en sus cos-
    tumbres que los jóvenes y siempre se oponen a nuevos métodos y nuevas ideas que
    aumentarían la productividad y eficiencia en el trabajo.

3- Una persona no debe trabajar toda su vida; necesita un descanso para poder hacer
    todas aquellas cosas que no pudo hacer durante su vida de trabajo.

Sugerencias para atacar esta tesis:

1- Es ridículo jubilar a un empleado que ha adquirido con el tiempo una experiencia
    incalculable por el solo hecho de llegar a cierta determinada edad.

2- Es un crimen contra la sociedad que de la noche a la mañana se queden sin trabajo
    permanente personas que están en pleno uso de sus facultades. En vez de hacerles
    un favor a estas personas se les hace un mal, pues es muy difícil que un individuo
    que siempre ha llevado una vida activa se adapte de pronto a no hacer nada.

3- Es perjudicial para el individuo que está acostumbrado a vivir dentro de un pre-
supuesto económico tener que adaptarse a vivir con una suma de dinero inferior a
la que ha tenido durante toda su vida.

TESIS:

LA VIDA EN LOS SUBURBIOS ES MEJOR QUE LA VIDA DE LA CIUDAD

Sugerencias para defender esta tesis:

1- La vida en los suburbios es más sana que en el centro, tanto para los niños como
para los adultos.

2- Existe en los suburbios un sistema de ayuda mutua mucho más desarrollado que en
las ciudades. La gente de los suburbios es más amable y amigable.

3- La persona que viene a los suburbios tiene la idea de hacer un paraiso verde de
él, algo similar a la vida tranquila del campo, donde se puede admirar la naturaleza plácidamente sin ser molestado por el ensordecedor ruido de sirenas, automóviles, tranvías, etc.

Sugerencias para atacar esta tesis:

1- El transporte es una pesadilla durante las horas de excesivo tráfico. Se pierde
mucho tiempo viajando.

2- Los servicios locales gubernamentales están siempre atrasados con respecto al
aumento de la población.

3- La vida cultural de la ciudad es mucho más activa debido a las facilidades que
existen en las ciudades.

55.4   READINGS

55.41   Feature

55.41.1 Reading selection

El Cine y la Juventud

Por el Lic. Rafael González Alpuche

Si la imprenta, como medio expresivo, permitió el enorme desarrollo intelectual que caracterizó el Renacimiento, el cine permite al hombre absorber una vasta cantidad de nociones y sensaciones con asombrosa celeridad, dejando una huella en su memoria y afectando su jerarquía de valores cuando éste es de voluntad débil y mediana cultura. De aquí que alguien haya dicho que para poder leer es necesario un previo aprendizaje; pero para ver, no hay que aprender nada. Dicho en otras palabras, el mecanismo de actividad de la visión y la imagen, unida al sonido y en muchas ocasiones al color, subyuga la atención; es instintivo y automático, y por tanto extremadamente fácil recibir y retener el mensaje elevado y sublime, en algunas ocasiones, pero las más de las veces bajo, mediocre e inmoral.

Es en consecuencia, uno de los vehículos más potentes de difusión de las ideas en los tiempos actuales, un medio de cultura y de propaganda que no puede quedar al mismo nivel que los otros; porque éste, de manera sutil deja el mensaje sin que en los pliegues de la conciencia pueda descubrirse cómo tal o cual argumento, de aquella o esta película, sirven para enjuiciar y dirigir la conducta en problemas de nuestra intransferible personalidad, o de aquéllos que proyectamos en el medio social y encontrarán eco en multitud de personas.

Tiene, pues, el cinematógrafo un gran valor como factor de propaganda intelectual. En la actualidad, y dada su gran popularidad, es el medio más importante de formación estética de las masas, y además es un instrumento de potencialidad ilimitada para el bien o para el mal. Pero al lado de estos aspectos tiene muy graves y serios inconvenientes, dado que constituye un medio de contagio colectivo de factores morbosos que se introducen insidiosamente en el hombre, debilitando o destruyendo sus defensas morales sin que, como lo hemos dicho antes, el sujeto lo advierta.

Los mecanismos de censura e inhibición pierden su poder de represión y crean, en cambio, un estado de agitación propicio a las actividades inmorales, y, en consecuencia, de carácter antisocial. Y advíértase que este resultado no se deriva solamente de las películas de carácter erótico y matiz pornográfico, sino de las aparentemente inofensivas cuyos argumentos se toman de las novelas policíacas o de hazañas bélicas.

La sugestión criminal encuentra en los niños y en los jóvenes una menor resistencia que en los adultos. La misma juventud e inexperiencia no los libra fácilmente del juego de sus emociones; las sensaciones que en ella despierta una proyección cinematográfica, perdura en su memoria y la invita a la imitación y aun a la superación.

Visto el cinematógrafo desde esta referencia, tiene un grave poder sobre la mente y conciencia de los menores. Esto no se piense que es una exageración, pues así lo indican estudios e investigaciones practicados acerca de la delincuencia juvenil.

Traducidos a datos estadísticos diremos que un 80 por ciento de los menores infractores frecuentan las salas de cine. A mayor abundamiento, en los últimos tiempos los productores de películas ha tomado como tema de varias cintas la vida . . . de los llamados . . . que se divierte . . .

Los principales aspectos . . . que señala . . . prohibición . . . de esta manera . . . factores . . . da de jóvenes sin ideales y . . . lo que es . . .

Claro está que la censura de películas debe operar, coincidentemente con una reglamentación adecuada que permita producir películas especiales para los niños y los jóvenes.

Las medidas prohibitivas deben ir asociadas a la creación de representaciones útiles, proyec— sas y atractivas, ya que de otra manera lo único que se logra es limitar los medios de la diversión de la juventud, sin compensarlos con otros adecuados. En esta reglamentación urgente de censura cinematográfica deben pesar dos criterios fundamentales: el valor educativo del cine como instrumento de cultura --de ahí la intervención, que creemos necesaria, de la Secretaría de Educación Pública--, y la protección de la integridad moral del menor.

Excelsior, Nov. 18,1961
México, D. F.

55.41.2 Response drill

1 Según el autor, ¿qué le permite el cine al hombre?

2 ¿Qué entiende Ud. por 'jerarquía de valores'?

3 ¿Por qué puede afectar el cine la jerarquía de valores de un hombre de voluntad débil y mediana cultura, y no la jerarquía de valores de un hombre educado (culto) y con voluntad fuerte?

4 Discuta si la televisión puede afectar la jerarquía de valores de una persona en una forma más intensa que el cine.

5 ¿Por qué puede retener el mensaje el mecanismo de actividad de la visión?

6 ¿Cree Ud. que en la mayoría de las veces sería más fácil de retener el mensaje bajo, mediocre e inmoral que el mensaje elevado y sublime?

7 Según el autor, ¿por qué es el cine uno de los vehículos más potentes de difusión de las ideas en los tiempos actuales?

8 ¿Cuáles son los inconvenientes que le ve el autor al cine como factor de propaganda?

9 ¿Qué crean en las personas los mecanismos de censura e inhibición?

10 Describa las películas, según el autor, que crean un estado de agitación propicio a las actividades inmorales, y, en consecuencia, de carácter antisocial.

11 Según el autor, ¿por qué es que la sugestión criminal encuentra en los niños y en los jóvenes una menor resistencia que en los adultos?

12 Explique si la industria cinematográfica tiene algo que ver con el alto porcentaje de delincuencia juvenil que hay hoy día en todo el mundo.

13 ¿Cree Ud. que la letra de las canciones de 'rock and roll' provoca una oleada de jóvenes sin ideales y de menores delincuentes? Explique.

14 ¿Qué clase de censura cinematográfica sugiere el autor?

15 Si sus hijos frecuentaran el cine, ¿confiaría Ud. en la censura del Estado o preferiría juzgar Ud. mismo las películas? Explique la razón.

AIV   Appendix IV
AIV.1   Vocabulary
Units 46–55

The following list includes all words presented in Units 46–55.

a

Spanish	English	Ref.
a fondo	thoroughly	46.42
a la carrera	hastily	51.41
a la postre	at last	46.42
a la vez	at the same time	47.41
a las claras	clearly	52.41
a lo mejor	very likely; perhaps, maybe	49.1; 53.41
al cabo de	after, at the end of	48.41
al menos	at least	46.42
a medias	half, halfway	51.41
a propósito de	apropos of	50.1
a punta de	by means of	52.41
a regañadientes	reluctantly, grumbling	52.41
a toda máquina	at full speed	49.41
a toda prisa	with the greatest speed	54.41
a través de	through	46.42
a ver	let's see	46.1
abalanzar	to balance, to hurl	51.41
abalanzarse	to rush	46.42
el abasto	supply of provisions	49.41
dar abasto a	to take care of	46.41
abigarrado, -a	variegated, multi-colored, motley	47.41
ablandar	to soften	48.41
abnegado, -a	unselfish	52.1
el abogado	lawyer	46.41
aborigen, -∅	aboriginal	46.42
abrazar	to embrace	47.41
el abrazo	embrace	47.41
abrir	to open	47.1
abrirse paso	to make one's way	49.41
abrochar	to buckle, to button	51.41
absoluto, -a	absolute	46.42
en absoluto	absolutely	53.2
absorber	to absorb	55.41

la absorción	absorption	46.42
el abundamiento	abundance	55.41
a mayor abun-	furthermore; with all	
damiento	the more reason	55.41
el aburrimiento	annoyance, boredom	51.41
el abuso	abuse	42.41
		53.1
accidentado, -a	troubled, agitated	53.41
la acción	stock, share	46.42
acelerar	to accelerate, to	
	hasten, to hurry,	
	to rush	53.1
el acento	accent	51.41
acento arrastrado	drawl	53.41
acentuar	to accentuate	46.41
acerca de	about, with regard	
	to	51.41
acercar	to bring or place	
	near	
acercarse	to approach	51.41
aclarar	to make clear, to	
	explain	
aclararse	to clear up	49.41
acomodar	to arrange, to	
	accommodate	55.2
acomodarse	to make oneself	
	comfortable	53.41

el,la acompañante	companion	49.41
aconsejable, -ø	advisable	46.42
aconsejar	to advise, to	
	counsel	52.22
acordarse	to remember	46.1
el acorde	chord	54.41
acrecentar	to increase, to	
	promote	53.41
el acta	minutes	46.41
la actitud	attitude	53.41
la actividad	activity	48.1
el actor	actor, player	52.41
la actuación	actuation, action,	
	performance	52.41
actualmente	at present	46.41
actuar	to act	50.1
acudir	to go, to respond	
	to a call	51.41
el acuerdo	accord, agreement	
de acuerdo	in accordance with,	
con	according to	46.42
ponerse de	to agree, to reach	
acuerdo	an agreement	48.3
acullá	on the other side,	
	opposite, yonder	53.41
la acumulación	accumulation	46.42
el acusado	defendant, accused	52.2

Spanish	English	Ref
la adaptabilidad	adaptability	55.2
[illegible]	*[illegible]*	55.?
adaptar	to adapt, to fit	
adaptarse	to adapt oneself	50.1
adelantar	to progress, to advance	53.41
por adelantado	in advance	
adelantarse	to come forward, to take the lead	49.41
adelgazar	to make thin	51.3
adelgazarse	to become thin or slender	47.41
el ademán	gesture	49.41
ad hoc	ad hoc	46.42
administrar	to administer	55.2
admirable, -ø	admirable	53.1
admitir	to admit	46.42
la adopción	adoption	46.42
adornar	to adorn	53.41
el adorno	adornment, trimming	54.41
adquirir	to acquire, to obtain, to get	54.3
aduanero, -a	pertaining to custom house	46.42
la adulteración	adulteration	52.41
advertir	to take notice, to observe	55.41

Spanish	English	Ref
la aeronave	airship	53.41
el *[aeroplano]*	airplane	53.41
afable, -ø	affable, pleasant	55.2
afanar	to press, to urge, to hurry	
afanarse	to act or work eagerly or anxiously	54.41
la afición	liking, desire	52.1
afilar	to sharpen	51.41
afirmar	to secure, to fasten	53.41
afirmativo, -a	affirmative	54.3
la afluencia	affluence, influx	53.41
afortunado, -a	fortunate	46.41
afrontar	to face, to confront	48.41
agachar	to lower, to bow down	
agacharse	to stoop, to bend the knee	52.41
agarrar	to stick	51.41
agasajar	to entertain	54.41
la agitación	agitation, excitement	53.41
agolparse	to crowd	51.41
agotador, -ra	exhausting	47.41
el agradecimiento	gratefulness, gratitude	49.41

agregar	to add	46.41
el agricultor	farmer	49.1
la agrupación	crowd, group, grouping	
agrupar	to group	51.41
agudo, -a	sharp, acute	49.41
el agujero	hole	48.41
aguijonear	to goad, to push	46.3
ahogar	to drown, to choke, to extinguish	49.41
el ahorro	saving(s)	49.41
los ahorros	savings	46.42
ahuyentar	to drive away	52.1
el aire	air	46.42
darse aires	to put on airs	47.41
el ajuar	trousseau	54.41
el alba (f)	dawn of day	51.41
el alcance	reach	48.41
el alcantarillado	sewerage system	48.41
alcanzar	to suffice, to be enough	54.1
alcanzar a	to succeed in	53.41
la alcoba	bedroom	51.41
la alcurnia	lineage, ancestry	46.41
aldeano, -a	pertaining to village	52.2
alegar	to allege	46.42

la alegría	joy, gaiety	47.41
alejar	to remove to a distance	
alejarse	to move away	46.41
aliancista, -∅	pertaining to alliance, allied	51.41
la alianza	alliance, agreement, pact	51.41
los alicates	pliers	47.3
alimentar	to feed	55.2
alistarse	to get ready	54.41
aliviar	to alleviate	47.41
el alma	soul	53.41
sentirlo en el alma	to be deeply sorry	53.41
el almacén	store	46.3
el almuerzo	lunch	46.41
alocado, -a	wild, reckless	54.3
alrededor	around	49.41
el altar	altar	47.41
alterar	to alter	46.42
el altercado	quarrel, controversy	52.41
altivo, -a	proud, lofty	55.2
la altura	height, altitude	53.41
aludir	to allude, to refer	

no darse por aludido	pretending not to hear or understand	49.41
el alumno	pupil, student	53.2
la alusión	allusion	52.41
la ama	(woman) owner, housekeeper	49.41
ama de casa	housewife	49.41
la amabilidad	kindness, amiability	51.3
amanecer	to dawn	47.41
amar	to love	55.2
amargo, -a	bitter	53.41
amarrar	to tie	47.41
la amazona	Amazon	53.41
el Amazonas	the Amazon river	52.1
amazónico, -a	Amazonian	53.41
el ambiente	environment	50.1
amenazante, -ø	menacing, threatening	53.41
amenazar	to menace, to threaten	47.41
la América	America	46.41
la amiga	girl-friend	54.41
amigable, -ø	friendly	55.3
el amigo	friend	
amigo de confianza	trusted friend	48.3

el amo	master, head (of household or family)	47.41
el amor	love	49.41
amor propio	self-esteem	49.41
el anarquismo	anarchism	55.2
anciano, -a	old (man, woman), ancient	50.41
ancho, -a	wide, broad	52.41
el andaluz	Andalusian	47.1
andar	to go	46.41
	to be	47.41
	to do	54.1
andar mal	to go wrong	46.41
andiviano, -a	Andivian	53.41
el ángulo	angle	53.41
angustioso, -a	anguished	51.41
el anillo	finger ring	54.41
animar	to animate	46.41
el ánimo	spirit, courage	51.41
	enthusiasm	52.41
anotar	to make notes	48.1
el ansia (f)	anxiety	47.41
ansioso, -a	anxious, eager	49.41
ante	before, in the presence of	52.41
anterior, -ø	former, previous	46.42
		51.1

la anticipación	anticipation, foretaste	51.3
con anticipación	in advance	51.3
anticuar	to antiquate, to outdate	51.41
antipático, -a	uncongenial, disagreeable	53.41
antisocial, -ø	antisocial	55.41
la antología	anthology	53.1
el antropólogo	anthropologist	50.41
la anulación	nullification	46.42
anular	to annul	46.42
la añadidura	addition, increase	47.41
por añadidura	in addition	47.41
los añicos	fragments	51.41
hacer añicos	to break to smithereens	51.41
apagar	to extinguish, to put out	51.41
voz apagada	weak voice	50.41
aparentar	to pretend, to feign	49.41
la aparición	appearance	52.41
la apariencia	appearance	53.41
apelar	to appeal	48.41
el aperitivo	aperitive	46.41

aplastar	to flatten, to crush	52.41
aplazar	to postpone	52.1
el, la apologista	apologist	51.41
el aposento	room	54.41
apoyar	to support or lean (on)	51.41
el apoyo	support	49.1
apreciar	to appreciate	50.1
el aprendizaje	learning	55.41
apresar	to seize, to capture	52.41
aprestarse	to make ready, to get ready	51.41
el apresuramiento	quickness, rush	53.41
apropiado, -a	appropiate	46.42
aprovechar	to take advantage of	50.1
el aprovisionamiento	supply	48.41
aproximar	to approach	53.41
aproximarse	to move near, to approach	
apto, -a	apt, fit, appropriate	55.41
apuntar	to make a note of	53.2

apurar		to finish off	46.41
apurarse		to hurry up	51.41
el apuro		tight spot, jam	52.2
aquejar		to grieve, to sadden	48.41
el ara (f)		altar	48.41
en aras de		for the sake of	48.41
arbitrario, -a		arbitrary	54.3
el árbol		tree	46.2
			51.1
arduo, -a		arduous	48.41
el argumento		argument, plot	55.41
el arma (f)		arm, weapon	49.1
armar		to arm	52.41
el armario		cabinet, wardrobe	51.41
aromático, -a		aromatic	46.41
el arquitecto		architect	53.1
la arquitectura		architecture	53.1
arrancar		to pull out, to tear out	53.1
arrastrar		to start (a motor)	47.3
acento arrastrado		drawl	53.41
arrebatar		to carry off, to snatch up	51.41

el arreglo		adjustment	47.41
arrellanarse		to sit at ease	46.41
arremangar		to tuck or roll up	52.41
el arrendatario		tenant	49.3
arribar		to arrive	52.41
arriesgarse		to risk	52.1
arrogante, -ø		arrogant, proud	53.41
arruinar		to ruin, to destroy	53.41
artero, -a		artful, sly	51.41
el, la artista		artist	50.3
ascender		to ascend	55.3
asegurar		to insure	51.1
asegurarse		to make sure	51.41
el asilo		asylum	51.41
la asfixia		asphyxia	51.41
asimilar		to assimilate	53.1
el, la asistente		person who is present	
asistir		to attend	46.41
el asociado		associate	55.41
asociar		to associate	47.41
asomar		to show	
asomarse		to come (have a) look	55.1

asombroso, -a	astonishing, wonderful	55.41
el, la aspirante	aspirant	50.3
aspirar	to aspire	48.41
la astilla	chip, splinter	51.41
astuto, -a	astute	49.1
asumir	to assume	46.42
atajar	to stop, to intercept	52.41
atareado, -a	busy	47.41
atascar	to stop up, to obstruct	49.3
el atavío	dress	54.41
atemorizar	to frighten	53.41
la atención	attention	
prestar atención	to pay attention	49.41
el aterrizaje	landing	53.41
la atmósfera	atmosphere	53.41
atolondrar	to confound, to amaze, to perplex	53.41
atónito, -a	astonished, amazed	52.41
atraer	to attract	49.41
atrás	backward, behind, back	53.41
echarse atrás	to pull or draw oneself back	53.41

atravesar	to run through	51.41
atribular	to grieve, to afflict	53.41
atroz, -∅	atrocious	47.41
hambre atroz	extreme hunger	47.41
aturdir	to stun	49.41
el aullido	howl, wail	51.41
aún	still, even	51.1
la ausencia	absence	46.42
auténtico, -a	authentic	51.41
el autor	author	53.1
el avance	advance	51.41
avecinar	to bring near	
avecinarse	to get near, to approach	51.41
la aventura	adventure	53.1
averiguar	to inquire, to find out, to investigate	50.3
la aversión	aversion, dislike	49.41
el ayudante	helper	46.3
el azar	unforseen, chance	50.41
juego de azar	gamble, gambling	50.41
el azahar	orange or lemon blossom	54.41

azorar	to terrify, to startle	49.11
la azucena	white lily	54.41

b

el bachiller	bachelor (degree); equivalent to High School degree in the United States	46.3
la bailarina	dancer	52.2
el baile	dance	48.1
baile de gala	formal dance	46.41
bajo, -a	low	49.1
	under	46.42
la bala	bullet	51.41
el balanceo	rocking, rolling	53.41
balbucear	to hesitate in speech, to stammer	53.41
el bamboleo	swinging, swaying	53.41
banal, -∅	trivial	46.41
el banco	bank	46.3
	bank	49.1
	bench	52.2
la bandeja	tray	49.41
el bar	bar	
bar de mala muerte	disreputable bar, joint	51.41

la barbaridad	barbarity	
¡Que barbaridad!	What a terrible thing!	49.41
la barca	boat	46.2
la basura	garbage	55.2
batir	to beat	55.2
la batuta	baton	53.41
llevar la batuta	to preside, to wear the pants	53.41
la beca	scholarship	50.3
		52.1
belga, -∅	Belgian	54.41
bélico, -a	warlike	55.41
la belleza	beauty	55.2
bello, -a	beautiful, fair	54.41
bendito, -a	confounded, blessed	47.41
dormir como un bendito	to sleep like a baby	54.41
la beneficencia	beneficence, charity	46.41
sociedad de beneficencia	charity	47.41
beneficiar	to benefit	
beneficiarse	to profit	50.41
beneficiario, -a	beneficiary	46.42
besar	to kiss	55.1
bien	well, fine	
pasarlo bien	to have a good time	51.1

el bienestar	well-being, comfort	48.41
la bienvenida	welcome	46.41
la billetera	pocket book, wallet	48.3
el blanco	target	47.41
blandir	to swing, to brandish	51.41
la boca	mouth	46.1
la bocanada	puff (of smoke)	53.41
la bocina	horn	51.41
tocar la bocina	to blow the horn	51.41
la bodega	warehouse, grocery store, wine shop	55.2
el boleto	ticket	55.2
el bolsillo	pocket	52.41
el bolsón	large pocket	53.41
la bomba	fire engine	51.41
el bombero	fireman	51.41
cuerpo de bomberos	fire department	52.2
la bordadora	embroideress	54.41
bostezar	to yawn	51.41
botar	to throw	46.3
el botiquín	medicine chest	47.41
el botón	button	46.2
el boxeador	boxer	55.2
boxear	to box	55.2

el brebaje	beverage	49.41
la brecha	opening	46.42
la brega	struggle	52.41
breve, -∅	brief, short	53.41
la brillantez	brilliance	54.41
brindar	to toast	51.3
el brindis	toast	46.41
el brío	vigor	46.41
cobrar bríos	to take courage	53.41
la brocha	brush	51.41
de, a brocha gorda	poorly done,crude	51.41
el broche	brooch	46.41
bruces		
caer de bruces	fall on one's face	51.41
brusco, -a	rude, rough, crude	52.3
buen		
buen mozo	handsome	46.41
bueno, -a		
refrse de buena gana	to laugh heartily	47.41
bullicioso, -a	noisy	49.41
el bus	bus	49.41
la busca	search	52.41
la búsqueda	search	46.41

| la butaca | armchair | 50.1 |
| el buzón | mail box | 50.3 |

C

el cabaret	cabaret	52.2
caber		
cabré	(it) will fit	49.2
cabría	(they) would fit	48.2
no cabe duda de que	there is no doubt that	46.42
la cabeza		
sentar cabeza	to settle down	54.41
la cabina	cabin	53.41
cabizbajo, -a	downhearted	47.41
el cabo	extreme, extremity	48.41
al cabo de	after, at the end or	48.41
llevar a cabo	to carry through, to accomplish, to carry out	48.41
cabrá (see caber)		
cabrían (see caber)		
caer	to understand, to 'catch on'	52.1
	to fall	51.41
caer de bruces	fall on one's face	51.41

la caja		
caja de fondos	safe	51.41
caer en la cuenta	to realize	47.41
la cala	calla lily	54.41
la calaverada	foolishness	54.41
caldear	to warm, to heat	52.41
calmar	to calm	55.2
la calzada	paved highway, sidewalk	51.41
callado, -a	silent	49.41
la callejuela	small street, lane or narrow passage	52.2
la calvicie	baldness	47.41
calvo, -a	bald	49.41
la cámara	chamber	46.41
el cambio	gear	51.41
el cambio de direcciones	turn signals	53.3
en cambio	on the other hand	53.1
	in return	55.41
caminar	to walk	49.41
el camino	way, road	46.42
la camiseta	undershirt	46.1
la campaña	campaign	49.1

canalizar	to channel	46.42
cancelar	to cancel, to discontinue	46.41 51.1
el cansancio	tiredness, weariness, fatigue	52.41
el caño	tube, pipe, open sewer	51.41
capaz, -∅	able, competent	55.2
el capital		
capital en cartera	capital stock	46.42
capitalino, -a	of the capital	46.41
el capítulo	chapter	54.2
el capote	cloak with sleeves to keep off rain	
decir para su capote	to say to oneself	54.41
la cápsula	capsule	54.41
captar	to catch	47.1
el carácter	nature	46.42
el carbonero	coal miner	51.41
el carbunclo	carbuncle	53.41
el carburador	carburator	47.3
la carcajada	outburst of laughter	46.41

soltar carcajadas	to break out laughing	46.41 46.41
la cárcel	jail	55.2
carecer	to lack	46.42
la carga	attack, charge	46.41 46.42
cargar	to load	51.41
el cargo		
hacerse cargo	to take charge of	46.42
el carnet	identification card	52.41
el carpintero	carpenter	46.2
carraspear	to clear one's throat	46.41
la carrera		
a la carrera	hastily	51.41
la carta		
tomar cartas	to take part, to be (in something), to take sides	52.41 52.41
la cartera	wallet	52.41
capital en cartera	capital stock	46.42
la casa		
ama de casa	housewife	49.41
el casamiento	marriage	55.2

Spanish	English	Ref.
casar / casarse	to get married	54.1
(te) casás	you (fam) get married	50.41
casás (see casar)		
el casco	helmet	51.41
casero, -a	domestic, homemade	49.3
el casillero	desk or board with filing compartments	52.41
el casino	casino	49.41
el caso		
en todo caso	in any case	48.1
la casona	large house	52.41
el castellano	the Spanish (language)	47.1
castigar	to castigate, to punish	46.42
la casualidad	chance	53.1
el catarro	cold	46.1
el caucho	rubber	53.1
cauteloso, -a	cautious	47.41
ceder	to give in, to cede, to yield	51.41
la celeridad	swiftness	55.41
la celosía	Venetian blind	51.41
celoso, -a	jealous	48.41
el cemento	cement	55.2
cenar	to have supper	46.41
la ceniza	ash	46.41
la censura	censorship	55.41
el centavo	cent	52.3
el centenario	centennial	49.3
centrado, -a	centered	47.41
céntrico, -a	central	49.41
centrífugo, -a	centrifugal	46.41
el centro	middle-of-the-road	
partido de centro	party	51.41
el Centro Binacional	Binational Center	48.1
cercano, -a	near (to); neighboring	52.41
cerciorar / cerciorarse	to assure, to affirm; to make sure	53.41
el cerebro	brain, cerebrum	49.41
la ceremonia	ceremony	54.41
la cerradura	lock	52.41
cesar	to cease, to stop	52.41
el cierre	closing	46.42
el cilindro	cylinder	47.3

el cimiento	foundation, groundwork	51.41	
cinematográfico, -a	cinematographic	55.41	
el cinematógrafo	cinematography	55.41	
la cinta	ribbon	53.41	
	moving picture film	55.41	
la cintura	waist	51.41	
el cinturón	belt	52.22	
la circulación	circulation	49.3	
circular	to circulate, to pass around	49.41	
circunscribir	to circumscribe, to encircle	51.41	
el circunstante	bystander	51.1	
el cisne	swan	52.2	
la ciudadanía	citizens, populace	51.41	
el ciudadano	citizen	52.41	
ciudadano, -a	civil	48.41	
civilizar	to civilize	48.41	
claro, -a			
a las claras	clearly	52.41	
la clase			
clase media	middle class	51.41	
clásico, -a	classical	52.2	
		53.1	
la claustrofobia	claustrophobia	52.41	

el, la cliente	client, customer	54.1	
climatérico, -a	climatic	53.41	
la coalición	coalition	49.1	
cobrar	to take courage	53.41	
cobrar bríos		54.41	
cobrar forma	to take shape		
codiciar	to covet	53.41	
el codo	elbow	46.41	
coger	to catch, to seize	51.41	
el cohecho	bribery	52.41	
coincidente, -∅	coincident	55.41	
coincidente- mente con	together with; in harmony with	55.41	
cojear	to limp	49.41	
colaborar	to collaborate	55.2	
colar	to strain, to drain		
colarse en el grupo	to get into the group	46.41	
colectivo, -a	collective	55.41	
colocar	to arrange, to place	52.41	
colombiano, -a	Colombian	53.1	
la columna	column	52.41	
el comandante	commandant, commander	51.41	
comandar	to command	52.41	

combatir	to combat, to fight	48.41
combinar	to combine, to join, to unite	50.41
la comedia	comedy, play	48.1
el comedor	dining-room	46.41
el comendador	commander, governor	53.1
comentar	to comment	51.41
el comentario	commentary	48.1
los comicios	polling places	52.41
la comidilla	talk, gossip	46.41
el comienzo	beginning	46.42
la comisaría	police station	49.3
como	like	49.41
como por encanto	like magic	49.41
la comodidad	comfort	50.1
compadecer	to pity	49.41
compadecerse de		
el compadrazgo	state of being compadres (god-fathers)	48.41
compadrazgo político	political clique	48.41
la compañera	companion, friend	46.41
comparar	to compare	46.42
el compás	musical time, beat	52.2
compatible, -ø	compatible, consistent	55.2
la compensación	compensation	46.42
compensar	to compensate	46.41
la competencia	competition	46.42
compilar	to compile	53.1
por completo	completely	51.41
componer	to compose, to compound	50.41
compuesto	composed	50.41
la composición	composition	52.2
el comprador	buyer	52.2
la comprensión	comprehension	46.41
comprensivo, -a	understanding	53.41
el comprobante	proof, voucher	46.3
comprobar	to verify, to check	47.3
comprometer	to compromise	46.42
comprometido, -a	engaged	54.1
compuesto (see componer).		
común, -ø		
por lo común	in general, generally	55.2
el comunicado	announcement	46.42
con		
con anticipa-ción	in advance	51.3
con finalidad	decisively	47.41
con motivo de	because of	53.41

con seguridad	surely	47.41
el concentramiento	concentration	46.42
concentrar	to concentrate	
concentrarse	to concentrate (mentally)	
la concepción	conception	51.41
el concierto	musical concert	46.42
		48.1
	agreement	48.41
conciliador, -ra	conciliatory	53.41
la concordancia	concordance, harmony	46.41
la concurrencia	gathering	46.41
condenar	to condemn, to disapprove of	51.41
conducir	to lead	49.41
confesar	to confess, to admit	47.1
la confianza	confidence, trust	45.41
amigo de confianza	trusted friend	48.3
confidencial, -ø	confidential	46.41
confirmar	to confirm	47.41
confuso, -a	confused	49.41
congresal, -ø	congressional	51.41
conocer		
conocido, -a	prominent, well known	49.41

el conocimiento	consciousness	55.2
consciente, -ø	conscious, aware	49.41
conseguir	to obtain, to get	34.41
		52.1
el consejo	advice	53.41
el conservatismo	conservatism	51.41
considerar	to consider	53.1
la consigna	countersign, watch-word, symbol	51.41
consigo	with oneself, with himself	52.41
consolidarse	to consolidate	46.42
la consonante	consonant	47.1
conspicuo, -a	conspicuous	46.42
constante, -ø	constant, continual	54.3
la constitución	constitution	49.1
constituir	to constitute	46.42
		53.1
la construcción	construction	48.41
		49.1
el consuelo	consolation, comfort	50.41
el consulado	consulate	52.3
consumidor, -ra	consumer, consuming	46.42
la contabilidad	bookkeeping, accounting	46.3

el contagio	contagion, contagious disease	48.41
contemplar	to contemplate	48.41
contemporáneo, -a	contemporary	53.1
contener	to contain, to hold	50.41
la contestación	answer, reply	52.41
continental, -∅	continental	46.41
el continente	continent	53.1
el continuador	one who continues	53.41
continuar	to continue	52.1
la contorsión	contortion	49.41
contra	against	46.41
contra		51.1
darse contra	to run into, to crash against	51.1
estar en contra de	to be against	46.41
contrario, -a	opposing, opposite	52.41
el contratiempo	disappointment, misfortune	53.41
el contrato	contract	50.1
el, la contrayente	member of a bridal couple	54.41
la convención	convention	46.41
la conveniencia	convenience	48.41
conveniente, -∅	useful, good, convenient	50.41

la conversación	conversation, talk	46.3, ⋊.1
convertir	to convert	50.41
convertirse	to be converted	47.41
cooperar	to cooperate	49.1
copiar	to copy	46.41
coqueta, -∅	coquettish	53.41
coquetear	to flirt	54.41
el corazón	heart	47.41
cordial, -∅	cordial, hearty	47.41
la cordialidad	cordiality	46.41
el cordón	cordon, cord	51.41
la corista	chorus girl	52.2
el coro	chorus	49.41
la cornisa	cornice	51.41
la corporación	corporation	46.42
la corrección	correction	47.1
el correo	post, mail, post office	50.?
correo ordirio	regular mail	50.3
oficina de correos	post office	50.3
correr	to run	35.41 41.1
correr disparado	to run like a shot	52.41

correr (los botones)	to reset (the buttons)	47.41
el corrillo	group of talkers	51.41
el corsé	corset	47.41
el cortejo	cortege, procession	54.41
cortés, -ǿ	courteous, gracious, polite	49.41
corto, -a	short	47.41
cosechar	to harvest	48.41
el cosmético	cosmetic	48.3
el costado	side	53.41
la costilla	rib	49.41
la costumbre	habit, custom	35.41 47.1
de costumbre	usually	49.41
la costura	sewing	47.41
la línea de la costura	seam	47.41
la costurera	seamstress	54.41
cotidiano, -a	daily, everyday	52.41
creciente, -ǿ	growing	46.42
la credencial	credential	52.41
el crédito	credit	47.3
la crema	cream	52.2
el criadero	breeding place	53.41

la crianza	breeding	53.41
criar	to raise, to bring up	54.3
el crimen	crime	52.2
el cristal	crystal	48.3
cristiano, -a	Christian	48.41
la crónica	chronicle, account	54.41
crónico, -a	chronic	48.41
crucial, -ǿ	crucial	52.41
crudo, -a	crude	50.41
el crujido	scraping	51.41
crujir	to crack	53.41
la cruz	cross	50.41
cruzar	to cross	52.1
el cuadrimotor	four-engine (plane)	53.41
el cuadro	picture	49.41
cual, -ǿ	which	45.1
tal o cual	this or that, such and such	55.41
tal por cual	so and so	55.41
la cualidad	quality	47.3
cuando	when	
cuando menos	at least	55.41
cuanto	any, whatever	49.4
cuanto más	the more; the longer	54.2

Spanish	English	Ref.
cuanto que	as much as	46.42
en cuanto a	with regard to	46.42
el cuartel	station, head-quarters	51.41
el cuchillo	knife	51.41
el cuello	collar	52.41
la cuenta	account	46.42
		52.1
caer en la cuenta	to realize	47.41
más de la cuenta	more than one should	54.41
tomar en cuenta	to take into account	46.42
el cuento	story	46.41
la cuerda	cord, rope, string	
dar cuerda	to wind up (a watch, clock)	49.41
		51.41
el cuero	leather	51.41
el cuerpo		
cuerpo de bom-beros	fire department	52.2
cuidadoso, -a	careful	52.41
culebrear	to wriggle (as a snake)	51.41
la culpa	fault, guilt	49.41
culpable, -Ø	guilty	55.2
el, la culpable	guilty person	52.41

Spanish	English	Ref.
culpar	to blame, to accuse	52.41
el cumpleaños	birthday	47.41
cumplir	to execute, to perform, to fulfill	48.41
cumulativo, -a	cumulative	46.42
curar	to cure	47.41
curioso, -a	curious	52.3
cursi, -Ø	vulgar, in bad taste	46.41
el curso	course	48.1
custodiar	to guard	52.41

ch

Spanish	English	Ref.
la cháchara	empty talk, 'boloney'	53.41
chao	'bye'	54.1
la chaqueta	jacket	49.41
la charla	chat, talk	46.41
charlar	to chat	47.1
che	chum	54.1
la chequera	check book	52.2
el chino	Chinese (language)	54.2
chirriar	to squeal	51.41
chistoso, -a	funny	49.1

chorrear	to make dripping wet	54.41
el chorro	stream, jet (of water)	51.41

d

la dama	lady	
dama de honor	bridesmaid	54.41
dañar	to damage	49.3
el daño	damage, hurt	49.41
hacerse daño	to get hurt, to hurt oneself	49.41
daños personales	personal injuries	51.41
dar		
dar abasto	to take care of	49.41
darse aires	to put on airs	47.41
dar al traste con	to give up, to spoil, to destroy	49.41
darse contra	to run into, to crash against	51.1
dar cuerda	to wind up (a watch, clock)	51.41
darse de narices	to bump into	51.41
darse en el suelo	to fall on the floor	49.41

dar gusto	to gratify, to please	51.41
dar la lata	to pester	47.1
dar por sentado	to take for granted	46.42
darse por ter- minado	to be declared at an end	46.41
dar vueltas	to turn	47.41
darse tiempo	to pause	46.41
no darse por aludido	pretending not to hear or understand	49.41
dado que	since	55.41
el dato	datum	
los datos	data	55.41
de		
de antemano	beforehand	46.41
de costumbre	usually	49.41
de hecho	in fact	46.42
de improviso	suddenly	46.42
del todo	once and for all	49.1
	entirely	48.1
de lo más	quite	55.1
de paso	incidentally	54.1
de pronto	suddenly	48.3
de primera	first class	47.1
de rigor	indispensable, prescribed by the rules	52.2

de una vez	at once	51.41
la de	...	...
	'd'	47.41
el debate	debate	54.3
debatir	to debate	51.41
deber		
debido a	on account of	46.42
debería	(you) should	48.1
debiera	(he) should, ought	50.1
debería (see deber)		
debido a (see deber)		
debiera (see deber)		
débil, –∅	weak	47.1
la década	decade	46.42
la decadencia	decadence	51.41
decaído, –a	depressed	52.1
decente, –∅	decent, honest	52.2
decepcionar	to disappoint	47.41
decidir	to decide	51.1
decir		
diciendo	saying	53.1
digás	you (fam) say	54.1
dirá	(he) will say	49.2
diría	(I) would say	48.1
dirían	(they) would say	48.2

la decisión	decision	47.41
	...	...
decorar	to decorate, to adorn	54.41
decoroso, –a	decorous, decent	49.41
el decreto	decree	46.42
el dedo	finger	46.41
no tener dos dedos de frente	not to have a particle of brains	52.41
el defecto	defect	51.1
la deficiencia	deficiency	48.41
definitivo, –a	definitive	48.41
dejar		
dejar en claro	to make clear, to clarify	46.42
delantero, –a	front	53.41
el delegado	delegate	46.41
la delgadez	thinness	55.2
delicadamente	delicately	46.41
el delincuente	delinquent	55.41
delinear	to delineate, to draw, to design	51.41
demagógico, –a	demagogical	51.41
el demagogo	demagogue	51.41

demandar	to demand	54.3
la democracia	democracy	53.41
demostrar	to demonstrate	46.41
denotar	to denote, to express	47.41
la dentadura	set of teeth	53.41
el dentista	dentist	51.1
dependiente, -∅	dependent	46.42
el, la deportista	athlete	55.2
depositar	to deposit	49.41
el derecho		
¡No hay derecho!	It is not right!	49.41
derramar	to spill, to pour out	49.41
la derrota	defeat	51.41
derrumbar	to throw down headlong	
derrumbarse	to collapse, to tumble down	51.41
desabrochar	to unbutton, to unfasten	51.41
desagradar	to displease	53.2
desahogar	to alleviate	
desahogarse	to express one's feelings	47.41
desaparecer	to disappear	54.41

desayunar	to breakfast	47.41
desbocar	to break the mouth or spout of	
desbocarse	to run away	51.41
el descanso	rest	55.3
desconfiar	to mistrust	50.1
descorazonar	to dishearten, to discourage	52.2
descoser	to rip	47.41
describir	to describe	53.1
descrito (see describir)	described	48.41
la descripción	description	53.1
descubrir	to discover	47.42
descuidar	to neglect	
descuidarse	to be careless	46.41
deseable, -∅	desirable	46.42
desembarcar	to disembark, to alight (from a vehicle)	52.41
desembocar	to end, to lead to	51.41
el desempeño	fulfillment, carrying out	46.41
el desempleo	unemployment	55.3

desesperante, -∅	causing despair, hopeless	52.41
la desgracia	misfortune	48.41
por desgracia	unfortunately	48.41
designar	to designate, to name	51.41
desinflar	to deflate	
desinflarse	to become deflated	47.3
el desliz	slip	46.42
deslizar	to slide	
deslizarse	to slide	53.41
desordenar	to disorder, to disarrange, to upset	54.3
el desparpajo	pertness of speech or of a manner	46.41
el despecho	despair, grudge	52.41
la despedida	farewell	54.41
despedir		
despidiéndose	saying good bye	53.2
despedir	to emit	55.2
el despegue	take-off	53.41
despeinar	to dishevel	49.41
despejar	to solve, to clear up	51.41
el despertador	alarm clock	54.41
reloj despertador	alarm clock	51.41

despidiéndose	(see despedir)	
desplomarse	to put out of vertical	
desplomarse	to flop down	53.41
despreciable, -∅	inappreciable	46.42
después	after	
después de	after	51.3
desquitar	to retrieve (a loss)	
desquitarse de	to retaliate, to get even	49.41
el desquite	compensation, retaliation	52.41
el destacamento	detachment	52.41
destacar	to make prominent	54.41
destilar	to distill	47.3
destinar	to destine, to address	46.42
el destornillador	screwdriver	47.3
destrozar	to destroy	51.41
desvelarse	to go without sleep, to pass a sleepless night	54.41
la desventaja	disadvantage	46.41
detener	to arrest, to stop	49.3
la determinación	determination	51.41

determinado, -a	specific	46.42
determinar	to determine	46.42
detestable, -ø	detestable	47.41
detestar	to detest	47.1
el detrimento	detriment, damage	51.41
devolver	to return	46.3
el día		
el día del santo	the day of one's Saint	
el dialecto	dialect	47.41
el diario	newspaper	48.41
diciendo (see decir)		
el dictador	dictator	52.2
dictar	to dictate	48.41
la dicha	happiness	54.41
diestro, -a	able, skillful, wise	51.41
la diferencia	difference	47.1
la dificultad	difficulty	47.1
la difusión	diffusion	55.41
digás (see decir)		
el dignatario	dignitary	49.41
digno, -a	dignified, worthy	54.41
el diluvio	flood, a lot, lots	49.41
diminuto, -a	very small	53.41
la dinámica	dynamics	46.42

el dineral	large sum of money	53.41
la diplomacia	diplomacy	46.41
el diputado	deputy, congressman	49.1
dirá (see decir)		
la dirección	steering(mechanism)	51.1
el cambio de direcciones	turn signals	53.3
directo, -a	direct	46.42
el director	director	48.1
diría (see decir)		
dirían (see decir)		
el dirigente	leader	51.41
dirigir	to direct	49.41
dirigirse a	to address	46.3
	to go(to or toward)	49.41
discriminatorio, -a	discriminatory	46.42
la disculpa	excuse	54.41
disculpar		
disculparse	to excuse oneself	51.3
discursear	to make a speech, to harangue	53.41
el discurso	speech	53.1
el diseño	design	54.41
disfrutar	to enjoy	53.41

Spanish	English	Ref
el disgusto	disgust, displeasure	53.41
disipar	to dissipate	49.41
disparar		
correr disparado	to run like a shot	52.41
salir disparado	to leave like a shot	53.41
disponer	to dispose, to prepare, to plan	48.41
		51.1
disponerse a	to get ready to	47.41
disponer de	to have at one's disposal	48.41
dispuesto	disposed, planning	51.1
disponible, -ø	available	48.1
dispuesto (see disponer)		
distante, -ø	distant	46.42
distinguido, -a	distinguished	46.41
distinguir	to distinguish	51.41
distinto, -a	distinct, different	46.41
distraer	to distract	
distraerse	to enjoy oneself	47.41
el distrito	district	52.41
la divagación	wandering, digression	
la divergencia	divergency, difference of opinion	53.41
		46.41

Spanish	English	Ref
diversificar	to diversify	46.42
la diversión	entertainment, amusement	52.2
divertir	to amuse	46.41
divirtiéndote	having fun	53.2
divirtiéndote (see divertir)		
la división	division	51.41
el doblez	fold, ply	51.41
el doctor	doctor	46.1
doler	to hurt, to pain	46.1
duele	(it) pains	46.1
el doliente	sick person	48.41
doloroso, -a	pitiful, painful	48.41
la domesticación	domestication	50.41
dorado, -a	gilt, golden	46.41
dormir		
camisa de dormir	night shirt	51.41
durmiendo	sleeping	53.2
dormir como un bendito	to sleep like a baby	54.41
dormir como un lirón	to sleep like a baby	54.41
dormir la siesta	to take a nap	51.1

la dosis	quantity	46.42
el drama	drama, play	48.1
dramático, -a	dramatic	46.42
drástico, -a	drastic	50.41
la duda	doubt	46.41
no cabe duda de que	there is no doubt that	46.42
dudoso, -a	doubtful	49.41
la dueña	(female) owner, landlady	51.41
durar	to last	46.41
la dureza	hardness, cruelty	49.41
durmiendo (see dormir)		
e		
el eco	echo	48.41
hacerse eco	to mention repeatedly	48.41
echar	to dismiss, to fire	47.41
	to throw	50.1
echar de menos	to miss	50.1
echarse atrás	to pull or draw oneself back	53.41
la edición	edition	53.1
educar	to educate	55.41
educativo, -a	educational	55.41
efectista, -∅	for effect	46.41
la efectividad	effectiveness	48.41
efectivo, -a	effective	49.1
el efecto		
en efecto	in fact	46.42
ejecutivo, -a	executive	46.42
ejem	ahem	46.41
ejercitar	to exercise	51.41
elaborar	to prepare	46.41
electo, -a	elected	49.1
electoral, -∅	electoral	48.41
la elegancia	elegance	54.41
elegante, -∅	elegant	47.41
elemental, -∅	elementary, fundamental	50.3
elevar	to raise, to elevate	46.42
eludir	to elude, to evade	51.3
embadurnar	to besmear, to bedaub	51.41
embarcar	to put on board, to ship	
embarcarse	to embark, to go on board (ship or train)	50.41

	emborrachar	to intoxicate	
	emborracharse	to become intoxi-	
		cated, to get	
		drunk	
el	embrague	clutch	47.3
	embrutecer	to stagnate	52.2
		mentally	
	embrutecerse	to become mentally	54.3
		stagnant	
	emerger	to emerge	46.42
	eminente, -∅	eminent	48.41
la	emoción	emotion	55.41
la	empanada	meat pie	52.41
	empapar	to soak	51.41
	emparentar	to become related	47.41
		(by marriage)	
	empedernir	to indurate, to	52.2
		harden	
	solterona empe-	confirmed old maid	52.2
	dernida		
el	empellón	push	52.41
la	empleada	employee	53.41
	emplear	to employ	46.41
el	empleo	employment, job	40.42
			52.1
	emprender	to undertake, to	51.41
		engage in	

	emprenderlas	to have it out	53.41
		with	
el	empresario	manager	46.41
	empujar	to push, to impel	49.41
en			
	en absoluto	absolutely	53.2
	en aras de	for the sake of	48.41
	en cambio	on the other hand	53.1
	en cuanto a	in regard to	47.1
		in return	55.41
	en efecto	in fact	46.42
	en serio	seriously	49.1
	en suma	in short, to sum up	46.41
	en todo caso	in any case	48.1
	en torno a	regarding, about;	52.41
		around	
	en vez de	instead of	47.41
	tomar en	to take into	
	cuenta	account	
	enamorado, -a	in love, enamored	54.1
el	enamorado	lover	52.1
el	encaje	lace	54.41
	encaminar	to show the way (to)	51.3
	encaminarse	to set out	
	encantador, -ra	enchanting	52.2

el	encanto	enchantment	47.41
	como por encanto	like magic	49.41
	esfumarse como	to vanish in thin	
	por encanto	air	47.41
	encaramarse	to climb	51.41
el	encargado	(the person) in	
		charge	48.3
	encargado, -a	in charge	52.1
el	encendedor	lighter	53.41
	encender	to light	53.41
	encomioso, -a	praiseworthy	48.41
	encontrar		
	encontrarse	to be	46.1
		to meet	49.41
	encontrarse a su	to feel at home	50.1
	gusto		
	encubierto (see encubrir)		
	encubrir	to hide	46.42
	encubierto	hidden	46.42
el	encuentro	meeting, collision,	
		fight	51.41
	endémico, -a	endemic	48.41
	enérgico, -a	energetic, lively	49.41
el	énfasis	emphasis	46.42
	enfilar	to direct the	
		course	51.41

	enfrentar	to face	48.41
	enfrentarse	to face	47.41
	engalanar	to adorn, to dress	53.41
	engomar	to glue, to gum	52.41
	engorroso, -a	annoying	46.42
el	engranaje	gears, gearing	51.41
el	enigma	enigma	50.41
	enjuiciar	to pass judgment on	55.41
el	enlace	marriage, linking	54.41
	enlazar	to join, to unite	54.41
	enojar	to irritate, to	
		annoy	47.41
	ensalzar	to extol, to exalt,	
		to praise	51.41
el	ensayo	rehearsal	54.41
	ensordecedor, -ra	deafening	55.3
	ensortijado, -a	adorned with rings	46.41
	entablar	to bring (a suit	
		or action)	53.41
	entender	to understand	47.1
las	entrañas	entrails, bowels	53.1
	entre		
	entre más...más	the more...the more	54.1
	entre tanto	meanwhile	49.41
	entrecortado, -a	confused, hesitating	49.41

la entrega	delivery	51.3
el entrenamiento	training	54.3
entrenar	to train	51.2
entretanto	meanwhile	46.42
entretener	to amuse	52.2
entretenerse	to amuse oneself	49.41
entrever	to see imperfectly	53.41
entrevistar	to interview	46.3
entusiasmar	to enthuse	
entusiasmarse	to become enthusias-tic	53.2
entusiasta, -∅	enthusiastic	46.41
enumerar	to enumerate	51.41
la envidia	envy	49.41
la época	epoch	53.1
equilibrar	to equilibrate, to balance	51.41
el equilibrio	equilibrium, balance	49.41
equivaler	to be equivalent	50.41
equivocar	to mistake	52.2
equivocarse	to be mistaken	52.2
erguir	to erect, to set up straight	49.41
erótico, -a	erotic	55.41
el error	error	46.41
la escala	scale	53.41

hacer	to touch or stop	52.41
escalar	to scale	51.41
la escalera	stair	51.2
escalpar	to scalp	49.41
el escándalo	scandal	46.41
escapar	to slip by, to escape	53.41
escaparse	escape, flight	
el escape	escape	53.41
salir a escape	to leave on the run	53.41
la escarapela	badge	53.41
escaso, -a	limited	46.42
la escena	scene, incident	49.41
el escenario	stage	50.3
escoger	to choose	53.1
escolar, -∅	school, scholastic	54.3
el escritor	writer	53.1
el escrúpulo	scruple	55.2
la ese	"s"	47.1
la esfera	sphere	47.1
esforzar	to strenthen, to encourage	46.42

esforzarse	to exert oneself, to make efforts, to try hard	51.41
esfumar	to vanish	
esfumarse	to vanish	
esgrimir	to wield (a weapon)	53.41
el espacio	space, room	49.41
la especialidad	specialty	50.3
la especie	species	52.41
específico, -a	specific	46.42
espectacular, -∅	spectacular	48.41
el espectador	spectator	52.41
el espejo	mirror	47.41
espeso, -a	thick, dense	49.41
el espíritu	spirit	46.42
el esplendor	splendor	54.41
esplendoroso, -a	splendid, radiant	53.41
el esposo	husband	46.41
esquemático, -a	schematic	46.42
esquivar	to avoid	47.41
la estabilidad	control	51.1
el establo	stable	53.41
el estacionamiento	parking (auto)	52.2
estacionar	to park	55.2
estadounidense, -∅	(citizen) of the United States	47.3

estampar	to print, to stamp	52.41
el estante	shelf, bookcase, cabinet	51.41
estar		
estar en contra de	to be against	46.41
estar encargado	to be in charge	52.1
estar de novio	to be engaged	50.41
estar que	to be about to	55.1
estatal, -∅	pert. to the state	46.42
la estatura	height of a person	49.41
la estela	wake, stream	51.41
estentóreo, -a	stentorian, extremely loud	47.41
estético, -a	aesthetic	55.41
estimular	to stimulate	46.42
el estímulo	stimulus	52.1
estirar	to strech	52.41
el estoicismo	stoicism	49.41
estrechar	to press, to tighten	
estrechar la mano	to shake hands	49.41
estrecho, -a	close, tight	54.3
estrellar	to dash to pieces, to smash	

estrellarse	to dash or crash	
contra	against	
estropear	to damage, to spoil	52.41
el estruendo	crash, turmoil	47.41
el estudio	study	51.41
el estupor	stupor, amazement	52.1
eterno, -a	eternal	53.41
la etiqueta	etiquette	54.41
de etiqueta	formal	47.41
evadir	to evade, to elude	48.41
evidenciar	to show	46.42
la exageración	exaggeration	55.41
exaltar	to exalt, to excite	51.41
examinar	to examine	46.1
exasperar	to exasperate	47.41
excelente, -ø		
Excmo., -a	His Excellency	46.41
(excelentísimo)		
excesivo, -a	excessive	55.3
el exceso	excess	49.3
exclusivo, -a	exclusive	46.41
Excmo;, -a. (see excelente)		
la excursión	excursion, trip,	52.2
	tour	52.2
la excusa	excuse	52.2

exento, -a	exempt	46.42
exhalar	to exhale	46.41
exhibir	to exhibit, to	55.41
	show	
exigir	to demand, to	48.41
	require	
la existencia	existence	48.41
existente, -ø	existing	46.42
el éxito	success	52.1
la explanada	platform, lawn	51.41
explicable, -ø	explicable,	53.41
	explainable	
la explicación	explanation	50.41
		55.2
explícito, -a	explicit	46.42
el explorador	explorer	52.1
explorar	to explore	52.1
la explosión	explosion	52.2
explosivo, -a	explosive	46.42
el explotador	exploiter	53.1
exponer	to expose, to	54.3
	explain	
expuesto	exposed,	54.3
	explained	
la exposición	exposition	48.1

expositivo, -a	expositive	46.41	
expresivo, -a	expressive	55.41	
expuesto (see exponer)			
exquisito, -a	exquisite	47.41	
la extracción	extraction	46.42	
extraer	to extract, to remove	52.41	
extraño, -a	strange	49.41	
extremar	to carry to an extreme	46.42	
exuberante, -ø	exuberant	46.41	

<u>f</u>

la facción	faction	51.41	
factible, -ø	feasible	51.3	
la factura	invoice, bill	49.3	
faltar	to be absent	48.1	
no faltaba más	by all means, of course	52.41	
la fama	fame	55.2	
famoso, -a	famous	52.1	
el fatalismo	fatalism	50.41	
favorecer	to favor	46.42	
el favoritismo	favoritism	48.41	
la fase	phase	46.41	

la felicidad	happiness	47.41	
felicidades	congratulations		
la felicitación	congratulation	55.1	
feliz, -ø	happy	52.1	
la felpa	plush	46.41	
femenino, -a	feminine	54.41	
el fenómeno	phenomenon	46.42	
el feriado	holiday	51.1	
feroz, -ø	ferocious	49.41	
el ferrocarril	railroad	52.2	
el festejado	guest of honor	54.41	
festivo, -a	festive	46.41	
la ficha	chip (in a game); token	55.2	
la fiebre	fever	46.1	
fiel, -ø	faithful, loyal	51.41	
el fierro	iron	51.41	
fijar	to set	46.41	
fijo, -a	firm, fixed	47.41	
la hora fijada	set time	46.41	
el filósofo	philosopher	50.41	
el fin	end, purpose	51.41	
final, -ø	final	48.1	
la finalidad	finality	47.41	
con finalidad	decisively	47.41	
financiero, -a	financial	46.42	

las finanzas	finance	46.41
Ministro de Finanzas	Minister of Finance (Secretary of the Treasury)	46.41
fingir	to feign, to pretend	49.41
fino, -a	fine, delicate	54.1
la firma	firm	52.1
firme, -∅	firm	47.41
flaco, -a		
el lado flaco	Achilles heel	47.41
flexible, -∅	flexible	55.2
florecer	to bloom	46.2
el florero	flowerpot, vase	54.41
folklórico, -a	folkloric	48.1
fomentar	to encourage	46.42
el fomento	development	49.1
el fondo	bottom, end	53.41
	background	44.41
a fondo	thoroughly	46.42
caja de fondos	safe	51.41
en el fondo	(deep down) at heart	46.41
el foquito	lamp	53.3
foráneo, -a	foreign	46.42
forcejear	to struggle, to strive	49.41
la forma	form, shape	54.41
cobrar forma	to take shape	54.41
formativo, -a	formative	46.42
el formulario	formulary, list	53.41
el foro	forum, court of justice	48.41
el forraje	forage, roughage	53.41
forzar	to force	51.3
la fotografía	photograph	46.3
la francachela	wild party	54.41
francés, -a	French	52.2
franco, -a	frank	55.2
el franqueo	postage	50.3
frecuentar	to frequent	55.41
frecuente, -∅	frequent	46.42
la frente	forehead	52.41
no tener dos dedos de frente	not to have a particle of brains	52.41
frío, -a	cold	47.41
fronterizo, -a	frontier	46.42
frotar	to rub	46.41
frotarse	to rub oneself	49.41
fructífero, -a	fruitful, useful	46.41

fruncir	to pucker (one's lip)	46.41
la fuente	source	46.42
fuera (see ser)		
la fuerza	strength, force	51.41, 47.3
fugaz, -∅	fleeting	49.41
fulminante, -∅	fulminating, thundering	54.41
funcionar	to work, to run	55.2
el funcionario	functionary	46.42
el fundador	founder	46.41
fundamental, -∅	fundamental	46.42
el futuro	future	53.1
futuro, -a	future	51.41

g

el galardón	reward, prize	53.41
la gama	gamut	46.41
la gana		
refrse de buena gana	to laugh heartily	47.41
ganadería, -∅	related to cattle	53.41
el ganado	cattle, live stock	53.41

el ganador	winner	51.3
ganar	to earn	48.1
garabatear	to scrawl, to scribble	53.41
la garantía	guarantee	46.3
la garganta	throat	46.1
la gasolinera	gas station	47.3
el gato	jack	47.3
gemir	to groan	53.41
la generación	generation	54.41
general, -∅	general	46.42
por lo general	in general	46.42
generar	to generate	55.2
la generosidad	generosity	47.41
generoso, -a	generous	52.1
el genio	temper	47.41
gentil, -∅	kind and courteous	55.2
la gentuza	rabble, people of no account	52.41
genuino, -a	genuine	47.41
el gerente	manager	46.3
el giro	turn	49.41
el gobernante	ruler	55.2
gobernar	to govern, to rule	55.2
el golpe	blow, stroke	46.41

golpear	to strike	
tono golpeado	brushery	
la goma	tire	51.41
gordo, -a		
de (a) brocha		
gorda	poorly done	51.41
el gordo	the first prize	49.41
la gota	drop	46.41
gozar	to enjoy, to have possession of	52.2
la gracia	grace	55.2
el grado	degree	52.1
graduar		
graduarse	to graduate	46.3, 48.1
grandemente	greatly	46.41
la grasa	grease	55.2
grato, -a	pleasing, pleasant	52.41
la gravedad	gravity	49.41
griego, -a	Greek	50.41
la gripe	grippe, flu	46.1
grotesco, -a	grotesque	53.41
el guarda	guard	52.41
guardar	to keep, to guard	52.2
el guardia	guard	52.41

el gusto	preference	52.41
dar gusto	to gratify, to please	51.41
encontrarse a su gusto	to feel at home	50.1

h

el habano	Havana cigar	46.41
haber		
habrá	there will be	49.1
habrá	(he) will have	49.2
habrán	(they) will have	49.2
habré	(I) will have	49.2
habría	(I) would have	48.1
habríamos	(we) would have	48.2
habrían	(they) would have	48.2
hubiera	(it) had	48.2
hubiera	(if) there were, should be	48.2
hubiera	(I) had	47.1
¡No hay derecho!	It's not right!	49.41
hábil, -ø	able, skillful	46.41, 49.1
el habla	tongue	46.42

habrá (see haber)		
habrán (see haber)		
habré (see haber)		
habría (see haber)		
habríamos (see haber)		
habrían (see haber)		
hacer		
hacés	you (fam) do	54.1
harán	(they) will do	49.1
haría	(you) would do	48.2
hacer a la medida	to make to order	49.41
hacer añicos	to break to smithereens	51.41
hacer cambios	to shift gears	47.3
hacer escala en	to touch or to stop at (a port)	53.41
hacer hincapié en	to emphasize	48.41
hacer uso de la palabra	to speak	46.41
hacer votos	to express best wishes	46.41
hacerse	to become	50.41
hacerse cargo	to take charge of	46.42
hacerse daño	to get hurt, to hurt oneself	49.41
hacerse eco	to mention repeatedly	48.41

hecho una sopa	soaked to the skin	51.41
hacés (see hacer)		
hacia	towards	53.1
el hacha (f)	axe	51.41
halagüeño, -a	attractive, promising	48.41
el hall	hall	53.41
hallar	to find	52.41
harán (see hacer)		
haría (see hacer)		
la harina	flour	52.41
hasta	even	46.42
hawaiano, -a	Hawaiian	53.41
la hazaña	heroic deed	55.41
el hecho		
de hecho	in fact	46.42
el helado	ice cream	52.2
el hemiciclo	semicircle	46.41
la herencia	inheritance	46.42
la herida	wound	46.2
el herido	wounded person	51.41
el hermano	brother	46.2
heroico, -a	heroic	51.41
la(s) herramienta(s)	tools	47.3
hilarante, -ø	laughing	49.41

Spanish	English	Ref.
la hilera	row, line	52.41
el hilo	thread, the line of	52.41
	(thought)	...:
el hincapié		
hacer hincapié en	to emphasize	48.41
	stamping the foot (for emphasis)	48.41
hispanoamericano, -a	Spanish-American	53.1
el hogar	home	50.1
la hoja	leaf	54.1
hojear	to glance at, to leaf through	47.41 / 53.1
holgado, -a	comfortable	46.41
el hombrete	little man	53.41
el hombro	shoulder	49.41
hondo, -a	deep	46.41
honorable, -ø	honorable	54.41
honorario, -a	honorary	51.3
la hora		
última hora	last minute	47.41
horroroso, -a	horrible	49.41
el hospital	hospital	51.1
hóstil, -ø	hostile	55.2
hubiera (see haber)		
el huésped	guest	46.41
la hula	hula	53.41

Spanish	English	Ref.
la humanidad	humanity	49.41
humano, -a	human	52.41
		...:
humeante, -ø	smoking	49.41
humilde, -ø	humble	52.2
humillante, -ø	humiliating	52.2
el humo	smoke	46.41
humorístico, -a	humoristic, humorous	47.41
hundir	to submerge, to sink	55.2
	to cave in	51.41
el, la idealista	idealist	51.41
idéntico, -a	identical	52.2
la identidad	identity	52.41
el idioma	language	47.1
ignorar	to ignore	49.41
ilegal, -ø	illegal	50.41
ilimitado, -a	unlimited	55.41
iluminar	to illuminate	54.41
la ilusión	illusion	50.41
iluso, -a	deluded, deceived, illusory	51.41

	ilusorio, a	illusory	53.41	
	ilustrado, -a	illustrious	46.41	
	ilustre, -∅	illustrious, distinguished		
la	imagen	image, picture	52.41	
la	imaginación	imagination	55.41	
la	imitación	imitation	51.41	
	impacientar	to make impatient	55.41	
	impacientarse	to become impatient		
el	impacto	impact	47.41	
	imparcial, -∅	impartial	49.41	
el	impedimento	impediment	51.41	
	impedir	to impede, to prevent	46.42	
	imperante, -∅	commanding	49.1	
	imperdonable, -∅	unpardonable, unforgivable	46.42	
el	imperio	empire	46.41	
	imperioso, -a	imperious, overbearing	55.2	
	impersonal, -∅	impersonal	52.41	
	impertinente, -∅	impertinent	50.41	
	impetuoso, -a	impulsive, violent	47.41	
	imponer	to impose	54.3	
	impuso	imposed	46.42	

la	importación	importation	46.42	
	importador, -ra	importer	46.41	
la	importancia	importance	47.1	
la	imprenta	press	55.41	
	impresionar	to impress	55.2	
	impresionarse	to be touched, moved		
	imprimir	to print	55.1	
	improvisar	to improvise	46.42	
	improviso, -a	unforseen	51.41	
	de improviso	suddenly	46.42	
	impulsar	to impel, to move	51.41	
	impuso (see imponer)			
	inacabable, -∅	interminable, incessant	53.41	
	inagotable, -∅	inexhaustible	46.42	
	inaudible, -∅	inaudible	47.41	
	inaugural, -∅	inaugural	46.41	
el	incendio	fire, conflagration	52.41	
la	incepción	beginning, inception	48.41	
la	incertidumbre	uncertainty	46.42	
	incipiente, -∅	incipient	47.41	
	inclinar	to incline, to bow		
	inclinarse	to bend down	49.41	

la inclusión   inclusion   46.42
la incógnita   unknown (quantity)   51.41
la incomodidad   inconvenience   47.41
incómodo, -a   ill at ease   50.1
el inconveniente   objection,   47.41
                      disadvantage

inculcar   to inculcate, to   51.41
                      impress, to teach
la incultura   lack of culture   51.41
incurable, -ø   incurable   48.41
la incursión   incursion, inter-   51.41
                      vention

indefinible, -ø   undefinable   46.41
la indicación   indication, sign   53.41
el índice   index   46.41
indignar   to irritate, to   49.41
                      anger

indigno, -a   unworthy, low,   50.41
                      unbecoming
el individuo   individual   52.41
inescapable, -ø   inescapable   46.42
inesperado, -a   unexpected   47.1
la inestabilidad   instability   46.42
inevitable, -ø   inevitable,   53.41
                      unavoidable
inexorable, -ø   inexorable   46.42
la inexperiencia   inexperience   55.41

infantil, -ø   infantile   48.41
inteliz, -ø   unhappy, luckless   55.41
inferior, -ø   inferior, lesser   55.3
el infierno   inferno, hell   53.1
infinito, -a   infinite   46.41
inflamar   to inflame   46.1
la inflexión   inflection   47.41
influyente, -ø   influential   47.41
informal, -ø   informal   46.41
informativo, -a   informative   49.3
el informe   report   52.1
el infractor, -ra   law breaker,   55.41
                      violator
infructuoso, -a   unsuccessful   47.41
la ingeniería   engineering   47.1
ingente, -ø   very large, huge   48.41
ingenuo, -a   ingenuous   55.2
la ingerencia   interference,   52.41
                      participation
ingrato, -a   unpleasant   49.41
la inhibición   inhibition,   55.41
                      prohibition
inhibidor, -a   inhibiting   46.41
inhibir   to inhibit   46.42
inhumano, -a   inhuman, cruel   48.41
inicial, -ø   initial   46.42

	Spanish	English	Ref.
	ininteligible, -∅	unintelligible	50.41
	ininterrumpido, -a	uninterrupted	48.3
las	inmediaciones	environs, vicinity	52.41
	inmediato, -a	immediate	46.41
	de inmediato	right away	49.1
	inmutable, -∅	immutable	46.41
	inmutar	to alter	50.41
	inmutarse	to lose one's calm	47.41
la	inocencia	innocence	47.41
el	inodoro	water closet	49.3
	inofensivo, -a	harmless, inoffensive	55.41
	inolvidable, -∅	unforgettable	53.41
la	inquietud	restlessness, uneasiness	53.41
	insalubre, -∅	unhealthful	53.41
	inscribir	to inscribe, to register	52.41
	inscrito	inscribed, registered	52.41
la	inscripción	registration	50.3
	inscrito (see inscribir)		
la	inseguridad	insecurity	46.42
	inseparable, -∅	inseparable	52.1
	insidioso, -a	insidious	46.41
	insinuar	to insinuate, to suggest	52.1
	insistente, -∅	insistent	51.3
el	inspector	inspector	53.41
	inspirar	to inspire	53.1
el	instante	instant	49.41
	instintivo, -a	instinctive	51.41
la	institución	institution	46.42
	institucional, -∅	institutional	46.41
la	instrucción	instruction	52.2
	insuficiente, -∅	insufficient	48.41
	íntegro, -a	honest	55.2
	intelectual, -∅	intellectual	55.41
la	inteligencia	intelligence	45.41
	mirada de inteligencia	understanding look	47.41
	inteligente, -∅	intelligent	49.1
	intempestivo, -a	sudden, unexpected	52.41
	intencionado, -a	deliberate	47.41
	intenso, -a	intense	55.41
el	interés	interest	49.1
	interesar	to interest, to attract	55.2
	interminable, -∅	interminable, endless	46.41
	interno, -a	interior	46.42

interponer   to interpose   47.41
    interpuso   (she) interposed   47.41
interpretar   to interpret   52.2
el intérprete   interpreter   47.1
    interpuso (see interponer)
interrumpir   to interrupt, to   51.1
                        stop
la intervención   intervention   52.41
intervendremos   (we) will intervene   49.2
    intervenir (see intervenir)
intervenir (see intervenir)
intransferible, -∅   non-transferrable   55.41
intrépido, -a   intrepid   55.2
introducir   to introduce   55.41
inusitado, -a   unusual   54.41
la inutilidad   uselessness   53.41
    invadir   to invade   53.41
    invalidar   to invalidate, to   52.41
                        nullify
el inversionista   investor   46.42
    invertir   to invest   46.42
el investigador   investigator   52.1
la invitación   invitation   54.1
el invitado   guest   52.1
la inyección   injection, shot   46.1

ipso facto   ipso facto   52.42
                      ipso facto, by the   52.42

ir
    iría   (she) would go   48.1
    yendo   going   53.2
    iría (see ir)

la ironía   irony   47.41
irrespirable, -∅   not fit to be   46.41
                        breathed,
                        unbreathable
irresponsable, -∅   irresponsible   53.41
la irritación   irritation   53.41
irritar   to irritate   46.1

la joya	jewel	47.3
el jubilado	pensioner	51.41
jubilar	to pension off, retire	
el juego		55.3
juego de azar	gamble, gambling	50.41
el juicio	judgement	54.3
junto a	next to, by, beside	49.41
juzgar	to judge	53.1

k

l

el labio	lip	46.41
laboral, -∅	labor (adj)	46.42
lacónico, -a	laconic	53.41
el lacre	sealing wax	52.41
el lado		
el lado flaco	Achilles heel	47.41
el ladrido	barking, outcry	52.41
lamentar	to lament, to regret	51.41
la lámpara	lamp	52.2
lámpara de pie	floor lamp	54.1
		54.1

la lana	wool	46.3
largo, -a	in the long run	46.42
a largo plazo	for a long time	46.41
largamente		
lastimero, -a	pitiful	51.41
lastimoso, -a	pitiful, sad	54.41
la lata	tin plate or tinned iron plate	52.41
	can	51.41
latifundista, -∅	pertaining to large estates	53.41
latino, -a	Latin	46.41
la lectura	reading	50.41
leer	to read	46.2
		49.1
leyendo	reading	53.2
el legislador	legislator	48.41
legítimo, -a	legitimate	46.42
lejano, -a	distant	53.1
la lentitud	slowness	52.41
lépero, -a	one of the rabble	55.41
la lesión	lesion, cut	51.41
la letra	words (of a song)	55.41
el letrero	sign	53.41
levantar	to raise	46.41
leve, -∅	light	51.41

Spanish	English	Ref.
la leyenda	legend, inscrip-tion, motto	51.41
leyendo (see leer)		
la liberación	exemption	46.42
liberar	to exempt	48.41
la libra	pound	50.3
librar	to free	55.41
la librería	book store	53.1
el librero	bookseller	55.2
la libreta	notebook, memorandum book	52.41
Lic. (see licenciado)		
el licenciado	licentiate (university degree)	46.41
Lic.	Licentiate	46.41
el liceo	lyceum, (secondary) school	52.41
el licor	liquor	47.41
ligar	to tie, to bind	54.3
ligero, -a	light, quick	53.3
la lija	sandpaper	47.41
papel de lija	sandpaper	47.41
limitante, -ø	limiting	46.42
el límite	limit	52.1
la línea	line	
la línea de la costura	seam	47.41
lingüístico, -a	linguistic	46.41
el lirio	lily	54.41
el lirón	dormouse	54.41
dormir como un lirón	to sleep like a baby	54.41
la literatura	literature	53.1
liviano, -a	light, trivial	46.41
local, -ø	local	52.1
el local	place, site	46.41
lograr	to succeed	47.41
lograr	to get, to obtain, to attain, to achieve	55.41
lucir	to shine, to show to advantage	54.41
la lucha	struggle	53.1
el lugar		46.41
tener lugar	to take place	53.1
el lujo	luxury	53.1
de lujo	de luxe	53.1
lujoso, -a	luxurious	52.2
la luna	moon	55.1
la luna de miel	honeymoon	55.1

11

Spanish	English	Ref.
la llamada	call	49.3
el llamado	call	47.41
llamar		
llamarse	to be called	46.41
la llama	flame, blaze	51.41
la llamarada	flash, sudden blaze	51.41
la llave inglesa	monkey wrench	47.3
llegar		
llegar a	to succeed in	50.1
llegar a (llorar)	to start to (cry)	46.41
llevar	to wear	50.41
	to be around	50.1
llevar a cabo	to carry through, to accomplish, to carry out	48.41
llevar la batuta	to preside, to wear the pants	53.41
llorar	to cry	46.2 55.1

m

Spanish	English	Ref.
macizo, -a	solid, massive	46.41
la madera	wood, lumber	52.41
la madona	madonna	53.41
la madre	mother	46.2 52.1
madrugar	to rise early	53.41
la madurez	maturity	54.3
maduro, -a	mature	55.2
mágico, -a	magic	50.41
la magnesia	magnesia	47.41
la magnitud	magnitude	46.42
la magulladura	bruise	49.41
el mal	evil, harm, disease	
mal	badly	46.41
andar mal	to go wrong	46.41
peor de males	worst of all	47.41
la malaria	malaria	41.42
el malestar	malaise, discomfort	48.41
la malicia	malice, slyness	49.41
malicioso, -a	malicious, sly	47.41
maltratar	to spoil, to mistreat	49.41
la mancha	spot, blob	52.41
manchar	to stain	51.2
el mandato	mandate, command	48.41
la mandíbula	jawbone, jaw	51.41

Spanish	English	Ref
el manejo	handling	46.42
la manga	sleeve	52.41
la manguera	hose	51.41
el manifiesto	manifest, statement	49.1
manifiesto, -a	evident	46.42
la mano		
la mano de obra	labor	46.42
mantener		
mantenerse al margen	to stay on the sidelines	52.41
el mantenimiento	support	46.42
la máquina	machine	49.41
a toda máquina	at full speed	49.41
la maratón	marathon	52.41
la maravilla	wonder, marvel	47.1
la marca	mark	53.41
marcar	to mark	47.41 / 51.1
marcar un número	to dial a number	47.41
la marcha	march, running operation	43.41
poner en marcha (el carro, motor)	to start (the car, engine)	51.41
la marcha atrás	reverse	47.3
el margen	margin	46.42
mantenerse al margen	to stay on the sidelines	52.41
marino, -a	marine	46.41
el martini	martini	46.41
el martir	martyr	41.41
más		
entre más...más	the more...the more	54.1
de lo más	quite	55.1
lo más pronto posible	as soon as possible	48.1
más de la cuenta	more than one should	54.41
mascullar	to mumble	49.41
matar	to kill oneself, to get killed	49.41
matarse		
el matiz	tint, hue, shade	55.41
matricular	to enroll	49.41
matricularse	to enroll (oneself)	48.1
matrimonial, -ø	matrimonial	54.41
el matrimonio	marriage, matrimony	50.41 / 52.1
la matrona	matron	49.41
máximo, -a	maximum	49.3
mayoritario, -a	majority	46.42
el mecánico	mechanic	53.2
la media	stocking	47.41
mediano, -a	average, mediocre	55.41

Spanish	English	Ref
la medianoche	midnight	47.41
mediante	by means of	48.41
la medicina	medicine	46.1
médico, -a	medical	48.41
la medida		
hacer a la medida	to make to order	49.41
medio, -a		
a medias	half, halfway	51.41
la clase media	middle class	51.41
el medio	surroundings, medium	55.41
el medio social	social environment, social atmosphere	55.41
mediocre, -ø	mediocre	55.41
la mejilla	cheek	47.41
mejor, -ø		
a lo mejor	very likely	49.1
la mejora	improvement	53.41
el mejoramiento	improvement	48.41
mejorar		
mejorarse	to get better	46.1
memorable, -ø	memorable	47.41
la memoria		
saber de memoria	to know by heart	54.2
mencionar	to mention	46.42 / 48.1
menguar	to diminish, to decrease	51.41
menor, -ø	less, least	47.41 / 53.1
el menor	minor, juvenile	55.41
menos		
al menos	at least	46.42
cuando menos	at least	55.41
echar de menos	to miss	50.1
mental, -ø	mental	49.41
la mente	mind	53.41
mentir	to lie	53.1
mintiendo	lying	53.1
el mercantilismo	mercantilism	46.42
merecer	to deserve	54.3
meridiano, -a	brilliant	46.41
merodear	to loiter	53.3
metropolitano, -a	metropolitan	54.41
la mezcla	mixture	49.41
mezclar	to mix	55.2
el miedo	fear	50.1
tener miedo	to be afraid	50.1
la miel	honey	55.1
la luna de miel	honeymoon	55.1
el miembro	member	48.1
mientras		
mientras más... más	the more... the more	54.2

Spanish	English	Ref
mientras		
menos...menos	the less the	54.2
militante, -∅	militant	52.41
la mina	mine	55.2
minero, -a	pertaining to mines	46.42
el ministro	minister	
Ministro de Finanzas	Minister of Finance (Secretary of the Treasury)	46.41
mintiendo (see mentir)		
mirá (see mirar)		
la mirada	look	47.41
mirar	look	
mirá	look (fam)	54.1
miserable, -∅	miserable	49.41
la miseria	poverty	50.41
la mitad	half	44.42 47.1
la moción	motion	46.41
la moda	mode, fashion	47.41
la moderación	moderation	54.41
moderno, -a	modern	53.1
mojar	to wet	51.41
la mole	huge mass or bulk	51.41
molesto, -a	annoying	47.41
el molino	mill	55.2

Spanish	English	Ref
la mollera	head, crown of head	49.41
el monopolio	monopoly	46.42
monótono, -a	monotonous	54.3
el montón	pile	52.41
el, la moralista	moralist	50.41
morboso, -a	diseased, morbid	55.41
morigerador, -ra	moderating	46.42
morir		
muriéndose	dying	53.2
la mortalidad	mortality	48.41
la mosca	house-fly	46.41
el mostrador	counter	53.41
el motivo	motive, reason	53.41
con motivo de	because of	53.41
el mozo		
buen mozo	handsome	46.41
la muchedumbre	multitude, crowd	52.41
la muela	molar tooth	47.41
la muerte	death	51.41
bar de mala muerte	disreputable bar, 'joint'	51.41
la muestra	sample, sign	51.41
la municipalidad	municipality	48.41
la muñeca	wrist	49.41
muriéndose (see morir)		

Spanish	English	Ref
el músculo	muscle	51.41
mutuo, -a	mutual	46.41
n		
el nacimiento	birth	51.41
el nacionalismo	nationalism	46.42
nacionalista, -∅	nationalist(ic)	51.41
la nacionalización	nationalization	46.42
la naranja	orange	53.2
la nariz	nose	42.41
darse de narices con	to bump into	51.41
narrar	to narrate	49.41
nativo, -a	native	53.41
la naturaleza	nature	53.1
náutico, -a	nautical, naval	50.1
la nave	ship, vessel	53.41
la Navidad	Nativity, Christmas Day	50.3
negativo, -a	negative	54.3
la negligencia	negligence, carelessness	48.41
negligente, -∅	negligent	47.41
el nervio	nerve	49.41
los nervios de punta	nerves on edge	49.41
la nerviosidad	nervousness	53.41
neutral, -∅	neutral	47.3
ni		
ni...ni	neither...nor	54.1
noble, -∅	noble	50.41
la noción	notion, idea	55.41
la noche		
noche en vela	sleepless night	47.41
la normalidad	normality	49.41
notable, -∅	notable, prominent	47.1
notar	to notice	46.3
notorio, -a	well known, evident	48.41
novel, -∅	new	52.41
la novela	novel	51.41
el, la novelista	novelist	51.1
la novia	bride, fiancée	55.2
el novio	bridegroom, fiancé	55.1
estar de novio	to be engaged	50.41
novios	newlyweds	55.1
nublar	to cloud, to obscure	53.41
la nuca	nape or scruff of the neck	53.41
el nudo	knot	47.41

Spanish	English	Ref
nuevo, -a		
nuevamente	again	46.41
nupcial, -∅	nuptial	54.41
nylon	nylon	48.3
o		
o... o	either... or	54.2
obedecer	to obey	47.41
objetivo, -a	objective	53.41
obliterar	to obliterate	51.41
la obra	work (of art)	53.1
la mano de obra	labor	46.42
el obrero	worker	49.1
el observador	observer	46.42
obstinado, -a	obstinate	46.41
la obtención	obtainment	46.42
obvio, -a	obvious	46.42
ocasionar	to cause	51.1
ocurrir	to occur, to happen	
ocurrírsele a uno	to occur to one, to strike one (as an idea)	49.41
odiar	to hate	47.41
ofender	to offend	
ofenderse	to be offended	47.1
la oficina		
oficina de correos	post office	50.3
el, la oficinista	office worker	49.41
ofrecer		
ofrecer la palabra	to offer the floor for discussion	46.41
el ofrecimiento	offer, offering	51.41
el oído	ear	53.41
la ojeriza	grudge	49.41
el ojo	eye	46.1
la oleada	big wave, surge	53.41
olímpico, -a	Olympic	53.41
el olor	smell	55.2
ominoso, -a	ominous	51.41
la ópera	opera	52.2
la oportunidad	opportunity	49.41
oportuno, -a	opportune	46.41
la opresión	oppression	52.41
optar	to choose	47.41
la oración	prayer	53.1
el orador	orator, speaker	46.41

Spanish	English	Ref
ordinario, -a	ordinary, usual	52.3
correo ordinario	regular mail	50.3
el organismo	organization	46.41
el orgullo	pride	52.41
el orificio	orifice, opening	53.41
original, -∅	original, unusual	52.1
os	you (fam pl clitic)	53.1
la orquídea	orchid	54.41
la orquesta	orchestra	48.3
la orilla	border, edge	52.41
la oscuridad	darkness	47.41
el otoño	autumn, fall	54.41
la oveja	sheep	47.41

P

Spanish	English	Ref
el paciente	patient	51.1
el padrinazgo	godfatherhood	51.3
los padrinos (en una boda)	best man and maid or matron of honor	54.41
la página	page	47.41
el paisaje	landscape	52.2
el paje	page (boy)	54.41
la palabra		
dirigir la palabra	to address	49.41
hacer uso de la palabra	to speak	46.41
ofrecer la palabra	to offer the floor for discussion	46.41
tomar la palabra	to take the floor	51.3
la palmera	palm tree	50.1
la pampina	frivolity, trifle	53.41
la pandilla	gang, party	50.41
los pantalones	trousers	47.41
el papá	daddy	47.41
el papel		
papel de lija	sandpaper	47.41
la papilla	hash, small pieces	52.41
el paquete	package	49.41
el paraíso	paradise	55.3
paralizar	to paralyze, to impede	47.41
parar	to stop	47.3
pararse	to stand up	51.3
parecido, -a	similar	46.41
la pareja	pair, couple	53.41
el pariente	relative	47.41
parientes políticos	in-laws	47.41
el parlante	loud speaker	53.41
parrandear	to have a gay time	54.41

el parroquiano	customer, client	49.41
la participación	share, participa-tion	46.42
la partida	game	52.41
el partidario	party member, supporter	49.1
partidista, -ø	pertaining to the party	48.41
el partido	party	49.1
el pasadizo	passageway, corridor, hall	51.41
el pasado	past	53.1
el pasaje	passage, fare	53.41
pasar	to become	50.41
pasar a ser	to have a good time	51.1
pasarlo bien	walk, promenade	49.3
el paseo	step	40.42
el paso	incidentally	54.1
de paso	to make one's way	49.41
abrirse paso	tablet, lozenge	46.1
la pastilla	paternal	47.41
paternal, -ø	to skid, skate	49.41
patinar	patriotism	48.41
el patriotismo	to sponsor	46.41
patrocinar		48.1

el patrón	patron, boss	52.1
la participación	share, participa-tion	46.42
la pauta	rule, guide lines	48.41
el pavimento	pavement	51.41
la peca	freckle	55.2
pecar	to sin	55.2
el pecho	chest	46.1
pedante, -ø	pedantic	46.41
el pedazo	piece, fragment, bit	49.41
pedir	asking	51.41
pidiendo	asking	53.1
pegar	to stick, to glue	52.41
pelar	to peel	51.41
a pie pelado	barefooted	51.41
la película	moving picture, film	55.41
peligroso, -a	dangerous	52.1
la pena	what a shame!	48.1
¡qué pena!	peninsula	46.42
la península	laborious	51.41
penoso, -a	thought	55.2
el pensamiento	boarding-house	51.2
la pensión	shadow, darkness	51.41
la penumbra		

peor		worst of all	
peor de males		worst of all	47.41
la pequeñez		smallness	46.42
la percha		hat or clothes rack	51.41
perder		to get lost	
perderse		to get lost	52.41
la pérdida		loss	46.42
perdurar		to last long	55.41
la pereza		laziness	55.2
perezoso, -a		lazy	54.2
la perfección		perfection	47.1
el perfume		perfume	48.3
la perilla		knob	53.41
el período		period, term	48.1
perjudicial, -∅		harmful	55.41
la perla		pearl	54.41
perorar		to deliver a speech,	51.41
		to declaim	46.42
perseguir		to pursue	52.41
la persistencia		persistence	46.42
persistente, -∅		persistent	50.41
el personaje		personage	49.41
persuadir		to persuade	51.3
la pesadez		heaviness	53.41
la pesadilla		nightmare	54.41

pesar		to weigh	50.3
el pesar		trouble, sorrow	53.41
el pesimismo		pessimism	55.2
la pesquisa		inquiry, investigation, search	51.41
el, la pianista		pianist	53.2
el piano		piano	55.2
picar		to sting, to burn	55.2
el picnic		picnic	48.3
pidiendo (see pedir)			
el pie			
a pie pelado		bare footed	51.41
lámpara de pie		floor lamp	54.1
la pierna		leg	47.41
la píldora		pill	47.41
la pintura		painting	48.1
pintar		to paint	51.2
el pingüino		penguin, auk	47.41
pisar		to step on	47.3
pisotear		to trample	51.1
el pitón		nozzle	51.41
placentero, -a		pleasant	47.41
plácido, -a		placid, quiet	55.3
la plana		page, copy	52.41
la plancha		plate, sheet	51.41

el plano	plan (drawing)	52.1
plantar	to leave in the	
	lurch	54.41
plañidero, -a	whimpering	47.41
plateado, -a	silvered, silver	
	plated	53.41
los platinos	set of points	47.3
el plazo	term	46.42
a largo plazo	in the long run	46.42
pleno, -a	full	46.41
plenario, -a	plenary, full	46.42
el pliegue	fold, depth	55.41
el plomero	plumber	49.3
la poción	potion	47.41
poder		
podría	(he) would be able	48.1
pudiera	(you) could	50.2
pudiendo	being able to	53.2
poderoso, -a	powerful	51.41
podría (see poder)		
la poesía	poetry	53.1
el poeta	poet	48.1
policíaco, -a	pertaining to	
	police	55.41
novelas	detective stories	55.41
policíacas		

policial, -Ø	pertaining to	
	police	48.3
la política	politics	49.1
político, -a	political	
parientes	in-laws	47.41
políticos		
el político	politician	53.41
ponderar	to praise with	
	exaggeration	53.41
la ponencia	report	46.41
poner		
pondría	(he) would put	48.2
ponerse a	to begin to	53.1
ponerse de	to reach an	
acuerdo	agreement	48.3
poner en marcha		
(el carro)	to start (the car)	51.41
poner un reparo	to make a	
	criticism	47.1
pondría (see poner)		
popular, -Ø	popular	50.1
la popularidad	popularity	55.41
por		
por añadidura	in addition	47.41
por completo	completely	51.41
por desgracia	unfortunately	48.41

por lo común	in general, generally	55.2
por lo general	in general	46.42
la porcelana	porcelain	54.1
pornográfico, -a	pornographic	55.41
poroso, -a	porous	53.41
el porvenir	future	52.1
posible, -∅	possible	
lo más pronto posible	as soon as possible	48.1
el poste	pole, post	51.41
postergar	to delay, to disregard	48.41
posterior, -∅	subsequent	46.42
postnatal, -∅	postnatal	48.41
postre, -∅	last in order	46.42
a la postre	in the end	46.42
el postulado	postulate	51.41
potable, -∅	potable, drinkable	48.41
la potencialidad	potentiality	55.41
potente, -∅	powerful	55.41
práctico, -a	practical	46.42
precario, -a	precarious	51.41
preceder	to precede	52.41
precipitar	to hasten, hurry	51.41

preciso, -a	exact	49.41
predicar	to lecture, to preach	55.2
predominio	predominance, superiority	51.41
preliminar, -∅	preliminary	46.42
prematuro, -a	premature	46.42
el premiado	winning ticket	49.41
premiar	to reward	49.41
prenatal, -∅	prenatal	48.41
prender	to start (an engine)	47.3
la prensa	press	48.1
el preparativo	preparation	52.41
presenciar	to witness, to see	51.41
presentar	to present	
presentarse	to appear, to turn up	54.41
el presente	present	53.1
presente, -∅	present	46.41
presentir	to have a presentiment of, to predict	49.41
prestar	to adapt itself, to be applicable	
prestarse		46.42

prestar atención	to pay attention	49.41
presumido, -a	presumptuous	49.41
pretextar	to feign	47.41
prevenir	to prevent	47.41
previo, -a	previous	46.42
primero, -a		
de primera	first class	47.1
el primo	cousin	47.41
		49.1
primordial, -ø	primordial, original	48.41
principiar	to begin, to start	55.2
la prioridad	priority	48.41
la prisa		
a toda prisa	at full speed	54.41
el privilegio	privilege	51.41
probar	to try on	
probarse		
la procedencia	origin, source	54.41
el productor	producer	53.41
la profesora	professor	55.41
la profusión	profusion	53.2
el programa	program	54.41
progresar	to progress	49.1
progresista, -ø	progressive	52.1
		48.41

el progreso	progress	48.41
la prohibición	prohibition	46.4?
prohibitivo, -a	prohibitive, forbidding	55.41
el prólogo	prologue, preface	51.2
la promesa	promise	47.1
prominente, -ø	prominent	54.41
pronto		
de pronto	suddenly	48.3
lo más pronto posible	as soon as possible	48.1
propicio, -a	propitious	46.42
propio, -a	own	46.42
		49.1
		49.41
amor propio	self-esteem	49.41
proponer		
propuesto	proposed	48.3
la proporción	proportion	46.42
la proposición	proposition	46.41
el propósito		
a propósito de	apropos of	50.1
propuesto (see proponer)		
proseguir	to go on, to continue	53.41
el,la protagonista	protagonist	49.41
provechoso, -a	profitable, beneficial	55.41

provocar	to provoke, to cause	51.41
el proyectil	projectile	55.2
público, -a	public	51.1
pudiendo (see poder)		
pudiera (see poder)		
pues	therefore, then for, because	55.41 48.1
el puesto	position, job place	55.3 46.41
pugilístico, -a	pugilistic	51.41
el pulso	pulse	46.1
la punta	point, end	49.41
a punta de	by means of	52.41
los nervios de punta	nerves on edge	49.41
el punto		
el punto muerto	neutral	47.3
puntualizar	to give a detailed account of	48.41
el puño	fist	52.41
la pureza	purity	54.41
la purificación	purification	48.41
el puro	cigar	53.41

q

los quehaceres de casa	household chores	47.41
quejumbroso, -a	grumbling	47.41
quemar	to burn out	53.3
querer	to love	52.1
querría	(I) would like to	48.2
querrán	(they) will want	49.2
querés	(you) (fam) want	54.1
querés (see querer)		
querrán (see querer)		
querría (see querer)		
químico, -a	chemical	46.41
quitar	to remove itself	46.1
quitarse	to take off	46.1
quizá(s)	perhaps	51.2

r

racional, -ø	rational, reasonable	48.41
racionar	to ration	55.2
la racha	gust of wind, short period of good or bad luck	53.41
la radiografía	X-ray	46.3

la raíz	root	50.41
la rama	branch	52.41
el ramo	bouquet	54.41
la rampa	ramp	53.41
rancio, -a	old	54.41
la rapidez	rapidity, speed	55.2
el raso	satin	54.41
el rato		
tener para rato	to be a long time	51.1
razonable, -∅	reasonable	52.3
la reacción	reaction	49.41
el realce	splendor, lustre	54.41
el realismo	realism	46.41
realista, -∅	realist	50.41
la rebaja	reduction	46.42
el rebelde	rebel	55.41
rebotar	to rebound	51.41
recalcar	to emphasize	46.42
recargar	to overload, to fill	46.41
receptor, -ra	receiving, reception	52.41
la receta	prescription	46.1
reciente	recent	
recién	recently, just	53.41
el recinto	inclosure	52.41

el recital	recital	48.1
reclamar	to claim, to complain	53.41
reclutar	to recruit	51.41
recoger	to pick up	47.41
recomendar	to recommend	53.1
reconocer	to recognize	46.41
reconfortante, -∅	invigorating	47.41
el reconocimiento	recognition	46.42
el reconstituyente	reconstituent	47.41
la reconvención	accusation, reproach	47.41
el record	record	46.3
recordar	to remind	48.1
recostar	to lean, to recline	47.41
recostarse	to go to bed	47.41
recriminar	to recriminate	49.41
recriminarse	to blame oneself	49.41
el recuerdo	memory, remembrance	54.41
los recursos	resources	52.1
la redondela	circle	47.41
reducir	to reduce	46.42
la referencia	reference, point of view	55.41
referir		
refiriendo	referring	53.2

referirse a	to refer to	53.2
refinar	to refine	51.41
refiriendo (see referir)		
reflejar	to reflect	46.41
el refrán	proverb	46.41
		52.1
refutar	to refute	54.3
regañadientes		
a regañadientes	reluctantly, grumbling	52.41
regañar	to reprehend, to scold	52.2
el régimen	regime	46.42
regimentar	to organize	52.2
regio, -a	magnificent	53.1
la región	region	48.41
regir	to rule, to govern	48.41
registrar	to register, to record	49.41
la reglamentación	regulation	55.41
reglamentar	to establish law or rules, to regulate	55.41
regresar	to return	47.3
		51.1
reglamentar	to regulate	46.42
regular	to regulate	46.42
rehusar	to refuse	46.42
reinar	to prevail, to predominate	47.41

reír	to laugh	47.41
riendo	laughing	53.2
reírse de buena gana	to laugh heartily	47.41
la reivindicación	recovery	49.41
relacionar	to relate, to connect	46.42
relamer	to lick again	49.41
relamido	affected, prim	49.41
el reloj	clock, watch	51.41
reloj despertador	alarm clock	51.41
relucir	to shine	46.41
sacar a relucir	to display	46.41
remediar	to remedy	48.41
el remedo	mockery, mimicking	46.41
remojar	to soak	54.41
remoto, -a	remote	53.1
remunerar	to remunerate, to pay	46.41
el rencor	rancor	55.2
el rendimiento	efficiency, yield, production	46.41
rendir	to produce, to yield	46.41
renovar	to renew	50.1
la renta	(house) rent, profit, income	49.3

la renuncia	resignation	52.41
el reojo	askance	
de reojo	askance	54.41
reparar	to notice	49.41
el reparo	criticism	47.1
poner un reparo	to make a criticism	47.1
repasar	to examine, to check	53.41
repentino, -a	sudden	46.42
repetir		
repitiendo	repeating	53.2
repitiendo (see repetir)		
replicar	to reply	46.41
reprender	to reprehend, to reproach	49.41
la representación	representation	46.42
representar	to present, to stage	48.1
la república	republic	46.41
el requerimiento	requirement	46.42
el requisito	requisite	46.3
resaltar	to stand out	48.41
el rescate	rescue	46.41
la reseña	brief description, review	46.42
la reserva	reserve	46.41
sin reserva(s)	openly, freely	46.41

la reservación	reservation	51.3
la reserva	reserve	51.2
la residencia	residence	54.41
el residente	resident	46.42
residir	to reside, to live	48.3
la resignación	resignation	46.41
resignado, -a	resigned	47.41
la resistencia	resistance	55.41
resoplar	to breathe audibly	53.41
el respaldo	back of a seat	53.41
el respeto	respect	49.41
el respecto	respect	53.1
respecto a	with respect to	46.42
respirar	to breathe	46.41
responder	to respond	46.42
responsable, -∅	responsible, reliable	55.2
la respuesta	answer	47.41
		53.1
restablecer	to restore, to reestablish	55.2
el restaurante	restaurant	48.3
restaurar	to restore	49.41
restringir	to restrict, to limit	46.42
resultante, -∅	resulting	46.42

Spanish	English	Ref.
retener	to retain	55.41
retirar	to take away	52.41
retirarse	to withdraw, to retire	
el reumatismo	rheumatism	51.41
la reversa	reverse	50.41
la revisión	revision, check-up	47.3
el rezongo	growl	53.3
ricachón, -a	very rich	51.41
ridículo, -a	ridiculous	53.41
riendo (see refr)		46.2
la rifa	raffle	49.41
rígido, -a	rigid, rigorous	55.2
el rigor	rigor	52.2
de rigor	indispensable, prescribed by the rules	52.2
la risotada	loud laugh	46.41
el ritmo	rhythm	46.42
el ritual	ritual	53.41
rodar	to roll	54.41
rodear	to surround	52.41
rogar	to request, to beg	52.41
Roma	Rome	52.2
romano, -a	Roman	55.2
ronco, -a	hoarse, raucous	51.41
el rosbif	roast beef	52.2
la rúbrica	signature, mark or flourish added to signature	52.41
rugir	to roar	53.41
ruidoso, -a	noisy, loud	53.41
la ruleta	roulette	49.41
el rumbo	course, direction	52.41
el rumor	rumor	49.1
el runrún	humming	47.1
ruso, -a	Russian	55.2
rutinario, -a	routine	54.3

s —

Spanish	English	Ref.
saber		
sabrá	(you) will know	49.2
sabría	(he) would know	48.2
saber de memoria	to know by heart	54.2
la sabiduría	wisdom, learning, knowledge	50.41
el sabor	taste	47.41
saborear	to savor, to enjoy	46.41
sabrá (see saber)		
sabría (see saber)		
sabroso, -a	tasty, delicious	52.2

sacar	to take out, to publish	46.41
sacarse	to win (at games)	49.41
sacrificar	to sacrifice	47.41
el sacrificio	sacrifice	46.42
sagaz, -ø	sagacious, astute, wise	55.2
la sala	hall, movie house	55.41
salir	to leave	
saldrás (see salir)		
saldré (see salir)		
saldría (see salir)		
salir	to turn out	
saldrás	(you) (fam) will leave	49.1
saldré	(I) will leave	49.2
saldría	(I) would leave	47.41
salir a escape	to leave on the run	48.2
salir disparado	to leave like a shot	51.41
		53.41
salivar	to salivate, to wet	53.41
el salón	room	46.41
el salto	jump	51.41
la sangre	blood	53.41
sangriento, -a	bloody	52.2
la sanidad	health	48.41
San Rafael	Saint Raphael	47.41

el santo	saint	47.41
sarcástico, -a	sarcastic	53.2
satisfacer	to satisfy	52.1
satisfecho	satisfied	47.41
la secretaria-taquígrafa	secretary-stenographer	48.1
el secretario	secretary	51.41
secreto, -a	secret	52.41
secundar	to second	46.41
la sed	thirst	50.2
seductor, -ra	fascinating, attractive, tempting	49.41
el segmento	segment	46.42
seguir	continuing	53.2
siguiendo	continuing	53.2
la seguridad	security, certainty, safety	47.41
con seguridad	surely	47.41
seguro, -a	safe	52.1
el seguro	insurance	51.1
la selección	selection	46.42
seleccionar	to select, to choose	51.41
		53.1

la selva	jungle	53.1
sellar	to seal, to stamp	52.41
el sello	seal, mark	46.42
el senado	senate	46.41
el senador	senator	46.41
la, sencillez	simplicity	54.41
sencillo, -a	simple	50.1
la senda	path, way, foot path	51.41
la sensación	sensation	55.41
sensato, -a	sensible, wise	55.2
sensible, -∅	sensitive	49.41
sentar		
dar por sentado	to take for granted	46.42
sentar cabeza	to settle down	54.41
sentir		
sentirlo en el alma	to be deeply sorry	53.41
la señal	sign	52.2
señalar	to point out	53.41
señorial, -∅	manorial, aristocratic	52.41
el ser	existence, life, being	49.41 53.1
ser	(it) were	46.42
fuera		
seás	(you) (fam) be	54.1
sería	(it) would be	48.1
pasar a ser	to become	50.41
sereno, -a sería (see ser)	serene, calm	55.1
la seriedad	seriousness	53.41
serio, -a	serious	49.1
en serio	seriously	49.1
servicial, -∅	helpful	47.41
la servilleta	table napkin	49.41
servir		
servir de intérprete	to serve as interpreter	47.1
sirviendo	serving	53.2
sirviera	(that I) serve (past subj.)	47.1
el show	show	50.3
sí	self (3rd person)	47.41
sí mismo, -a	himself, herself	47.41
la siesta	siesta, midday nap	51.1
dormir la siesta	to take a nap	51.1
la sigla	abbreviation by initials, set of initials	51.41
el siglo	century	53.1
el Siglo de Oro	Golden Age	53.1

significativo, -a	significant	47.41
siguiendo (see seguir)		
siguiente, -∅	following	46.41
el sillón	easy chair	46.41
sin		
sin reserva(s)	openly, freely	46.41
sincero, -a	sincere	50.1
el siniestro	disaster	51.41
sino	but rather	47.1
no sólo... sino que...	not only... but (also)...	48.1
el síntoma	symptom	47.41
el, la sinvergüenza	shameless person	52.41
siquiera	even	52.41
la sirena	siren	51.41
sirviendo (see servir)		
la sirvienta	servant girl, maid	47.41
el sirviente	servant, waiter	54.41
sirviera (see servir)		
el sitio	place, spot	52.2
so	(emphasizer, augmentative followed by certain adjectives)	
el sobre	envelope	52.41
sobremanera	above all, beyond measure	49.41

sobresalir	to stand out	55.2
socarrón, -a	cunning, sly	49.41
social, -∅	social	53.1
el medio social	social environment, atmosphere	55.41
el socialismo	socialism	55.2
el socio	member, partner	51.3
socio-económico, -a	socio-economic	46.42
la solapa	lapel (of coat)	49.41
solemne, -∅	solemn	46.41
la solemnidad	solemnity	54.41
solícito, -a	solicitous	49.41
solicitar	to solicit	47.3
solitario, -a	lonely, isolated	52.41
solo, -a	alone	46.41
sólo	single	47.1
no sólo... sino que...	not only... but (also)...	48.1
sola vez	single time	46.41
soltar	to loosen	43.41
suelto	loose	53.3
soltar la carcajada	to break out laughing	46.41
solterón, -a	confirmed bachelor, 'old maid'	52.2
solucionar	to solve	48.41

el	son	sound	53.41
	sonar	to sound, to ring	54.41
el	sonido	sound	47.1
	sonreír	to smile	46.41
la	sonrisa	smile	47.41
	soñar	to dream	46.41
la	sopa		
	hecho una sopa	soaked to the skin	51.41
	soportar	to put up with	47.41
el	sorbo	swallow, sip	52.41
	sortear	to elude, to dodge	49.41
	sospechoso, -a	suspicious	53.3
	sostener	to support, to	
		hold up	49.41
el	sostenimiento	sustenance,	
		maintenance	52.3
	súbito, -a	sudden, unexpected	49.41
	sublime, -ø	sublime	55.41
	substancial, -ø	substantial	46.42
el	suburbio	suburb	55.3
	subyugar	to subdue, to	
		subjugate	55.41
la	succión	suction	48.41
	succionar	to suck, to sap	48.41
la	sucesión	succession	47.41
el	suceso	event	49.41
el	sueldo	salary	48.1

el	suelo	floor	49.41
	dar en el suelo	to fall on the	
		floor	49.41
	suelto (see soltar)		
	sufragar	to vote	52.41
la	sugerencia	suggestion	54.3
	sugerir	suggestion	
		suggesting	53.2
la	sugestión	suggestion	55.41
	sugiriendo (see sugerir)		
	suizo, -a	Swiss	52.2
el	sujetapapel	paper holder	49.41
	sujetar	to hold, to hold	
		fast	49.41
	sulfurar	to irritate, to	
		anger	
	sulfurarse	to become furious	49.41
la	suma	sum, addition	46.41
	en suma	in short	46.41
	sumario, -a	summary	46.42
	sumo, -a	high	46.42
	suntuoso, -a	sumptuous	46.41
la	superación	surpassing	55.41
	superficial, -ø	superficial	55.2
la	superioridad	superiority	49.41
el	super-mercado	supermarket	50.1

supremo, -a — supreme — 49.41
sup____ — to suppress, to cut out — 50.41
surgir — to arise — 46.42
el suspenso — suspense — 49.41
el suspiro — sigh — 46.41
el swéter — sweater — 46.3

t

tacaño, -a — stingy — 54.1
táctico, -a — tactical — 47.41
el tacto — touch, tact — 48.3
tal, -ø — this or that, such —
tal o cual — and such — 55.41
tal por cual — so and so — 52.41
el taller — workshop — 47.3
tanto, -a —
tanto... como... — both... and... — 46.2
un tanto — a bit — 54.2
tapar — to obstruct — 49.3
la taquigrafía — shorthand — 48.1
la tarea — task — 48.41
home work — 54.2

la tasa — rate — 46.42
la te____ — ___ — 46.41
el teatro — theatre — 51.41
la teja — roof tile — 51.41
tejer — to weave, to knit — 55.2
temblar — to tremble — 55.1
temer — to fear — 47.41
temeroso, -a — afraid — 47.41
el templo — temple, church — 54.41

tener
tendrá (see tener)
tendrás (see tener)
tendremos (see tener)
tendría (see tener)
tendrá — (he) will have — 49.1
tendrás — (you) (fam) will have — 47.41
tendría — (you) would have — 48.1
tendremos — (we) will have — 49.1
tenés — (you) (fam) have — 54.1
tuvieras — (you) (fam) had — 47.1
tener lugar — to take place — 46.41
tener miedo — to be afraid — 50.1
tener para rato — to be a long time — 51.1
tenés (see tener)

Spanish	English	Ref.
la tensión	tension	49.41
teórico, -a	theoretical	54.3
terminar		
darse por terminado	to be declared at an end	46.41
el término	end, completion	52.41
el termómetro	thermometer	46.1
la ternura	tenderness, softness	54.41
la terraza	terrace	51.41
territorial, -∅	territorial	46.42
la tesis	thesis, dissertation	54.3
el testigo	witness	52.41
el tifus	typhus	48.41
el timbre	seal, stamp	53.41
la tinta	ink	55.2
el tío	uncle	49.1
el tipo	fellow, guy	49.41
tipográfico, -a	typographical	46.42
la tira	(long, narrow) strip (of paper, cloth, etc.)	49.41
tirar	to throw	47.41
el tiritón	shivering, chill	50.41
tironear	to pull	49.41
el titular	headline	52.41

Spanish	English	Ref.
tocar		
tocarle a uno	to be one's obligation or turn	48.41
tocar la bocina	to blow the horn	51.41
todo, -a		
a toda prisa	at full speed	54.41
a todo volumen	at full volume	54.41
del todo	entirely	48.1
	once and for all	49.1
en todo caso	at any rate	48.1
tomar		
tomar cartas	to take part, to take sides	52.41
tomar la palabra	to take the floor	51.3
el tomo	volume, tome	53.1
el tónico	tonic	47.41
el tono		
con tono golpeado	brusquely	47.41
la tontería	foolishness	47.41
el toque	touch	54.41
tornar	to return, to restore	46.41
tornarse	to turn	46.41
el torneo	tournament, meeting	46.41
el torno	lathe, winch, turn	54.41
en torno a (de)	regarding, about, around	52.41

torpe, -∅	stupid	55.2
la tos	cough	46.1
toser	to cough	51.41
total, -∅	total	53.41
la traba	obstacle	53.41
el traidor	traitor	51.41
el traje (de novia)	gown	54.41
trajinar	to search	
trajinarse	to search, to go through	53.41
el trance	critical moment	46.41
la tranquilidad	tranquility, calm	49.1
tranquilizador, -ra	quieting, reassuring	47.41
transcurrir	to pass (said of time)	46.41
la transpiración	perspiration	53.41
transpirar	to perspire	49.41
el transporte	transport, transportation	55.3
el tranvía	street car	49.41
tras	after, behind	49.41
trasero, -a	hind, back, rear	51.41
trasladar	to move	46.41
el tratamiento	treatment	46.42
tratar	to discuss, to deal with	46.41

tratar de	to try	50.1
el trato	treatment	53.41
el través		
a través de	through	46.42
la trayectoria	trajectory	52.41
trazar	to mark out	46.42
triunfal, -∅	triumphal	52.41
triunfar	to triumph	49.1
tropezar	to stumble	49.41
tropezar con	to run into	49.41
el trozo	piece, fragment, part	49.41
el truco	trick	49.41
tuberculoso, -a	tuberculous	53.41
el tumulto	tumult	52.41
turbio, -a	muddied, obscure	47.1
turnar	to alternate	
turnarse	to alternate, to take turns	52.41
el turno	turn	52.41
tuvieras (see tener)		
último, -a	last minute	47.41
última hora	last minute	

ц

	ultrajar	to outrage, to offend	52.41
el	ultraje	insult, outrage	52.41
el	umbral	threshold	49.41
la	unanimidad	unanimity	46.41
	por unanimidad	unanimously	46.41
el	ungüento	unguent, ointment	47.41
	único, -a	only	55.41
la	unidad	unity	51.41
el	uniforme	uniform	51.41
el	universo	universe	49.3
la	urgencia	urgency	46.42
	urgente, -Ø	urgent	47.1
la	urna	ballot box	52.41
el	uso	use	46.41
	hacer uso de la palabra	to speak	46.41
	útil, -Ø	useful	54.1
	¡uy!	phew!	46.41

las(s)	vacación(es)	vacation	48.1
la	vacilación	hesitation	53.41
	vacilar	to vacillate, to hesitate	52.2
	vacío, -a	empty	52.41
	vacuno, -a	bovine, pertaining to cattle	53.41
	vagar	to wander	53.41
la	vajilla	china set	54.1
	valdrá (see valer)		
	valdría (see valer)		
	valer	to be worthwhile	48.2
	valdrá	(it) will be worthwhile	49.2
	valdría	(it) would be	48.2
	valerse de	to make use of	48.41
el	valor	value	53.1
	vano, -a	vain	46.42
	vanamente	in vain	51.41
	variar	to vary	46.42
la	variedad	variety	48.1
	vasto, -a	vast	46.42
	Vda. (see viuda)		
la	vejez	old age	54.41
la	vela	wake, candle	47.41
	noche en vela	sleepless night	47.41
	velar	to watch, to be awake, to keep vigil	48.41
	veleidoso, -a	fickle, inconstant	51.41

el velo	veil	54.41	
el velocímetro	speedometer	49.3	
el velorio	wake	47.41	
veloz, -∅	quick, fast	55.2	
el vendedor	clerk	53.1	
vendremos (see venir)			
vendrías (see venir)			
venerable, -∅	venerable	50.41	
vení (see venir)			
venir			
vendremos	(we) will come	49.2	
vendrías	(you) (fam) would come	49.2	
vení	come (fam)	48.2	
venís	(you) (fam) come	54.1	
viniendo	coming	53.2	
venís (see venir)			
la ventanilla	window (of a post-office, ticket-office, bank teller, etc.)	50.3	
ver			
a ver	let's see	46.1	
el veredicto	verdict	52.41	
verificar	to verify, to confirm		
verificarse	to take place, to occur	54.41	

versado, -a	versed	46.42	
la versión	version	46.41	
el verso	verse	53.2	
vertical, -∅	vertical	49.41	
el vestíbulo	vestibule	.47.41	
vestir			
vistiéndose	getting dressed	53.2	
el veterano	veteran	52.1	
el veterinario	veterinarian	52.1	
la vez			
a la vez	at the same time	47.41	
de una vez	for once	51.41	
en vez de	instead of	47.41	
sola vez	single time	46.41	
una vez	once	47.3	
el vice-cónsul	viceconsul	47.3	
la victoria	victory	47.41	
victorioso, -a	victorious	47.41	
el vidrio	glass	47.41	
vil, -∅	vile, mean	52.2	
vilo			
en vilo	suspended in the air	52.41	
viniendo (see venir)			
el violín	violin	55.2	
virtuoso, -a	virtuous	51.41	

la visión — vision — 46.41
visionario, -a — visionary — 48.41
vislumbrar — to glimpse, to see imperfectly at a distance
la víspera — eve, day before — 51.41
la vista — 51.41
  volver la vista — to turn around — 47.41
vistiéndose (see vestir)
vital, -∅ — vital — 53.41
la vitrina — show window — 49.41
la viuda — widow — 53.1
  Vda. — widow — 54.41
la vivienda — house, dwelling — 54.41
vivo, -a — lively, intense — 49.1
  de viva fuerza — by brute force — 52.41
el vocabulario — vocabulary — 52.41
el, la vocal — voter in a congregation or assembly, member of a governing body — 53.2
vociferar — to vociferate, to shout — 51.41
el volante — steering wheel — 47.3
el volumen — at full volume — 54.41
  a todo volumen — at full volume — 54.41
voluminoso, -a — voluminous, bulky — 51.41
la voluntad — will — 55.41

el voluntario — volunteer — 51.41
volver
  vuelto — become — 47.41
  volverse — to become — 47.41
la vorágine — whirlpool — 53.1
voraz, -∅ — voracious — 48.41
vos — you (fam) — 54.1
vosotros — you (fam pl) — 53.1
el voto — 46.41
  hacer votos — to express best wishes — 46.41
votar — to vote — 46.41
el votante — voter — 49.1
la votación — balloting — 46.41
la vuelta — round — 46.41
  dar vuelta — to turn — 47.41
vuelto (see volver)

w

x

Y

ya		already
ya que	since	53.1
yendo (see ir)		

Z

la zaga	rear part	48.41
a la zaga	behind	48.41
la zancada	long stride	51.41
la zeta	"z"	47.1
zumbar	to buzz, to hum	49.41

90590LV00001B/3-6/A
Printed in the United States